全 世 界 无 产 者 , 联 合 起 来 !

# 邓小平文集

（一九二五——一九四九年）

## 下 卷

人民出版社

# 目　　录

# 为《战友报》题词[*]

（一九四七年一月一日）

　　为更多的消灭蒋军而斗争；为争取战略主动、收复一切失地而斗争；为民族独立与人民解放事业而斗争！

邓小平　敬题<br>于新年

---

[*]　这是邓小平为冀鲁豫军区政治部主办的《战友报》的新年题词。

# 倡导干部研究学术，
# 提高业务技能 *

（一九四七年一月七日）

滕副司令员，薄、张副政委<sup>[1]</sup>：

为了提高军政干部的业务技能，倡导与造成干部研究学术的空气，我们意见可办一个《晋冀鲁豫军政杂志》，每月或每两月出版一期，每期篇幅大小以材料内容多寡为准，原则上军政内容各半。军事材料由司令部参谋处负责征集审查，政治内容由政治部宣教部征集审查，并统一由宣教部负责出版印发，以营以上干部为阅读对象。例如，军事上介绍近代军事知识、军事论文，发动部队干部写作战例和战术总结、战斗写实、图上作业战术或技术的教练纪要、教练计划、教练经验、参谋工作等。为了鼓励干部研究学术、从事写作，可提高稿费，每千字十元至二十元，有优秀创作价值者，还可给予特别奖励。

刘伯承<sup>[2]</sup>　邓小平　李达<sup>[3]</sup><br>元月七日

---

　　* 这是邓小平和刘伯承、李达给滕代远、薄一波、张际春的信。

## 注　释

〔1〕滕副司令员，指滕代远，当时任晋冀鲁豫军区第一副司令员。薄、张副政委，指薄一波、张际春，当时分别任晋冀鲁豫军区第一副政治委员、第二副政治委员。

〔2〕刘伯承，当时任晋冀鲁豫野战军、晋冀鲁豫军区司令员。

〔3〕李达，当时任晋冀鲁豫野战军、晋冀鲁豫军区参谋长。

# 关于豫东作战方针 *

（一九四七年二月二日）

军委，并告陈粟[1]：

甲、攻占鹿邑并占亳州四关，估计今晚可能占领，尔后行动尚待考虑。如陈粟方面需要直接配合，则拟在永城、涡阳地区行动。但有两：一将可能停止五军东调紧靠徐州；二将不易寻求机会歼敌，涡阳、永城均有一个团以上正规军，不易攻取，只能帮助恢复乡村政权。

乙、但我们任务是拉住王敬久[2]，则以向西攻取通许、杞县、睢县、宁陵四城为宜（淮阳现有交警全部及保安团，地形极坏）。

丙、如何，请军委电示。

邓

丑冬未

---

**注 释**

〔1〕陈粟，指陈毅、粟裕，当时分别任华东野战军司令员兼政治委员、副司令员。

〔2〕王敬久，当时任国民党军整编第二十七军军长。

# 关于敌军进展情况及
# 我们之处置*

（一九四七年二月十八日）

军委告陈粟谭[1]：

一、敌已进到菏泽、定陶间之佃户屯、柳林集、张凤集之线，明（皓）八十五师、七十二师可能进到新集、沙土集，五军可能进到龙堌集、巨野（以上均于菏巨公路[2]上），七十五师可能进至金乡、嘉祥间。

二、此次敌人前进很快，当民权一战没有打好，敌已看准我之疲劳状态和我主力没有集中（两个纵队在陇海路[3]南）的弱点，而我已相当被动（疲劳、兵员不足加分散）又不能休息，如敌突进到郓城使我背靠黄河，则困难更多。

三、现在我们采取以下处置：

1. 正面组织坚强防御，争取时间，使路南两个纵队能赶到陇海路北（需时四天）。

2. 准备主力过黄河以北，留一个纵队在黄河以南坚持，以便将来掩护主力南进。

3. 如山东主力战出现，敌情发生变化，当根据情况改变计划。

----

* 这是邓小平和刘伯承给中共中央军委并告陈毅、粟裕、谭震林的电报。

四、如此，一时可能加重山东战场负担，但我主力在休整短期后适当南下，仍可争取主动，减轻山东负担。

五、军委有何指示，盼速复。

刘邓

巧戌

注　释

〔1〕谭，指谭震林，当时任华东野战军副政治委员。

〔2〕菏巨公路，指当时的山东菏泽至巨野的公路。

〔3〕陇海路，当时指甘肃天水至江苏海州的铁路。

# 为晋冀鲁豫军区政治部
# 制作的《功劳簿》题词

（一九四七年三月八日）

人民的战士应该为人民建功。

邓小平题

四七年三八

# 党政民团结协力支援前线[*]

(一九四七年三月二十八日)

军委、中央：

一、自卫战争以来，我冀鲁豫区党政民，各军区曾经尽了极其伟大的努力，以支援前线，自去年八月初到本年二月底止，七个月中，服务战勤者计：1. 担架一十一万六千余付，每付七人，平均服务二十天，共折合一千六百二十四万个人工；2. 每日平均使用大车四千辆，共折合七百四十一万六千个人工；3. 共用大车一千八百辆，折合五万四千个人工；4. 参战民兵平均每日四千人，折合八十二万四千个人工；5. 破路拆城的民力，共计一百七十四万六千五百个人工；6. 给军队磨面、碾米者共折合六百七十三万七千五百个人工。在后方医院服务、修路、架桥、拆桥及其他各项尚不在内。至于因战争而损失的生命财产等，一时尚难计算。

二、在作战开始时，我们即组织了后方指挥部，以段君毅（行署主任）为司令员，赵健民（军区副政委）为政委，乔明甫（武委会主任）为副司令员，专司后方交通、运输、

---

[*] 这是邓小平和刘伯承、张际春、李达关于冀鲁豫区战勤情况总结给中共中央军委并报中共中央的电报。

民力调用和物资供应诸事宜。大军所到地区的专员、县长、区长及相关党委等干部，均参加到指挥部，带领担架民夫等工作，每个纵队有一个经常的随军办事处。在整个七个月过程中，他们不分日夜、寒暑、雪雨风霜，均不间断地积极工作着，而段、乔、赵诸同志，尤能以身作则地日夜辛勤效劳战争工作，极其顺畅地保障和增加大军作战的物资力量。

三、我区主力在冀鲁豫，他们在这种战争灾害直接威胁下又遇到黄河泛滥之灾祸，但他们在党的坚强领导下，能团结协力进行这样的战争勤务，这是值得通令表扬的良好榜样。除许多模范事例将由我们另行奖励外，特建议中央通令表扬段君毅、赵健民、乔明甫等同志及冀鲁豫区参加战争的党政民及广大群众，以资鼓励。

刘邓张李

寅俭

# 以我主力及陈赓纵队
# 平行过黄河调动敌人作战 *

（一九四七年四月二十五日）

军委，陈粟，并滕薄王，陈谢[1]：

甲、民权一战未能歼灭八十五师，演成被动，加以部队连战两月，极为疲惫，以致未能抓住王敬久集团于鲁西南，而加重了山东负担。每念及此，心中不安。目前战局，陕北拉住胡[2]军主力，连获胜利，起到异常重大的战略作用。豫北、同蒲、正太[3]诸战场，亦获初胜。惟山东局面确较困难。现敌人的计划，仍在集中大军寻求我主力作战，并消灭陕北我军，而对豫北、同蒲采取守势。今后如无大军增加，只能采取集中兵力、坚守要点的大核桃战术。例如，在豫北固守新乡、汲县[4]、黄河桥、安阳几点；在同蒲固守临汾、运城、风陵渡等要点。现豫北敌人已集中孙震[5]三个旅、六十六师两个旅、三十二师于新乡、汲县、黄河桥三点，四十师两个旅固守安阳，以三十八师一个旅固守焦作。同蒲敌人又已放弃赵城、霍县[6]、虞乡三城。故此种形势日益明显。

---

\* 这是邓小平和刘伯承给中共中央军委及陈毅、粟裕，并告滕代远、薄一波、王宏坤，陈赓、谢富治的电报。

乙、我们现正以稳重办法进攻汤阴孙殿英[7]全部（约六七千人），大致不成问题。尔后或攻安阳（正侦察中），或转至道清[8]西段，消灭三十八师之一个半旅，收复焦作、沁阳、博爱诸城。如不攻安阳，大约五月底六月初即可完成。

丙、道清战后，如无新的变化，敌人固守三四要点，我们只有三条路走（同蒲情况亦大约类似）。（一）逐步地啃大核桃（把握不大也不合算）。（二）主力转至冀鲁豫黄河以南地区，协同山东作战，由陈粟加派一部，首先打开鲁西南，分散敌人，寻求歼敌机会，此着较易实行，也很稳当，惟所起作用不及下一方案大。（三）以我主力及陈赓纵队[9]，平行过河，首先指向陇海路潼关、郑州段，平汉路郑州、确山段，肢解敌人，调动作战。此着必然引起大的战略变化，或能打到野战，或能站住脚，或于不利时缩回黄河以北。惟我们大军脱离后方作战，确很困难。（四）陈赓所提以我主力转至同蒲作战，如胡军不来，无野战打，恐远道转动攻坚，师劳无功。以上请军委考虑见示。

丁、战争要长期打下去，不能性急。陈粟克服速胜观点，我们认为很对。至于山东军作战地境包括津浦路[10]西，及中央所示该区领导之办法，我们均完全同意。

刘邓<br>卯有

## 注　释

〔1〕陈谢，指陈赓、谢富治，当时分别任晋冀鲁豫野战军第四纵队司令员、

政治委员。

〔2〕胡，指胡宗南，当时任国民党军第一战区司令长官。

〔3〕同蒲，指山西大同经太原至蒲州镇以南的风陵渡的铁路。正太，指河北正定至山西太原的铁路。

〔4〕汲县，今河南卫辉。

〔5〕孙震，当时任国民党军第五绥靖区司令官。

〔6〕霍县，今山西霍州。

〔7〕孙殿英，当时任国民党军暂编河南保安第三纵队司令。

〔8〕道清，即道清路，指河南滑县道口镇至博爱清化镇的铁路。

〔9〕陈赓纵队，又称陈谢纵队，指晋冀鲁豫野战军第四纵队。

〔10〕津浦路，指天津至江苏浦口的铁路。

# 近日作战的意见和请示 *

（一九四七年五月一日）

军委并滕薄王：

陷电[1]奉悉。

（一）我已肃清汤阴外围，拟今明两日内攻城，估计三天内可解决。

（二）我一、二两纵队及三纵一个旅在休整中，春季新兵业已集中，可补一、二、三、六等四个纵队三万人，总共可达十万人，再加上陈谢纵队，可达十三万人。

（三）如我不攻安阳、焦作，则于六月一日左右出动，因新兵必须在五月二十日左右才能补到部队。

（四）出动问题：部队本身无大问题，其他如干部、经费、弹药等，中央局亦有相当准备。具体情况须与滕薄王商定。

（五）出动最大问题是太行方面的船只准备（冀鲁豫方面不成问题）。我意见：

1. 如出中原，则以三、四两纵共五万余人，由陈谢指挥，出渑池、新安，首先控制陕州、新安段，准备打胡[2]援军。我们率三个纵队八万人，由冀鲁豫过河，首先指向

---

* 这是邓小平和刘伯承给中共中央军委并告滕代远、薄一波、王宏坤的电报。

平汉路[3]郑州至许昌段，破路后，转而扫清陇海路郑州洛阳段，及其以南十余县城，准备打由北由东来援之敌，这与陈谢军成为向心作战的态势，届时要求陈粟谭两个纵队攻金乡、鱼台，而以冀鲁豫部队破坏徐州、商丘段，阻敌西援。

2.如出徐汴间协同山东作战，则陈谢似暂在同蒲行动一时间为好，因以一个纵队南出，恐其信心不够。

3.如全力在太岳区过河，自较捷便，惟船只困难，且不易展开。

4.我出徐汴间的好处是，有后方的向前发展，缺点是不突然，可能形成敌人先我准备，使我难于伸手进展，尤难于站脚，而调动胡军亦较困难。我直出中原的好处是，直接感应胡宗南、顾祝同[4]两军，可以引起东西两战地之变化，是出敌意外，可能先机争取短期时间站住脚跟。缺点是大兵远离后方作战。

（六）究应取何方针，请早核示，以便准备。

（七）太行、冀南部队均尚幼弱，以暂不南下为好，但应准备逐渐增强河南。

刘邓

辰东

## 注　释

〔1〕陷电，指一九四七年四月三十日中共中央军委给刘伯承、邓小平的电报。

〔2〕胡，指胡宗南。

〔3〕平汉路，指北平（今北京）至湖北汉口的铁路。

〔4〕顾祝同，当时任国民党军陆军总司令部总司令。

# 攻取汤阴城的经验 *

（一九四七年五月五日）

陈谢，军委：

攻取汤阴城经验：

（一）先夺取外围危害较大之据点及城壕前崖各低堡，严防敌人从地道跑回城内。对我危害不大者，则不夺取只监视之。待夺取城后再肃清之，这样利用敌堡抑留敌兵，反为有利。

（二）上述据点低堡如不能突然袭取，则构筑攻城阵地，即逐步挖多数防御交通沟和炸城的坑道，以迫近城墙筑低堡，进行正攻土工作业。如未成熟切勿妄攻，免遭过大与无益伤亡。

（三）挖坑道应标定方向（以植三桩为直线），确定爆炸点（概测距离），尤应算准时日。

（四）攻城重点以在城墙之毗连两面选定突破口，并使两突破口之口头在城墙内某点会合，这样便于互相策应，以扩大突破口，挺入纵深发展。在重点以外的方面的攻城，则须分散敌人兵力。

---

* 这是邓小平和刘伯承、张际春、李达给陈赓、谢富治并报中共中央军委的电报。

（五）炮兵、工兵均以辅助步兵突破成功为主，并使炮火集中打开城墙角口（或城门），以坑道炸开一两个缺口，以及工兵连续爆炸外壕前后崖，这些都是为步兵打开突破口和通路，并截射敌人援队，以掩护突击队。循此顺利突破及其进展，步兵应乘炮工兵火力爆炸的开路与掩护实行突破，不得迟误战机。汤阴主要两个突破口是选在城之东北角附近，不仅避免敌之侧射，主要还是发挥我之交叉火力，掩护突击队入城内，并向纵深战斗的成功。

（六）助攻协助，也特别积极动作，炸开城西门，挺入纵深，配合最后成功，作用最大。其他竖梯登城，亦应实施。

刘邓张李

微

# 为晋冀鲁豫《人民日报》
# 创刊一周年题词

（一九四七年五月十五日）

　　集中意志，集中力量全力击败蒋介石，争取民族解放和人民解放事业的最后胜利！
　　祝贺人民日报一周年

邓小平　敬题

# 学习晋察冀部队模范纪律 *

（一九四七年五月十九日）

各军区、纵队并报中央，刘、朱：

晋察冀部队此次来太行地区作战，群众纪律很好，对地方政权与军队均异常爱护。攻入平定后，即令部队迅速撤出，缴获物资统交太行接收，给太行参加军民很大感动，当即有二百多群众自动报名参加他们部队（晋察冀只收四十余人，并向群众解释）。此种团结友爱的精神和模范的纪律，应为我全区部队学习、发扬。

刘邓滕薄王张<br>皓

---

* 这是邓小平和刘伯承、滕代远、薄一波、王宏坤、张际春给晋冀鲁豫各军区、纵队并报中共中央和中共中央工作委员会书记刘少奇、副书记朱德的电报。邓小平当时任中共中央中原局书记。

# 我们的反攻是
# 有把握的、光荣的、正确的[*]

（一九四七年六月二十一日）

### 一、反攻时机究竟到来了没有？

党中央和毛主席说反攻时机到来了，这是有根据的。为什么？

首先，由于蒋介石反动集团面临着严重的军事危机，不能照旧统治下去了。蒋介石在第一线集中了二百二十多个旅，后方兵力非常空虚。在山东、陕北两个主要战场上，他不但打不出名堂来，而且还被我军逐渐歼灭了；在其他几个战场上，他已经完全处于被动挨打的地位。

蒋介石在山东集中了六十个旅，四十几万人。五个主力师（原军），摆在山东就有五军、十一师、七十四师三个师，摆在东北有新一军、新六军。结果在山东被我军歼灭六个半师（原军）。鲁南战役[1]被歼六个旅，莱芜战役[2]被歼七个旅，泰安战役[3]被歼三个旅，孟良崮战役[4]也同样是被歼三个旅。这使蒋介石在山东开始处于被动，虽然他在那里还

---

[*] 这是邓小平在晋冀鲁豫野战军直属部队股长、营长以上干部会议上的报告。晋冀鲁豫军区政治部在印发这个报告的通知中指出：此报告为干部学习的重要材料，应结合土地改革学习文件，求得深刻了解。

能作战役性的进攻，但我们现在是想打哪里就能打哪里，主动权已经开始转到我军手里。

陕北战场上，蒋介石集中了三十四个旅，共二十多万人。但他也是毫无办法，我军不但歼灭了他三个半旅，同时解放区还扩大了十多万人口。我军也逐渐取得主动权，举行了部分反攻。昨天陕北电台广播说，我军又收复了环县等四个县城，并且打进关中，逼近三原。大家知道，陕北是解放区人口和兵力最少的地区，取得这样的胜利，更说明了蒋介石的军事危机。

此外，蒋介石至少有三个战场的战线已经支离破碎而采取了重点防御。豫北战场，安阳、新乡、黄河铁桥已表现出支离破碎、重点防御的窘态。同蒲线战场，我们占领了二十三个县城，蒋介石仅夺回去一个，临汾、夏县、运城仍然孤零零地摆在那里。东北战场包括热河[5]，我军反攻更有力量，已经歼灭了蒋介石军队十一个师，蒋介石只能在四平、长春、沈阳进行支离破碎的重点防御。不久，沈阳的联系将被完全切断。昨夜消息，继赤峰收复之后，我军又收复了蓟县[6]、遵化、平谷、香河等地，叶柏寿[7]据点收复后，承德与锦州的联系已被我军切断了。

蒋介石"线"不能保持住，"点"也不能保持住，所以，不能不来一个重点防御。

我们歼灭蒋军九十个旅以上，战局没有理由不发生变化，事实上已经发生变化了。有的同志说，蒋介石被歼灭九十多个旅，他还有一百多个旅啊！其实蒋介石有的不是一百多个旅，而是二百多个旅。问题在于我们歼灭蒋军九十多个旅，七十多万人，都是他的精华。现在，被歼灭的部队尽管还保存番号，兵员补充了又补充，可还是极不充实，新兵多，老弱多，质量坏，战斗力比以前大大减低。刘汝明[8]除一五三旅外，其余两个旅都被我军歼灭过，有的已被歼灭了两次。在西台集，蒋介石集中了三个团，一下子就被我们歼灭光了。所以说，蒋介石即使拼命补充被歼灭过的队伍，也没有理由使战局不发生变化，而且已经发生变化了。

有的同志怀疑，党中央和毛主席指出反攻时机已经成熟，是不是估计得不准确？他们觉得，一九四二年说抗日战争两年胜利，但到了两年又八个月才胜利；去年说和平到来了但又打起来了；说歼灭敌人三个二十五个旅，战局一定发生变化，后来朱总司令又说要歼灭敌人两个四十五个旅。

这是不是党中央和毛主席在估计时局上发生了毛病呢？肯定地说，党中央和毛主席、朱总司令对时局的估计是对的，错误的是具有这种想法的一些同志。

关于党中央和毛主席估计抗日战争两年取得胜利的问题，需认清两点：（一）当时国际上爆发了太平洋战争[9]，第二战场可能及时开辟，条件是具备了的。当时国内，蒋介石对抗战发生动摇，面对敌后战争的残酷和艰苦，如一九四二年的反"扫荡"左参谋长[10]的牺牲，全国人民都在想，能不能取得抗日战争胜利？毛主席说，能，要争取两年胜利。（二）两年胜利是争取实现的目标。要争取实现这一目标，在国际上，要争取早日开辟第二战场。在国内，要争取克服蒋介石的动摇妥协，提高中国人民的胜利信心。这是争取胜利，而不是坐待胜利。

实际上，差不多是两年我们就取得了胜利，相差仅八个月。如果第二战场适时开辟，还不到两年就能取得胜利，那也就没有人说估计得不准确了。显然，党中央和毛主席的估计是准确的。争取两年胜利的口号，起了非常大的作用，它使全国人心大定，相信抗战前途是光明的，是有希望的。假若毛主席当时说，争取抗战胜利是长期的，试问，全国人民及敌占区人民将怎么样？这个口号，说明了毛主席对问题看得非常准确，提出得很适时，并且起了很大的作用。仅仅因为相差二百四十多天，就怪这怪那，很清楚，这是我们自己思想上的毛病，实际上是一种认为抗战太久了，不能再忍耐下去了的情绪的反映。

有的同志怀疑，党中央和毛主席提出争取和平对不对？

如果抗战一结束，毛主席就提出要战争，那么，全国人民是会反对共产党的。如果不提和平，全国人民会跟蒋介石走；如果不提和平，有些同志在思想上也会跟蒋介石走。毛主席在七届一中全会上说，和平是全国人民的要求，也是党内同志的要求。当时如果提出战争，或者不要战争也不要和平，都是要脱离人民的。

事实上，如果我们的同志在认识上确定蒋介石是反革命头子，是中国人民的敌人，我们提出和平是要争取全国人心，准备与蒋介石斗争，那么，我们提出争取和平有什么坏处？有些同志对蒋介石的反革命本性认识不足，有和平幻想、李自成[11]思想，丧失了斗志，结果发生了许多不良现象。因此，错误的不是党中央而是这些同志自己。

争取和平的作用是很大的：（一）使美蒋孤立起来，全国人民拥护共产党。（二）蒋介石打内战，共产党要和平，人民反内战是反对蒋介石。（三）蒋介石挑动内战，我们要自卫，全解放区军民毫不犹豫地行动起来。如果我们党当时没有提出争取和平的方针，又怎么能使全解放区人民动员起来，站在自卫立场上，积极消灭蒋介石军队呢？

蒋介石为了消灭我们，挑起内战。有的同志就说，我早就不相信和平，这一下我是看对了，上级看错了。好像他很正确。但如果在日本投降后不提出和平而提出打，结果只能是脱离人民，孤家寡人地同蒋介石打。实际上，这种人是怕战争，比任何人都幻想和平。和平幻想渗透到他的骨头里边。他们认为毛主席不高明，是因为仅仅争取了几个月的暂时和平，没有争取彻底的和平，给他们更多的和平时间来享福。他们不懂得要战争不要和平的不是我们，而是蒋介石，不懂得我们是迫不得已接受内战，我们就不得不起来教育人民、团结人民站在自卫立场上反击敌人。

在《三个月总结》[12]中，党中央说，消灭了敌人三个二十五个旅，敌我军事形势就要发生基本的变化。在半年总结中，党中央又说，消灭蒋军两个四十五个旅，战局就要发生基本的变化。有的同志数学高明，发现了七十五同九十之间相差十五，因而想到是不是还要消灭敌人更多的旅，才算是战局发生基本的变化呢？

这种想法，意思就是想快点。其实七十五个旅同九十个旅相差并不多。现在已经歼灭了蒋军九十多个旅，战局已经发生了基本的变化，一点也没有错。既然起了基本的变化，为什么不能反攻呢？

三个月总结、六个月总结，毛主席和朱总司令的估计都是非常准确的。从总的方向来说，哪一点没有估计准确？仅仅计较天数、人数是不对的。毛主席思想是全党的准绳，这是历史上已经证明了的。二十多年的历史证明了毛主席是正确的。跟毛主席方向走，一定可以发展胜利，与毛主席思想背道而驰，必然要失败。我们党什么时候有过像今天这样顺利的形势？这就是毛主席思想的胜利。因此，遇到自己的思想与党中央、毛主席思想相抵触的时候，首先应该承认是自己错了。这是改造自己、提高自己觉悟及学习毛主席思想的起点。这样做，也是完全符合于党章规定的。

不反攻行不行呢？是不行的。今天我们不是怕什么冒险主义，而是怕对形势估计不足，怕我们的认识赶不上客观形势发展的需要。历史上我们经历并克服了第一次"左"倾盲动主义、李立三路线、新立三路线[13]，对"左"倾机会主义戒备得很严，往往是怕"左"，但对抗战中的投降主义的影响也要清除。今天形势好得很，怕产生机会主义，就应该是怕产生右倾机会主义和尾巴主义。

党中央二月一日指示中写道："中国时局将要发展到一个新的阶段。这个新的阶段，即是全国范围的反帝反封建斗争发展到新的人民大革命的阶段。现在是它的前夜。"[14]

蒋管区的伟大的人民运动发展起来了，学生运动、工人运动、民变运动闹得轰轰烈烈，人民跑到我们前面去了。这与解放区的军事胜利，是打败蒋介石的两大力量，而解放区是领导力量。中国革命新的高潮很快就要到来，我们要领导这一高潮走向彻底胜利。如果我们不支持蒋管区的人民运动，而成为群众的尾巴，这一高潮就可能逐渐下降，就会影响革命的胜利。

从军事上看，敌人采取重点防御。我们是让蒋介石巩固了他的统治区，喘口气再来打我们，还是我们先去剥夺他的兵员、财力，扩大解放区，来充实我们自己的力量。到底这两种办法哪一种好呢？这是很明白地摆着。蒋介石到处被动，好像两个人打架，只要再加一拳就能把对方打败，你偏偏要歇一歇让他喘口气，自然是不对的。这用之于革命会使革命失败，要犯严重错误。保守主义的危险性就在这里。

反攻出去，打不打大城市？有的同志说，既然安阳没有打下，还能打哪里呢？

我们不是先打大城市。刘司令员讲：蒋介石信奉基督教，是要死在"十字架"上的。你们看，长春是"十字架"，四平、沈阳、北平[15]、天津、开封、郑州、新乡都成了"十字架"，将来这些地方困久了，不靠飞机就得饿饭。安阳还不是"十字架"，而是"丁字架"。如果真正打安阳，还是能打开的。为什么没打下？主要是时间不允许。

我们对城市好打就打，不好打就不打。敌人采取重点防御，我们就占"面"，有机会就占地方。地方占多了，人口增加了，兵员解决了，财政也解决了。反过来敌人就困难了，敌我力量对比又要起新的变化，道理就在这里。

反攻出去很好。有的同志问，能不能站得住脚？能，一定能够站住脚！客观条件是具备了。但有一条，要看我们三大任务[16]完成得好不好。我们在思想上要下决心不向后看，即回头看着晋冀鲁豫。要讲战法，要讲政策，把三大任务完成好。蒋管区人民那样好，有什么理由站不住脚呢？如果三大任务有任何一条完成得不好，就会站不住脚。三大任务完成得好，不要多久就会站住脚，新区很快就会变成解放区。

困难有没有？一定有的。在新区不能设想像在解放区内线作战那样方便。要设想更多的困难，餐把饭吃不上等等都会有的，思想上必须有充分准备。即使有困难，只要完成三大任务，困难也是暂时的，而且影响不了站不站得住脚。当然，我们是要历尽辛苦。你们想一想，像我们中国这样大的国家，人口占全世界近四分之一，要革命成功，不花辛苦是不行的。我们这一代的确是幸福的、光荣的。我们将要造成子子孙孙的幸福，即令牺牲也是值得的。

反攻确实辛苦，并且是持久性的，争取得好，就快些。厌倦不应该，真正把革命干成功，辛苦是值得的。今天我们需得拿出英雄气概，拼命地干，前仆后继，英勇奋斗，一定可以干成功。

**二、假若美国出兵怎么办？**

我们要提倡一个思想建设：要提倡中国人民能打败帝国主义而得到解放的思想，就是要把美国帝国主义打败的思想。在今天中国人民的敌人是美蒋，革命的对象是美蒋，革命的任务是打败蒋介石，把美帝国主义打出中国去！今天反帝是反对美帝国主义，反封建是反对蒋宋孔陈四大家族[17]。我们对美蒋要有高度的仇恨心，中国人民除了斗争再无出路，我们应该敢于鄙视美帝国主义。

试问，不打败美帝国主义，中国怎么能摆脱殖民地的命运？不反帝又怎能反封建呢？一定要下决心，或者用武力赶走美帝国主义，或者把美帝国主义反出去。如果我们人民先锋队中有人没有这种觉悟，就得考虑一下自己的革命坚决性到底有几分之几。

要承认美帝国主义的强大，但是不是强大到不能打倒呢？不是的。不要看它装得那样凶恶，其实它是外强中干，我们是一定能战胜它的。既然德意日法西斯都能被我们打倒，那美帝国主义也是能被打倒的。要知道它是帝国主义的最后支柱，比德意日三个法西斯强不了多少，但世界人民力量比过去大大发展了，外强中干的美帝国主义是吓不倒人的。

　　抗战中，美军观察组组长包瑞德[18]向毛主席要求派一千个人的武装在解放区设立航空站，要我接受蒋介石的条件，并表示如果不接受这两个要求，美军将更多地援蒋。当时毛主席拍桌发怒，表示决不接受这种无理要求，你们要援助蒋介石是你们的自由，中国人民也有反抗压迫的自由，我们不害怕。美国人看到共产党不好惹，也就不敢再提了。我们要学习毛主席的硬骨头，我们无产阶级的骨头是硬的，是谁也吓不倒的。不久前，烟台联总人员轧死中国人[19]，祸首依解放区法律审判，美国人得抚恤被害同胞的家属，登报认错。这才是中国人的气魄。蒋介石怕外国人，鲁迅骂的洋奴才就是指的这一类人。怕外国人是奴才思想，要清算这种思想。我们中华民族是从来不怕外国人的，是能把帝国主义赶跑的。敢于鄙视美蒋，把美蒋赶出去，这一思想要明确建立起来。

　　同志们一般不怕美援蒋，思想上有了进步，但有的同志担心，打的当中美军是不是出兵援蒋。美出兵援蒋的可能性确实是有的，但从今天的形势看来，这种可能性不大。为什么不大呢？因为美与世界为敌。当然，美水兵出来配合蒋军，美军官指挥蒋军炮兵、技术兵种，说不定还会弄什么志愿兵，美航空员驾驶飞机帮助打内战等是可能的。但如果要像日本那样规模地出动大军对中国发动侵略战争，这种形势今天还看不出来。大家知道，这是与世界问题牵扯起来的，美出兵助蒋，今天还不是现实问题，这不是一个国家的问题，而是世界问题。要打第三次世界大战，美准备好了没有？没有。这也是大问题。

美样子凶，其实不行。最近在山东和东北的胜利，美感到青岛受威胁，靠不住，改靠台湾为基地、琼崖为供应站、西沙群岛为据点。它要干，惹起了祸怎么办？如对我国发动大规模侵略战争，空子会更多，法、土、伊、德等驻军就要发生困难，美压迫下的其他国家人民就要起来干。

照毛主席的思想方法来说，应该从最困难着想。退一百步来说，美要这样做，你怕又有什么用？你愿不愿做亡国奴？只有打走美蒋才有出路，中国要过两座桥，打败蒋是过第一座桥，打走美是过第二座桥，过了第一座桥再过第二座桥就好办了。

我们不怕美帮助蒋，即令出兵，全民族动员起来参加反侵略战争，劲儿更大了，那时蒋也会成为公开的汪精卫[20]，抗美战争轰轰烈烈开展起来，蒋内部要起分化，双方旗帜更加鲜明，汉奸分子一律伏法，我们的营垒更加强大了，敌人内部要有一部分分化到抗美营地来。那时，世界上受美帝国主义欺压的国家和人民，会站在我们一边共同反美。我国反英（大革命时期）、反日（七七事变），都是经过了长期准备的。但是，在日本投降后几个月，全国人民反美热潮竟如此迅速地掀起来了，这说明了我国人民觉悟速度是多么地快啊！

美现在二十个手指足趾到处扯起，千疮百孔，漏洞太多，经济危机明年可能来到，官方已经发出信号了。即使美冒大险出兵侵略，世界人民和中国人民的进步会更快的。这不可怕，怕只能表示怯懦，同时怕也没用。人民不怕蒋介石的逮捕暗杀，反美反蒋的劲儿愈来愈大，不要做美蒋的尾巴，要同人民在一起，把美蒋反跑，要相信是一定能反跑的。

### 三、是不是还有和平谈判的可能？

现在根本谈不上和平。那么，从形势发展上有没有可能呢？理论上说也许有可能，即在这种条件下：双方都需要和平一下、休息一下，准备再打，是建立在准备再打的基础上的。但今天不能有和平，要全心全意打败蒋介石。

前些时，蒋发动和平攻势，是他精疲力竭的表现，需要休息三个月再打。国民党参政会[21]的用意是动员地主、资产阶级帮助蒋征兵、征粮、征款。蒋以此欺骗一下人，其实丝毫也不希望和平的。我们的方针是要争取和平，但和平不下来，如打败蒋介石就一定可以和平。

假若我们现在进行和平谈判，就要犯严重错误，全国人民是反对蒋介石挑动内战的。我们军事上的胜利，鼓舞了全国人民，推动了蒋管区人民斗争热潮，如果我们这时要讲和，就等于给参加反饥饿、反独裁、反内战的工人、农民、学生、教授及中间势力等泼冷水，使轰轰烈烈的人民运动烟消云散。

第一次大革命中，陈独秀右倾机会主义[22]给工人农民的群众运动泼了冷水；抗战中农民要求土地，也泼了冷水。怕"左"，给自己泼冷水，松懈斗志，帮助反革命断送革命的和平是错误的。让敌人换好了气来打自己，哪里会有这样蠢笨的政治家？中国革命要取得最后胜利，必须打败蒋介石，结束他的统治。

四、土地改革问题。

今天听不到有人抖起精神喊"土地改革不好"，没有这样的"英雄"敢公开直接反对土地改革。但是，所有反对土地改革的人，都是说农民斗争的方式方法过火了，以此来掩饰自己反对土地改革的实质。

农民有什么方式方法不好？地主压迫农民的时间有几千年，农民大翻身出气一年还不应该？地主欺压农民几十代、几百辈，其手段又多么毒辣呢！农民斗争了地主还留给他房地，使他还能过活，这有什么过火？地主被斗后，如不肯低头，就得继续斗下去，一直要斗得地主服服帖帖，农民才能把准备好的一份房地给他。历史上能找到有地主这样照顾农民生活的吗？地主蛮横无理，为什么不能斗？地主对农民的那种残酷压迫，凡是参加过农民诉苦的，没有哪一个是不流泪的。

如果没有土地改革，能不能支持战争？是不能的。直到五月底止，全解放区已有六十万农民参军，参战的六千万也不止，在冀鲁豫作战时，每天就得有三百万个民力。人民负担重，如果没有土地改革，农民会愿意？

有人不拥护土地改革这个最低纲领，他要拥护共产主义最高纲领，这岂不是笑话？六纵最近在查地主思想，这很好。这不是不相信干部，党对同志毫无歧视，反对的是地主思想，凡是自己沾染了地主思想的人，就应该努力克服。战士查阶级，干部查思想，这包括了工农出身的同志。这是党的好意，使大家都为劳动人民全心全意服务，做得好，可以多挽救几个人，有的还得从水里拉起来。

凡是参加共产党的，都叫无产阶级先锋队，党批准他入党，就是相信他，不怀疑他。现在的问题是自己要检查一下是不是思想上掉了队？如不清算，是要犯大错误的。在自卫战争中，我们对翻身运动的教育做得差，以后要加强，不能过分责备这些同志。

我们的前途是非常光明的，同志们要一心一德跟毛主席走。我们的反攻是有把握的、光荣的、正确的，我们一定能完成党交给我们的任务，争取反攻的胜利！

## 注　释

〔1〕鲁南战役，指一九四七年一月二日至二十日山东野战军和华中野战军在山东枣庄地区进行的战役。这次战役歼灭国民党军整编第二十六师、第一快速纵队和整编第五十一师共五万三千五百余人。

〔2〕莱芜战役，指一九四七年二月二十日至二十三日华东野战军在山东莱芜地区进行的战役。这次战役歼灭国民党军五万六千余人，生俘国民党军第二绥靖区副司令官李仙洲。

〔3〕泰安战役，指一九四七年四月二十二日至二十六日华东野战军第十、第三纵队围攻泰安的战役。这次战役歼灭国民党军整编第七十二师（欠一个旅），生俘师长杨文琼。

〔4〕孟良崮战役，指一九四七年五月十三日至十六日华东野战军在山东蒙阴东南的孟良崮地区进行的战役。这次战役全歼国民党军整编第七十四师及整编第八十三师一个团共三万二千余人，击毙师长张灵甫。

〔5〕热河，辖今河北东北部、辽宁西南部和内蒙古东南部地区，一九五五年撤销。

〔6〕蓟县，今天津蓟州区。

〔7〕叶柏寿，一九五一年划入辽宁建平。

〔8〕刘汝明，当时任国民党军第四绥靖区司令官。

〔9〕太平洋战争，指第二次世界大战期间反法西斯联盟国家与日本在太平洋地区进行的战争。一九四一年十二月八日，日本未经宣战，以强大的海空军

突然袭击美国在太平洋地区的主要海空军基地珍珠港，使美国太平洋舰队遭到惨重损失。同日，美英对日宣战，德意对美宣战，太平洋战争正式爆发。日本军队先后侵占了东南亚的许多国家和地区以及太平洋上的一些岛屿，后来在各反法西斯国家武装力量的沉重打击下，不断遭到失败。一九四五年八月十五日，日本宣布无条件投降。九月二日，日本代表在投降书上签字，战争结束。

〔10〕左参谋长，指左权，全民族抗日战争爆发后，任八路军副参谋长。一九四二年五月二十五日在山西辽县（今左权）麻田指挥部队与日本侵略军作战中牺牲。

〔11〕李自成，明朝末年农民起义领袖。一六四四年率部攻入北京。进入北京后，产生了骄傲自满、享乐主义思想。不久，在明将吴三桂勾结清兵联合进攻下失败。

〔12〕《三个月总结》，指一九四六年十月一日毛泽东为中共中央起草的对党内的指示。这个指示以《三个月总结》为题，收入《毛泽东选集》第四卷。

〔13〕第一次"左"倾盲动主义，指一九二七年十一月至一九二八年四月中国共产党内出现的"左"倾盲动错误。李立三路线，指一九三○年六月至九月以李立三为代表的"左"倾冒险错误。新立三路线，指一九三一年一月至一九三五年一月以王明为代表的"左"倾教条主义。

〔14〕见毛泽东《迎接中国革命的新高潮》（《毛泽东选集》第四卷，人民出版社1991年版，第1211页）。

〔15〕北平，今北京。

〔16〕三大任务，人民军队担负三项基本任务的简称。红军时期，毛泽东规定红军担负着打仗、筹款和做群众工作三项任务，抗日战争时期发展为打仗、做群众工作和生产。这里指的是晋冀鲁豫野战军主力部队执行的作战、发动群众、筹粮筹款任务。

〔17〕蒋宋孔陈四大家族，指蒋介石、宋子文、孔祥熙和陈果夫、陈立夫为首的国民党官僚买办统治集团。

〔18〕包瑞德，抗日战争时期任美国驻华使馆上校武官，一九四四年作为美军观察组组长访问延安。

〔19〕一九四七年五月二十三日，联合国善后救济总署驻烟台办事处（烟台联总）工作人员、美国人史鲁域琪驾驶吉普车在烟台马路上撞死黄包车夫杨禄奎。六月十六日，烟台地方法院判处史鲁域琪有期徒刑两年。烟台联总赔偿死

者家属二百五十五万元北海币，当时折合美元三千四百元。

〔20〕汪精卫，全民族抗日战争爆发后，任国民党国防最高会议副主席，主张对日妥协，是国民党内亲日派首领。一九三八年三月任国民党副总裁。同年十二月公开投降日本帝国主义。一九四〇年三月在日本帝国主义扶植下，成立南京伪国民政府，任代主席。

〔21〕国民党参政会，即国民参政会，是国民党临时全国代表大会于一九三八年三月三十一日决议设置的最高咨询机关。参政员由国民党政府指定，国民党员占大多数。国民参政会成立初期，对于团结全国人民、发扬抗日民主、推动全面抗战起了一定作用。随着国民党消极抗日、积极反共政策的发展，国民参政会越来越成为国民党政府的御用工具。抗日战争结束后，国民党召开"国民大会"，国民参政会于一九四七年五月举行第四届第三次大会后撤销。

〔22〕陈独秀右倾机会主义，指一九二七年上半年以陈独秀为代表的右倾机会主义错误。

# 嘉奖慰劳黄河员工 *

（一九四七年七月十二日）

由于你们不顾敌军的炮火和蒋机的骚扰，不顾日夜的疲劳，积极协助我军渡过了大反攻的第一大阻碍，完成了具有历史意义的渡河任务，使我军非常顺利的到达黄河南岸，以歼灭蒋伪军，收复失地，解救同胞，这是你们为祖国的独立和人民的解放立了大功！你们这种无比的积极性和热情，全体指战员莫不敬佩和感激！我们到达南岸后，先后收复了鄄城、巨野、曹县、郓城等地，消灭了蒋军曹福林[1]部两个旅，这些胜利是和你们分不开的。为了慰问你们的辛劳，特犒劳你们每人猪肉一斤，并祝你们继续努力和健康！

## 注　释

〔1〕曹福林，当时任国民党军整编第五十五师师长。

---

* 这是邓小平和刘伯承慰劳黄河各渡口员工协助解放军渡过黄河的嘉奖令，刊载于一九四七年七月十七日出版的中共晋冀鲁豫中央局机关报《人民日报》。

# 坚决执行跃进大别山的
# 战略任务<sup>*</sup>

（一九四七年七月二十八日——八月二十五日）

## 一

（一）灰电<sup>〔1〕</sup>敬悉，因作战未即复。我们完全拥护所示方针。惟现有如下困难：1. 南渡黄河后，连续作战，共歼灭四个师部、九个半旅，约五万余人，战果不小。但消耗甚大，伤亡约一万三千人，炮弹消耗殆尽，新兵没有，俘虏至少需时二十天争取（约可补足伤亡），炮弹无法补充（陈谢兵团亦然），医院已患员满，一时难于抽出。2. 我原来打算第一步依托豫皖苏，尚能保持后方接济。所带经费只法币<sup>〔2〕</sup>十数亿元，不足半月开支，一到南面即发生冬衣困难。

---

\* 这是邓小平等关于执行中共中央军委关于跃进大别山战略任务的一组电报。为了坚决执行毛泽东和中共中央军委的战略部署，一九四七年八月七日，刘伯承、邓小平率领部队勇往直前，不要后方，千里跃进大别山。至八月二十七日，晋冀鲁豫野战军主力击破国民党军二十多个旅的围追堵截，越过陇海路，涉过黄河，跨过沙河、涡河、汝河、淮河等天堑屏障，南征进入大别山，先后解放十一座县城，完成了千里跃进的任务。

（二）陈粟谭感午电[3]所提理由，我们亦具同感。我们当前面对的敌人现有十七个旅，除四十师外，战斗力均不强，山东敌人又难西调，仍有内线歼敌机会。如果在陇海路南北，坚持两个月，并消灭其八个旅以上，则南下更少困难。

（三）但我们积极作行动准备，立即休整半月。

（四）如我们推迟陈谢渡河，以先扫清垣曲、白坡、焦作为好。如邯郸局[4]能在八月底补充五万新兵（包括陈谢各部），东北给一批炮弹，则阵容更为整齐。

（五）请中央考虑示遵。

（一九四七年七月二十八日和刘伯承给中共中央军委并告陈毅、粟裕、谭震林，徐向前、滕代远、薄一波、王宏坤的电报。七月二十三日，毛泽东为中央军委起草关于晋冀鲁豫野战军直出大别山的电报，要求刘邓"立即集中全军休整十天左右，除扫清过路小敌及民团外，不打陇海，不打新黄河以东，亦不打平汉路，下决心不要后方，以半个月行程，直出大别山，占领大别山为中心的数十县，肃清民团，发动群众，建立根据地，吸引敌人向我进攻打运动战"。此电改变了中央军委五月四日关于刘邓兵出中原以豫皖苏边区和冀鲁豫边区为根据地的计划。七月二十七日，毛泽东电示刘邓：你们能于八月十五日南进，则可能取得几个星期时间在豫西及大别山立住脚跟。同日，又电示："从现在起，陈谢集团归刘邓直接指挥。"）

# 二

连日我们再三考虑军委梗电[5]方针，确好。顷奉艳电[6]，决心于休整半月后出动，以适应全局之需。照现在情况，我们当面有敌十九个旅，至少有十个旅会尾我行动，故我不宜仍在豫皖苏，而以直趋大别山，先与陈谢集团[7]成犄角势，实行宽大机动为适宜。准备无后方作战，要求下列数事：

（一）请山东令渤海，尽量赶运炮弹，取用。可能条件下，最好能再给我们一千山炮弹。我们已派车到德州接运。

（二）请邯郸，千方百计派大批干部，接收现有之一万伤员，好抽出医院出动。

（三）请邯郸，将现存法币等全给我们。

以上务请限于十五号前完成。

此外，建议陈唐兵团[8]在鲁西南拉一下敌人。山东抽出原皮定均[9]旅到大别山作军区骨干。

（一九四七年七月三十日和刘伯承给中共中央军委并告晋冀鲁豫中央局，陈毅、粟裕、谭震林，华东局，陈赓、谢富治的电报。七月二十九日，毛泽东为中央军委起草关于下一步战略行动致刘邓的电报。电报中指出："现陕北情况甚为困难（已面告陈赓），如陈谢及刘邓不能在两个月内以自己有效行动调动胡军一部，协助陕北打开局面，致陕北不能支持，则两个月后胡军主力可能东调，你们困难亦将增加。"）

## 三

我们召开纵队级会议，坚决拥护中央梗电方针，克服困难，完成任务，并拟定步骤如下：

（一）为恐黄河决口及敌情变化过大，拟争取提前于未删（八月十五日）左右出动，望陈谢亦准备同时出动。

（二）为迷惑敌人，于出动时第一步到陇海路，而以陈唐位于敌之侧背，伪装出汴郑休息一两天。第二步进至鹿邑、太康线，以陈唐位于陇海线北侧，争取休息两天。如在此间敌人好打，则结合陈唐歼灭其三、四个旅；如敌不敢进，回向郑汴集结，则我第三步，以十天行程到达大别山。

（三）陈谢出动后，以先占新、渑、宜、洛[10]山区，再看形势。

（四）拟以张才千[11]部同时进至桐柏山。

（五）动员方面，我们六月在豫北时做过，颇深入。现干部战士南下均无问题，当再深入动员。

（六）冶陶[12]组织弹药药品运送，并按时接收伤员。

（一九四七年八月二日和刘伯承给中共中央军委并告陈毅、粟裕、谭震林，晋冀鲁豫中央局，陈赓、谢富治的电报）

## 四

（一）敌情：孙震系统罗广文[13]（兵团司令）带刘汝明部十二个旅、另一路骑兵旅，主力在菏泽周围，而临濮东、菏泽、定陶、曹县、城武[14]均有敌；王敬久部四个半旅，其三师在金乡，五十八师在羊山集、独山集，此外五师、八十五师、六十五师等部已进至汶上南北地区，封锁运河；桂系七师、四十八师有于东（一日）在临城、韩庄上车运开封消息。如上述敌人全到，鲁西南共有敌三十个旅。

（二）我陈唐五个纵队已到运河以西，部队甚疲劳。我们也在新战之后，情绪甚好，但弹药补充甚不及时，山东帮助的不知到德州否？在地形上，完全处在陇海路、黄河、运河的三角地区围攻圈内，极为狭窄，机动回旋不易，态势很坏。

（三）从战略形势看，如五军等四个师不转至陇海线，我们尚有办法照原定计划执行。如敌以七十二、七十三、十二师等封锁运河两岸，敌五、八十五、五十七、六十五师等四师沿津浦转至陇海线，则我们在其运动中提前出动为好。如果五师等由济宁到金乡、鱼台（此种可能很大），则我们以能转到围攻圈外，选择一路有把握地打好一仗再走为好，或能打罗广文的一路更为顺手，否则困难增多些。但打一仗，我们又无炮弹了。如五师等向南，我们就好办了。

（四）在我们出动情况下，陈唐部队第一步当在陇海路北，但如敌人先在鲁西南三角区围攻陈唐，他们受不了。故如在敌尾我南下时，陈唐自应抓敌尾巴；如敌先围攻他们，则他们似以首先转至外线，或在豫苏皖，或出郑州以南地区，和陈谢集团呼应机动，藉以掩护我们南下，以后再视情况，亦可回到汴徐以北。

（五）情况变化又多，煞费考虑，请研究指示。叶陶两纵[15]是否过河，亦应重新考虑。并请陈粟谭督促弹药、医院等迅速前送，时间已极紧凑。

（一九四七年八月五日和刘伯承给中共中央军委
并告陈毅、粟裕、谭震林的电报）

## 五

虞巳电[16]奉悉。情况是：

（一）陈唐、叶陶甚疲，邱[17]敌过运河时，三、十两纵守不住。现欧震[18]与罗广文相距不过百里，四十八师已到定陶及菏泽路南之马楼、孟垓；吴绍周[19]已到嘉祥以南，嘉城尚未到敌。

（二）如他们不转至外线，则只能以我们主力进行防御，且无把握，更无法出动。

（三）黄河水虽暂时平槽，但涨落不定。两岸有七八个旅，于黄河秋汛期间，大兵团无法过河。

（四）顷我们决心转至外线，只留宋王（秉璋）两纵[20]在内线，陈唐则确定于敌南进适时转至内线与陈粟会合。

（一九四七年八月八日和刘伯承给中共中央军委
及陈毅、粟裕的电报。八月九日，毛泽东为中
央军委起草致刘邓电："情况紧急不及请示时，
一切由你们机断处理。"）

## 六

（一）我们已进至城武、曹县之线以南，陈唐进至金乡、城武之线。今佳（九日）夜，我们到民权商丘线以北，陈唐

到单县周围。此次我既不能战，而防御既消耗又无把握，更得不到休息，黄河汛期不能机动，须南进转至外线实属必要。

（二）今夜我迫进陇海线后，我们休息一天即进至陇海路南。陈唐不动，至少可休息三天。届时，如罗[21]兵团尾我南下，则陈唐可转至内线与陈粟会合。如东、西两敌先控制嘉祥、菏泽、郓城地区，平行向南推进，则王宋[22]两纵队可接引陈粟部南渡。陈唐或先转至内线，或先到陇海路南再转内线。

（三）我们到陇海路南后有两个方案：如敌来得慢，则可直出目的地；如敌尾我快，则可打一两个圈子，尽量争取先到目的地。

> （一九四七年八月九日和刘伯承给中共中央军委并告陈毅、粟裕、谭震林的电报。八月十日，毛泽东为中央军委起草致刘邓、陈粟电，指出："刘邓决心完全正确。"）

# 七

（一）我过陇海路后，敌必大变化，四十八师、七师均赶回商丘，罗广文已奉蒋手令，可能迅速南调。

（二）如罗兵团南调，邱、吴[23]在郓巨分散"清剿"，则陈唐于休息三、五天后，适时在郓、鄄地区，寻机歼敌，控制一段渡口。

（三）如罗广文及邱、吴两师南进，则宋、王两纵更能控制渡口，并以尾敌方式，配合陈唐，适时转入内线。

（四）因此宋纵非到绝无办法时，切不可过河北[24]，笨重东西可转河北，战斗部队可分别集结打圈子，或向南向西转至外线，坚持战斗，争取变化。

（一九四七年八月十日和刘伯承给陈士榘、唐亮，王秉璋、张霖之的电报）

## 八

我近日行动虽颇疲劳，但已调动敌人，分散敌人，使陈唐能得三五天休息，他们坚持内线仍属可能，而我又先打桂系，进入陇海线。敌人对我意图只能逐步了解，故主动权仍在我手。我各部更应小心谨慎，万勿疏忽大意。好好组织休息，改善给养，团结同志。只要有坚强的战斗意志，部队的能力就能达成任务，望传达干部，一体明了。

（一九四七年八月十二日和刘伯承给晋冀鲁豫野战军各纵队首长，陈士榘、唐亮，王秉璋、张霖之并报中共中央军委的电报）

## 九

顽敌吴绍周部八十五师、五十七师恐亦由巨野经城武，尾我南进。你们不必以三纵全力钳制该敌，只宜以多数小部队沿途伏袭扰敌。但你们应该争取到三天休息后，待吴部进到曹县时，可放手歼击由金乡南进之三师、五十八师。该敌已受重创，战力极弱。地形很好，只要他前进，以你们现有力量歼灭不成问题。为此目的，你们应伪装掩护部队，隐蔽主力，控制单县，诱敌进至单县附近，乘其工事未成而割裂歼灭之。此战如果成功，即可以主力迫近菏巨公路，既可抑留吴绍周，又可迫使邱清泉、刘汝明缩入少数据点，改善宋纵地位，而引起有利变化，故你们应精心准备，此战务求必胜。

（一九四七年八月十三日和刘伯承给陈士榘、唐亮，陈毅、粟裕，王秉璋、张霖之并报中共中央军委的电报）

过沙河后行动基本原则：

（一）敌已判明我到大别山，正部署堵击中。王敬久[25]率三师、五十八师，今篠（十七日）由砀山经夏邑向亳州前进。罗广文十师、二〇六师，似沿平汉线运动。昨铣（十六日），柘城北之远襄城到敌百余，可能是桂系。吴绍周之八十五师、五十七师，仍在单县地区。五师仍在郓城地区。刘汝明仍在菏泽地区。敌人兵力分散。我军务于皓（十九日）渡河完毕，以争取先机。

（二）我过河后部署如下：

1. 一纵占领商水，主力集结商水以东、以西，休息两三天，派一先头旅占领上蔡。第二步，主力占领汝南，派一个旅占领正阳，尔后该纵即在上蔡、汝南、正阳之线待机。但应以骑兵团、张才千旅进至平汉线，由北而南破路。同时，由上蔡之旅派一个营附电台留置商水，向北游侦警戒。如能更早占领汝南、正阳，更为有利。

2. 六纵占领项城，休息两天，以先头旅控制洪河。尔后全部南下，占领息县、罗山、经扶[26]，主力位于罗山以南。派一个旅，占领黄安[27]、麻城。

3. 二纵占领沈丘，休息两天，以先头旅占领新蔡，控制洪河。尔后留置一个旅在新蔡及其以南，派一个营附电台留沈丘东西地区游侦警戒。主力南进占领潢川、光山、商城三城待机。

4. 三纵在颍州（阜阳）以西地区休息两天，以先头旅控制三河尖地东西地区。尔后，除留置一个营附电台在三河尖游侦警戒外，全部自择道路，或经霍邱、砚蛮，迅速占领六安、霍山、立煌[28]三城。

5. 本部在二纵、三纵之间行进。

（一九四七年八月十七日和刘伯承给晋冀鲁豫野战军各纵队的指示电）

陈唐巧（十八日）午电悉，我们意见，如西兵团回运东[29]，恐远道过疲，无好仗可打。如敌集结，以抑留我军于运东地区使我新战略上因离心行动而失重点，以策应中原更为不利。建议：

（一）陈唐兵团先取鲁西南一切薄弱县城，开辟战场，而以一部或以王张[30]配合，分区不断破击陇海路，如此陈唐主力可继续获得休息。

（二）陈粟迅速集中六纵及炮兵、弹药于寿张地区，宏坤[31]、赵纵[32]集结于范县地区休息三天，然后以陈唐主力接引渡河。

（三）渡河后，先打六十八师（该敌比较好打），如五师增援，则调动其在运动中先歼之。否则，歼灭六十八师后，迫使五师缩小防地。如此，则鲁西南机动战场仍极宽大。

（四）从战略着眼，山东主力以依托鲁西南，进出陇海线南北或东西，陇海路对我们配合最大、有力。

（五）鲁西南、豫皖苏群众都很好，担架、粮食等不成问题。我们感觉山东部队非战斗人员可节约，充实战斗单位。

（六）如此方案实行不便，则先打开运河以东亦可。我们总觉得只要北面能利用，此时大量歼敌，就是对我们直接配合。

（七）所提意见不尽完备，请陈、粟作决定。

　　　　　（一九四七年八月二十日和刘伯承给中共中央军
　　　　委并告陈毅、粟裕，陈士榘、唐亮，徐向前、
　　　　滕代远的电报）

# 十二

豫皖苏群众极好，且极易发动。沙河以南极富足，民枪颇多，土地集中，人民迫切要求翻身。惟豫皖苏没有干部，队伍也少，很难打开局面。沙河以南亟待开辟。故建议由华东抽出两千干部，一半加入豫皖苏工作，一半开辟沙河、淮河间工作。同时，邯郸局须即令十纵迅速准备，早日南下到淮河活动。

　　　　　（一九四七年八月二十一日和刘伯承给中共中
　　　　央，陈毅、粟裕并转华东局的电报）

# 十三

（一）我主力已通过汝河，水路线只有淮河一个障碍，三天内主力可能渡河，尽力争取休息。

（二）我们经过黄泛区，继而沙河，泉河，洪河，汝河。今年水很大，都不能徒涉。两河之间到处发生泥泞，而又狭窄无法机动，故行动极其困难，大车还要丢，但一般情况均好。

（三）我过沙河后，敌大部即已尾上，故未得到休息。吴绍周先我到达汝河南岸，昨敬（二十四日）我军直及六纵，系以战斗强渡突破敌阵过河的。

（一九四七年八月二十五日和刘伯承给中共中央军委，陈毅、粟裕，徐向前、滕代远的电报）

## 注　释

〔1〕灰电，疑有误，应为梗电，指一九四七年七月二十三日毛泽东为中共中央军委起草的关于晋冀鲁豫野战军直出大别山的电报。

〔2〕法币，指一九三五年十一月国民党政府实行币制改革以后所发行的纸币。一九四八年八月，国民党政府发行金圆券以代替业已崩溃的法币。

〔3〕感午电，指一九四七年七月二十七日陈毅、粟裕、谭震林致中共中央军委并刘伯承、邓小平的电报。

〔4〕邯郸局，指中共晋冀鲁豫中央局。

〔5〕梗电，见本篇注〔1〕。

〔6〕艳电，指一九四七年七月二十九日毛泽东为中共中央军委起草的关于下一步战略行动给刘伯承、邓小平的电报。

〔7〕陈谢集团，又称陈赓集团、陈赓兵团，指由晋冀鲁豫野战军第四纵队、

第九纵队，西北民主联军第三十八军和太岳军区第二十二旅组成的作战集团。一九四七年七月二十七日正式成立集团前委，陈赓任书记，谢富治任副书记。

〔8〕陈唐兵团，指华东野战军西线兵团。华东野战军参谋长陈士榘任兵团副司令员，华东野战军政治部主任唐亮任兵团副政治委员。

〔9〕皮定均，当时任华东野战军第六纵队副司令员。

〔10〕新、渑、宜、洛，指河南新安、渑池、宜阳、洛宁。

〔11〕张才千，当时任晋冀鲁豫野战军中原独立旅旅长。

〔12〕冶陶，当时是中共晋冀鲁豫中央局、晋冀鲁豫军区和晋冀鲁豫边区政府部分机关驻地。

〔13〕罗广文，当时任国民党军整编第十师师长。

〔14〕城武，今山东成武。

〔15〕叶陶两纵，指华东野战军第一纵队和第四纵队，纵队司令员分别为叶飞和陶勇。

〔16〕虞巳电，指一九四七年八月七日巳时中共中央军委给刘伯承、邓小平并告陈毅、粟裕的电报。

〔17〕邱，指邱清泉，当时任国民党军整编第五师师长。

〔18〕欧震，当时任国民党军陆军总司令部徐州司令部第三兵团司令官。

〔19〕吴绍周，当时任国民党军整编第八十五师师长。

〔20〕宋王（秉璋）两纵，指华东野战军第十纵队和晋冀鲁豫野战军第十一纵队，纵队司令员分别为宋时轮和王秉璋。

〔21〕罗，指罗广文。

〔22〕王宋，指王秉璋、宋时轮。

〔23〕邱、吴，指邱清泉、吴绍周。

〔24〕河北，这里指黄河以北。

〔25〕王敬久，当时任国民党军第二兵团司令官。

〔26〕经扶，今河南新县。

〔27〕黄安，今湖北红安。

〔28〕立煌，今安徽金寨。

〔29〕运东，指京杭大运河以东区域。

〔30〕王张，指王秉璋、张霖之。张霖之当时任晋冀鲁豫野战军第十一纵队政治委员。

〔31〕宏坤，即王宏坤，当时任晋冀鲁豫野战军第十纵队司令员。

〔32〕赵纵，指赵基梅任司令员、文建武任政治委员的晋冀鲁豫野战军第十二纵队。

# 后方保障必须适应
# 前线作战的需要<sup>*</sup>

（一九四七年八月七日）

关于后方的工作，谈几点意见。

（一）此次后方许多东西不能送来，使前方作战受到惩罚，这种惩罚已来到了，回去把这句话告中央局、军区、财办、边府。由此所造成的后果如何，难以预料，只好我们今后来忍受。现在已不堪作战了，如山炮弹全军总数不足五百发，迫击炮弹不足八千发，野炮弹稍多于山炮弹一点。

（二）建议今后后方更多地从前方着眼，更多将就于前方的需要。现在很多事情不是如此，如后方为什么不可以派人到前方来算账，总要前方到后方算账？刘清[1]一年来大部时间往返于前后方，前方供给难以保证，无法工作。要更精确地一小时一分钟地去计算时间、工作，足够地了解前方的痛苦，今后对任何一个野战部队都该如此。

（三）前方有许多浪费的地方，我们应向中央局承认错误。但前方对汽油及药品均无浪费，全年用的汽油只够山东一天的消费；药品用多了，伤员会中毒的。这次伤员是痛苦极了，超过任何一个战役的情况。今后的药费预算应予改

---

　＊　这是邓小平同晋冀鲁豫野战军司令部军政处副处长杨恬的谈话要点。

变，对所有的野战军同样，一切应发给前方的东西及早给部队，不必做费力不讨好的事情。有些是非用不可，必须解决。这不是说后方同志没有工作，我们应感谢后方。但最近这一次是造成了不堪设想的困难，部队已不能作一次战了，打羊山集[2]后，所有的弹药不如过去一个纵队的总数多，最多只能打半仗，部队感到信心不高，难以作战。

（四）后方所有保障前线的工作更应加强，弹药供给应增多。山东每月生产迫击炮弹四万五千发，每纵经常携一万发，配三十五辆汽车携带弹药。希望后方利用山东部队在这边的情况，吸收山东的经验，了解他们的情况。山东财经如此困难而做的支援前线的工作，实是令人羡慕。山东部队在这边，虽然他们自己运送弹药，但我们必须准备一批弹药在必要时供予他们。

这次前后方账目就作为一结束，错误我们负责，无法再派人回去清算去了。

（五）对后方工作的要求与几点事情。

今后必须有几个机动的战役需后方供给。因此：

1. 保证陈赓集团和我们这里弹药的供给，指定强有力的专人在冀鲁豫和太岳设两个大仓库，大量储存弹药，随要随到。弹药生产量还应大大提高，停止一些工作专来搞这个都是值得的。

2. 药品仍要想法供给。再若没有这些东西，就不能打仗，那便不堪设想了。

3. 棉衣后方做，很大可能机动回来穿。前方走后也自己尽量想法解决，但时间必须准确，最迟不能晚过十一月一号送到冀鲁豫集中好，随到随穿得上，最好在十月一号前集中好。

4. 电料后方仍应设法代为购买，前方是难购买的。

5. 新兵秋后即准备去扩，要求能在一月一号见兵。新区一下补充兵员是困难的，请中央局讨论，数目是五万人，这是确实补到部队的实数。五万人中包括陈赓二万人，前方三万人。

6. 这次所缴获武器尽量往后方送。情况似已困难，来不及运即埋藏，情况缓和时再取出来。

财经预算等制度都是应该要的，现在主要是工作方式方法问题，是如何改变作风，适应战争。

## 注　释

〔1〕刘清，即刘鹏，当时任晋冀鲁豫野战军后勤部军工部部长。

〔2〕指羊山集战斗，是一九四七年七月刘伯承、邓小平指挥晋冀鲁豫野战军及晋冀鲁豫军区部队在山东金乡羊山集进行的一次战斗。

# 全心全意、义无反顾地
# 创造巩固的大别山根据地 *

（一九四七年八月二十七日——十二月八日）

## 一

（一）我军已胜利完成渡过淮河、进入大别山之跃进任务，敌人追击计划完全失败。今后的任务，是全心全意地义无反顾地创造巩固的大别山根据地，并与友邻兵团配合，全部控制中原。

（二）实现此历史任务，要经过一个艰难困苦的过程，发展半年以上的时间。如不大量歼灭敌人和充分发动群众，要想站稳脚跟是不可能的。因此，我们应切勿骄躁，兢兢业业，上下一心，达成每一个具体任务。

（三）应向全军说明，我们有完全胜利的把握。首先是有陈谢兵团在伏牛山、豫西、豫南广大地区及山东大军[1]在陇海路南北的互为配合。其次是我当面敌人只有二十三个

---

\* 这是邓小平等在完成千里跃进大别山任务后发出的一组电报。按照毛泽东和中共中央军委关于把战争引向国民党区域，大量歼灭敌人，发动群众，建立根据地的指导方针，刘伯承、邓小平率晋冀鲁豫野战军主力进入大别山地区，经过三个月的艰苦奋战，完成了战略展开，站住脚、扎下根，建立了大别山根据地。

旅，兵力分散，战斗意志薄弱，此次尾我失败，战略上愈显被动。再次是大别山区有长期的革命传统，且保存有游击战争的基础，我们有许多本地干部。特别是党中央、毛主席的英明领导，全军上下一致的决心和信心，胜利是有把握的，虽有困难也是能够克服的。

（四）应向全区群众说明，我们是鄂豫皖子弟兵的大回家，他们的子弟在华北胜利了，壮大队伍了；说明蒋军必败我军必胜的条件；说明我们决不再走。我们的口号是与鄂豫皖人民共存亡，解放中原，使鄂豫皖人民获得解放。

（五）在军事上，我们在最初一个月内，不求打大仗，而是占领城镇，肃清土顽，争取打些小胜仗（一两个团一次的歼灭战）。同时，特别注意引导大家熟悉地形，习惯生活，学习山地战，为大歼灭战准备条件。但必须了解，如果我们不在半年内歼灭十个旅以上的敌人，就无法使群众相信我们不会再走而敢于起来斗争，我们也就会遇到更多的困难。因此，任何时候，全军都必须有高度的战斗意志和战斗的准备。

（六）充分发动群众及其游击战争，同我们一块斗争，是实现我们战略任务的决定条件。而我军严格三大纪律八项注意，严整军风纪，是树立良好影响，使群众敢于接近的先决条件。各级必须专门检查实现，万勿忽视。

> （一九四七年八月二十七日为中共中央中原局起草的给晋冀鲁豫野战军所属部队发出的指示。八月三十日又以刘伯承、邓小平名义上报中央军委。毛泽东阅后批示，转发彭德怀、东北局和华东局）

## 二

陷电[2]奉悉。我们连日行军，了解大别山北、淮河以南地区多小起伏地，好打运动仗，群众对我还好。一个月内稻田水干后，部队可以到处机动，只要大家多转两个圈子，熟悉地形，信心就会提高，而以我现有力量对付当面二十三个旅的敌人（只要不增加太多），仍有把握。我们今后主力可能向北向西打一两个圈子，但决不违背在大别山立脚的战略任务。目前，我以两个纵队向南，主要在于控制山区，安置伤员，布置地方工作。而我们将来作战，仍以向北和陈粟、向西和陈谢联接为准绳。对于坚持大别山，我们及所有高级干部，均有决心和信心。

> （一九四七年八月三十一日和刘伯承给中共中央军委的电报。同日，中央军委复电："部署与决心甚好、甚慰。即照你们意见执行。"此前，中央军委两次致电刘邓，商量到大别山后的行动方向："你们行动方向有三：（一）照原计划，以大别山为中心寻机歼敌，建立根据地；（二）在江河之间打圈子，逐步歼敌，建立根据地；（三）至必要时机，请考虑南渡长江是否可能，是否有利。"）

## 三

（一）桂系四十八师向东后，我已集结一、二、三纵主力于商城地区，原拟歼五十八师大部，因敌紧缩商城太快，故只在商城以西之中铺歼其二十九团。五十二师主力在汉口、广水，着其八十二旅、三十三旅均在铁路东侧"清剿"。五十六师之一六三旅在宣化店地区，另一旅位置不明，以上共九个旅。此外，十师已调郑州，六十五师有由汉口空运西安消息，三师之二十旅一礼拜前尚在信阳附近，已否归建不明。

（二）敌军分布如下：东线：四十八师两个旅正由六安向霍山前进；四十六师两个旅（其五六四团已被歼），守备合肥、六安之线，并向南"清剿"；七十四师一个旅（三个团，为新编者），由合肥向舒城前进；四十八师之一七二旅由六安向商城增援；七师两个旅正由蕲水向广济[3]前进；二〇三师一个旅在安庆；五十八师两个旅在商城；以上共十一个旅，属夏威[4]指挥。西线：八十五师两个旅在罗宣公路以东"清剿"；四十师两个旅（缺一个团）分布黄安、麻城、黄陂站三处各一个团。我现拟乘机占领固始、潢川、光山三城，调动敌人，寻求野战。

（三）我们现有两个旅在鄂东区，五个团在皖西区，余均在豫东南，因不熟悉山地及水田战，尚须短期锻炼才能打大歼灭仗。

（四）地方工作在皖西区有相当基础，布置较易，同时干部不少，惟今后一时期敌情较严重。鄂东、豫东群众好，但所存地方基础很少，亦已开始布置工作，并由每旅各抽一营，作掩护。群众主要反映的是怕我们再走和希望我们整好纪律。群众能否发动，决定于我们能否打几个胜仗和整好纪律。现纪律已有进步，放手土改，惟粮菜公款暂时均须筹屯颇感困难。刻正建立政权，布置屯粮、派款工作。

（一九四七年九月二十日和刘伯承给中共中央军委<br>和中共中央工作委员会刘少奇、朱德等的电报）

# 四

目前鲁西南增敌，自以先歼敌为主，棉衣以后再设法。我们正研究自给办法。此时，我亟需到桐柏山，雪峰[5]等亦不能再迟。王刘纵队[6]应不等棉衣，早与赵纵同时南下为好。王赵[7]来时：（一）务必自带棉衣、夹裤、夹被。（二）尽量带现洋，让干部、好战士分带。（三）尽量带八二迫炮弹、小炮弹、高级手榴弹、炸弹、电池。（四）以后请陆续送现洋、炮弹、高级手榴弹到豫皖苏，由沙河到淮河，只三日行程，河流不日均可徒涉，接运很方便。（五）王赵两部，何时可来，请复。

（一九四七年九月二十三日和刘伯承给徐向前、滕代远转王宏坤、刘志坚，陈毅、粟裕，李先念、李雪峰并报中共中央军委的电报）

# 五

感（二十七日）申电悉，敌仍采取平行渡淮河尾我方针，此时本有利于歼敌一路，停止敌之进击。惟因河流太多，水涨不能徒涉，到处是稻田，我军又怕水，故在一个月内不宜在罗山、潢川、固始地区作战。近日我已占领潢川、固始，攻取商城、光山，尔后即以一、二两纵在现地区机动、阻敌，求得打些小胜仗，以掩护我三、六两纵向南，占领山地及长江以北各城，开辟战场，分散敌人。等到一个月后，田干水少、人地较熟时，再求得打几个较大的歼灭战。

（一九四七年九月二十九日和刘伯承给中共中央<br>工作委员会朱德、刘少奇的电报）

# 六

（一）支电[8]悉。我军南下，在淮河以北减员不大，一过淮河，生活习惯大变，开始吃不来大米饭，拉肚子，无鞋子穿。蔬菜、油盐吃得极少，蚊子多，山地走小路，炮辎笨重，又连日遇雨，体力均削弱。故九月份减员很大，病号普遍，占三分之一，多至一半，以疟疾最剧，感冒次之。加以平原部队怕山怕水，伤员救护困难，两次歼敌良机（商城五十八师及潢川南八十五师）均未打。因部队情绪差，体力弱，亦有影响。经过不断注意，现已会吃大米饭，会打草鞋，装备减轻，开始学会打山地战。地方工作开始有了头绪，约有百万人口区域，一个月内可开始分地。只要能解决棉衣和菜金，加上打两次歼灭仗，一切均可克服。

（二）我主力南下后，已攻占经扶、黄安、宋埠、河口等城镇，土顽均歼，刻正攻麻城、黄陂、岐亭、新洲等重要城镇。估计棉衣问题，可以得到解决，故决心就在黄、麻地区解决棉衣后，再作其他行动。否则行动过多，更难解决，且病员一定加多。

（三）我们现以三纵全部在皖西作战。一、二、六纵各分散一个旅掩护地方工作。集结的只有七个旅（每旅约五千人），如马上分三个旅到路西，则不易歼敌。故决定就现地基本区调动敌人打一仗，或先将黄梅、广济、浠水、蕲春等城之土顽歼灭后，再以主力出平汉。如需要配合陈谢行动，亦可于解决棉衣后，即出平汉线。

（一九四七年十月六日和刘伯承给中共中央军委的复电并转刘少奇、朱德，陈毅、粟裕，陈赓、谢富治，徐向前、滕代远、薄一波。十月四日，毛泽东为中央军委起草给刘伯承、邓小平并告陈毅、粟裕关于大别山地区作战方针的指示电：从集中的九个旅中，分出三个旅越平汉路西进，相机攻占麻城、黄安诸地，并相机控制铁路一段，尔后，则可向东方或者东北方机动。十月八日，毛泽东为中央军委起草给刘伯承、邓小平的复电："计划很好。你们手里只有七个旅，不要再分散。现在不要出平汉及平汉以西。陈谢环境很好，不须你们配合。你们按照自己情况，逐步克服困难，争取胜利，无把握的仗不要打。"）

# 七

（一）我南进后，已解决棉衣一半，决再向东分布于浠水、蕲春、黄梅、广济地区，以半月为期，一面全部弄好棉衣，并学习三大文件[9]及土地法大纲[10]，同时布置军区、军分区及土改工作。半月后，即集结二十四个团，打两次较大的歼灭战。

（二）从战略着眼，我们应作一次平汉南段的彻底大破击战，以打击敌人大输血管，对中原各区联系与配合至为重要。建议由陈粟、陈谢东西夹击确山、郑州段，我们负责汉口、信阳段。在破击中求得打几个运动仗。此战役准备（包括技术准备）以一个月为期，于十一月二十日左右发起，届时我们及陈粟均已解决棉衣。地方工作亦已布置就绪，陈谢当即在嵩山区获得立脚点，我赵王两纵亦已到达大别山，即顺势打开桐柏、江汉两区局面。

（一九四七年十月十八日和刘伯承给中共中央军委并告陈毅、粟裕，陈赓、谢富治的电报）

# 八

现大别山地区情况较紧张。四十八师已占立煌，五十八师主力到商城，七师已占太湖，二十八师一个旅占广济。并又悉，二十五师将到罗田、英山，昨江（三日）十师、十一师（两个旅）在光山以南向我进攻，八十五师附十一师之一一八旅在黄陂。因此，平汉破击必须推迟。陈谢、陈粟均不再受该战役之约束下，按本身情况行动。我正：（一）乘机先将第十、第十二两纵向桐柏、江汉两地区展开。（二）野战军寻机歼敌一路，打退敌之进攻。（三）以后再找良机，破击平汉路。

（一九四七年十二月四日和刘伯承给中共中央军委并告陈毅、粟裕，陈赓、谢富治的电报。十二月八日，毛泽东为中央军委起草致刘伯承、邓小平，陈赓、谢富治并告粟裕电，指出："因为敌人向大别山进攻，刘邓已停止破平汉计划，这是对的。"）

# 九

（一）蒋贼此次对大别山使用七、二十五、二十八、四十八、五十八、十一、十、八十五等八个师，其作战要领为：1.彻底破坏根据地，摧毁物资及党政组织；2.以一个强大纵队寻我主力，其余分散"清剿"，互相衔接；3.如我向西北，则"追剿"，不受小股牵制，全力"扫荡"。

（二）我之作战要领：1.主力宽大机动，待敌疲困时，寻机歼敌一路。2.以一部主力（二纵）在外线分散活动，坚决打敌弱点。3.军区、分区以一部适时转移至外线，大肆活动，特别断敌补给线。留适当兵力在内线，以积极进攻的游击战术，疲困敌人，保护群众，实行空舍清野，反"清剿"，侦报敌情。

（三）各部、各区深入动员。敌是垂死挣扎，并不可怕。反对右倾，坚决打敌。特别在决战时，不怕伤亡。只有粉碎敌之进攻，才有巩固的根据地。

（一九四七年十二月七日和刘伯承给晋冀鲁豫野<br>战军所属部队并报中共中央军委告陈毅、粟<br>裕，陈赓、谢富治的电报）

# 十

敌向大别山，已发现有三十三个旅，近八十个团，每路为两个师以上。其目的似在迫我向西、向北。根据现况，我不能过早布置主力作战，而我实力只能歼敌孤立的一个师，多便吃不消。故我决心将王纵（已过铁路五个团）、赵纵迅速进入桐柏山、江汉区。其余主力适时分遣集结，依托大别山，作宽大机动，必要时可暂时渡淮河机动。把敌拖一时期，再打中等歼灭仗。此次为我反攻后之最大考验，处境确有困难，惟士气颇好。但须有友邻有力配合，拖散一部敌人。

（一九四七年十二月八日和刘伯承给中共中央军<br>委并陈毅、粟裕，陈赓、谢富治，徐向前、滕<br>代远、薄一波的电报）

## 注　释

〔1〕山东大军，指当时在山东同国民党军作战的陈毅、粟裕领导的华东野战军主力。该部受命挺进豫皖苏，与刘伯承、邓小平领导的晋冀鲁豫野战军主力和陈赓、谢富治领导的晋冀鲁豫野战军陈谢集团实施外线作战，将战争引向国民党统治区，在以河南为中心的江、淮、河、汉地区，进行一系列重大战役。

〔2〕陷电，指一九四七年八月三十日中共中央军委关于进入大别山后的行动方向给刘伯承、邓小平的电报。

〔3〕广济，今湖北武穴。

〔4〕夏威，当时任国民党军第八绥靖区司令官。

〔5〕雪峰，即李雪峰，当时任中共中央中原局第三副书记。

〔6〕王刘纵队，指王宏坤任司令员、刘志坚任政治委员的晋冀鲁豫野战军第十纵队。

〔7〕王赵，指王宏坤、赵基梅。

〔8〕支电，指一九四七年十月四日中共中央军委给刘伯承、邓小平并告陈毅、粟裕的电报。

〔9〕三大文件，指一九四七年十月十日中国人民解放军总部发布的《中国人民解放军宣言》《中国人民解放军训令》和《中国人民解放军总部关于重行颁

布三大纪律八项注意的训令》。

〔10〕土地法大纲，指一九四七年九月十三日中国共产党全国土地会议通过的《中国土地法大纲》，同年十月十日由中共中央公布。

# 一定要在大别山站住脚生下根 *

（一九四七年八月三十一日）

我们已到了大别山，完成了战略任务的第一步，把蒋介石逼退了一条线。党中央说我们是英勇的行动。另外，我陈谢兵团已挺进陇海西线，向伏牛山前进，这样便以大别山、伏牛山、鲁西南形成一个掎角之势。

在这个战略态势下，我们解放中原，把蒋介石逼退一条线，是有充分根据与条件的。（一）由于我们挺进大别山区，陈谢兵团胜利地出现于陇海西线，加上陕北战场的攻势，蒋介石兵力不足，更形捉襟见肘。现在尾追我们和在我们周围的敌人总共二十三个旅，不过十五万人，其中一部分是曾被我歼灭后再补充起来的，要想从其他地方抽调部队来是万分困难的。另一方面当我们跨越陇海路时，敌人错误地认为我们是被迫行动，事前没有布置正面阻击，事后尾追，一直处于被动形势下，这就是蒋介石战略上的失败。（二）中原地方，人口四千五百万，物产丰富，是蒋介石内战中重要兵库与粮库。我们到这里，便夺取了敌人的供给，加强了自己，使敌人的困难更加扩大。（三）这个地区有我们长期革命的

---

\* 这是邓小平在河南光山北向店召开的晋冀鲁豫野战军直属部队连以上干部会上报告的一部分，发表在晋冀鲁豫野战军政治部一九四七年九月编印的《军政往来》第四十六期。

影响，人民受过了革命的洗礼，内心拥护我们。但由于革命四次转移，人民目前还暂时对我们采取观望态度，只要我们打胜仗，方针正确，人民会很快起来，而且会产生大批干部。

在半年内，还有困难需要我们上下一心去克服。（一）敌人一定要在我立脚未稳时，扭住我们。不过敌人的空子仍然很大，可以抓住机会歼灭它，结束敌人的追击、堵击。只要我们有思想准备，几个回合后，一定能站住脚，能建设成巩固的根据地。（二）北方人到南方习俗不同，生活不惯。只要我们想办法，学过一个时期就习惯了，困难就减少了。否则，要在这里生根是不行的。（三）在群众未起来、政权未建立前，我们会遇见很多困难，如担架、粮食等供给，群众起来后这些困难都可解决。因此，直属队要抽调大批干部去发动群众。

目前我们的具体任务是：（一）歼灭一定数量的敌人。只要我们把地形搞好，练习山地战，有准备有信心，有战斗意志，反对怕死鬼，歼敌不成问题。（二）在一定时期内要完成初步土地改革。发动群众要充分走群众路线，大胆放手发动群众。只有过了这一关，什么困难也都解决了。（三）熟悉风俗习惯，坚决执行三大纪律八项注意。调查风俗人情，编成教材向战士讲。有困难要克服。

重建鄂豫皖解放区的任务是非常光荣的，是中国近代史上重要的一页。我们的决心是十分坚定的，解放区一定要建立起来，困难一定要克服，共产党的特点是越困难越有劲，越团结。我们要有信心克服困难，我们一定要站住脚，生下根。

# 对修改三大纪律八项注意内容的意见<sup>*</sup>

（一九四七年九月二十五日）

中央：

甲、我们在上党战役<sup>[1]</sup>时，曾重新规定三大纪律，内容为："一、不拿群众一点东西；二、缴获敌人资财要归公；三、一切行动要听指挥。"八项注意为："一、上门板；二、扫地；三、借东西要还；四、损坏东西要赔；五、说话要和气；六、买卖要公平；七、不调戏群众妇女；八、不拿俘虏私人东西。"

乙、研究的结果，我们认为三大纪律的基本思想不应再改变。因为此与我军打仗、生产（或筹款）、做群众工作三大任务是相适应的，只是文字上有些不同。为了更切合实际情况，应有所改变。第一条可以改为："不拿群众一针一线"，文句更美丽；第二条"缴获物资归公"；第三条不改。八项注意原来内容已感不够，应在内容上有所归并和增加，

---

　＊　这是邓小平和刘伯承给中共中央的复电。一九四七年九月二十二日，中共中央在给刘伯承、邓小平的电报中说："中央拟于最近重新统一公布三大纪律八项注意，望于九月底以前电告你处现行的三大纪律八项注意内容，并提出意见。"一九四七年十月十日，中国人民解放军总部对三大纪律八项注意的内容作了统一规定，并重行颁布。

但条数不应增加，仍合于八项的习惯。我们意见八项注意新条文应如下："一、上门板、捆稻草、扫地（北方出生战士不懂禾草二字，所以改为稻草）；二、借东西送还，损坏东西赔偿；三、说话要和气；四、买卖要公平；五、不拉伕，不乱打枪（这两条在目前甚重要）；六、尊重妇女习惯（这条在解释时，应包括不进女人房、洗澡及大小便避女人，不调戏妇女等）；七、挖厕所（这条不论对女人，对卫生及观瞻上都甚为重要）；八、不拿俘虏私人东西。"这同时也适合于全军。

刘邓

申有

## 注　释

〔1〕上党战役，是抗日战争胜利后，晋冀鲁豫解放区部队在山西东南部以长治为中心的地区（古属上党郡）反击国民党军进犯的战役。一九四五年八月中旬，国民党军阎锡山部集中十三个师的兵力，在日伪军的配合下，先后自临汾、浮山、翼城和太原、榆次出发，侵入晋东南解放区的襄垣、屯留、长治、潞城等地。九月十日至十月十二日，解放区军民在刘伯承、邓小平指挥下展开自卫反击，歼灭国民党军十一个师及一个挺进纵队共三万五千余人，俘国民党军第十九军军长史泽波和师长多名。

# 祝贺清风店大捷*

（一九四七年十月二十六日）

聂司令员转前线将士同志们：

你们二十二日在望都、定县间歼灭蒋匪第三军主力之大胜利，捷报传来，我野战军全军欢腾。现我们正以歼灭当面蒋匪军和发动群众分粮分田的胜利，来配合北线胜利。特电致贺。

刘伯承、邓小平

---

\* 这是邓小平和刘伯承给晋察冀军区司令员聂荣臻转前线将士的祝贺清风店战役胜利的电报，刊载于一九四七年十月二十九日出版的《晋察冀日报》。十月十一日至二十二日，晋察冀野战军在河北定县（今定州）清风店地区歼灭国民党军第三军等部二万一千余人，俘第三军军长罗历戎、副军长杨光钰等。这次战役对扭转晋察冀战局起了重要作用。

# 十纵十二纵迅速进入桐柏和 江汉地区作战略展开*

（一九四七年十二月二日）

你们两个纵队经过长距离行军作战，进到大别山和南下主力部队会合。经过四个月的战斗，将战争引向蒋管区，扭转了陕北、山东敌人重点进攻的局面，我军跃进中原取得了决定性的胜利。国民党军队兵无斗志，美援无效，政治上十分孤立。现在敌人在大别山进行重点防御。这里山大人稀，大部队集中活动，供应十分困难。刘司令员[1]和我们的棉衣都是自己用稻草灰染的，自己做的。根据当前的实际情况，要求我们的部队迅速实行战略展开，进入各自的地区。中原局决定，乘敌人还未部署就绪，你们两个纵队迅速西进，十纵进至桐柏，十二纵进到江汉地区，先占领广大城乡，肃清民团，发动群众建立桐柏、江汉根据地。

我军在鲁西南大量歼灭敌人之后，向大别山进军千里，取得了张家店战斗[2]和高山铺战斗[3]的胜利。现在，敌人正在集中兵力，乘我军立脚未稳，对大别山进行疯狂围攻，这是敌人进行垂死挣扎的表现。大别山是敌人的战略要害地

---

* 这是邓小平在晋冀鲁豫野战军第十纵队和第十二纵队干部会上讲话的一部分。

区，敌人越是接近死亡，越要拼命争夺。它对大别山的围攻，形式上虽然同过去对中央苏区[4]的围攻相似，实质上完全相反。过去围攻是敌人处于战略进攻，我们处于战略防御的情况下进行的，现在的围攻，是敌人处于战略防御，我们处于战略进攻的情况下发生的。在这种形势下，要求我们的部队迅速地实施战略展开。你们两个纵队快速进入桐柏和江汉地区作战略的再展开，以扩大战地面积，发展游击战争，拖散敌人，使其主力顾此失彼。我军主力根据情况适时分散，适时集中，集中歼灭敌人，分散发动群众，依托大别山、桐柏山、大洪山进行机动作战。你们部队初到各自的地区，要坚决打敌人的弱点，建立县区武装，建立根据地，特别注意侦察敌情，掌握主动。

## 注　释

〔1〕刘司令员，指刘伯承。

〔2〕张家店战斗，指一九四七年十月上旬晋冀鲁豫野战军在安徽六安张家店地区对国民党军整编第八十八师第六十二旅进行的围歼战。这次战斗歼敌四千余人。

〔3〕高山铺战斗，即高山铺战役，指一九四七年十月二十六日至二十七日，晋冀鲁豫野战军在湖北蕲春高山铺以东狭谷地带对国民党军整编第四十师和整编第五十二师第八十二旅进行的伏击战。此役歼敌一万二千余人。

〔4〕中央苏区，是土地革命战争时期，中国共产党领导的以中华苏维埃共和国临时中央政府所在地江西瑞金为中心的根据地，位于江西南部、福建西部。范围最大时辖有二十一个县，约二百五十万人口。

# 我们在大别山
## 背重些对全局有利 *

（一九四七年十二月十七日——一九四八年二月二十二日）

一

（一）此次敌之进攻，由于陈粟、陈谢歼击平汉，十纵、十二纵向桐柏、江汉两区展开，而我主力又转至外线，使敌合围扑空。现八十五师已转至平汉线上，企图尾跟我江汉部队；十师开罗山，对淮北之一纵；四十八师、五十八师集结商城，防我东进；十一师驻罗山，七师驻麻城，二十八师驻黄安地区机动。

（二）今后敌人重点已转至长江北岸，敌将多次反复地

---

\* 这是邓小平等从晋冀鲁豫野战军前方指挥所发出的关于粉碎国民党军对大别山围攻的十份电报。一九四七年十二月一日，国民党军集中十四个整编师三十三个旅的兵力，开始对大别山展开全面围攻。为粉碎敌人围攻，晋冀鲁豫野战军于十二月十一日分成前、后方两个指挥所，由邓小平率领晋冀鲁豫野战军前方指挥所和第二、第三、第六纵队及鄂豫、皖西军区地方武装，坚持大别山内线斗争；由刘伯承率领晋冀鲁豫野战军后方指挥所和中共中央中原局机关、晋冀鲁豫野战军后勤机关、第一纵队，转出大别山进入淮西地区，在外线钳制敌人；又以第十、第十二纵队进入桐柏、江汉地区，开辟新根据地，威胁敌人翼侧、后方。一九四八年二月二十四日，前、后方两个指挥所在淮西会合。

进攻、"清剿"，以达其战略防御，使我难于立足，并阻我过江前进之目的。必须对此形势明确认识，才有备无患，不致慌乱。要使全体军民了解，敌人是垂死挣扎，而我们业已完成战略上的展开。敌之一切进攻、"清剿"，均将在我坚强的有组织的斗争下归于幻灭。

（三）为适应斗争，决将野战兵团适当分遣：一纵位于淮河南北，包括新蔡、息县、汝南、正阳及潢川、光山以西地区；二纵位于经扶、立煌之线以北地区；六纵位于大别山南地区；三纵位于皖西地区，辗转机动。其好处是：1. 容易争取一个旅以下的歼灭战。2. 容易集结两个纵队作战。3. 避免大兵团集结被迫作战的毛病。4. 便于进行地方工作，填满空白。5. 在肥区吃粮食。6. 容易解决财政困难、夏衣问题。把敌人引向外线，中心区好深入工作。因此，这是积极坚持和深入大别山工作的方针。各兵团必须在指定地点，灵活分散集结，实行打仗、土改、筹款三大任务。

（一九四七年十二月十七日和刘伯承，李先念、李雪峰给所属各纵队、各军区首长并报中共中央军委告陈毅、粟裕，陈赓、谢富治，徐向前、滕代远的电报）


二


此次我陈粟、陈谢大破平汉、陇海，战绩辉煌。但敌仍图保持其大别山的重点主义，而不抽兵北援，仅在部署上以二十师、十师、十一师、四十八师、五十八师位于信阳、固始之线，派指挥所驻潢川。八十五师、二十八师、七师位于礼山[1]、黄陂、麻城，五十六师位于武汉及以北，二十五师、四十六师位于皖西，其余数部分守沿江要点。其意图似在兼顾南北，而不变重点。甚至对我王赵两纵[2]出桐柏、江汉，也置之不理。故大别山的形势，在长时期内虽时紧时松，但比较严重。我们对此已做思想准备，并采取以纵队为单位，灵活分遣集结，打小歼灭战，强调军队、地方抓空深入土改的方针。这次敌人不管陈粟、陈谢，不管王纵、赵纵，使我破击奏效，桐柏、江汉展开，而我大别山野战兵团，又已分别跳出包围圈（我伤亡减员两三千），于全局仍属有利。因此，我们认为陈粟、陈谢对大别山的支援，不宜急躁，应作较长期的打算，主要是争取在一两个月内歼灭敌两三个师，使敌不能不从大别山抽兵。只要抽出两个师，局面即可改观。我们在大别山背重些，在三个月内，陈粟、陈谢能大量歼敌，江汉、桐柏及豫陕鄂区、淮河以北地区能深入工作，对全局则极有利。为便于大量歼敌，建议陈粟军保持强大野战集团，我们将杨苏纵队[3]留淮河以北，协助豫皖苏工作，并可参加陈粟军作战。以上请考虑，并请军委指示。

（一九四七年十二月二十二日和刘伯承给陈赓、谢富治，晋冀鲁豫野战军后方指挥所转粟裕并报中共中央军委和告徐向前、滕代远、薄一波的电报。十二月二十日，毛泽东为中共中央军委起草致粟裕，陈赓、谢富治并告刘伯承、邓小平电，同意粟裕十二月十九日给中央军委和刘伯承、邓小平电报中提出的粟裕和陈谢两部长期配合刘邓行动，直到完全粉碎敌人对大别山之进攻为止。）

# 三

（一）白崇禧[4]第一次合围扑空后，正作新的部署（如后司宥（二十六日）电中通报之白军养日部署）。但敌方兵力不足，空隙很大，"进剿"与"扫荡"力量单薄，如一处遭我有力打击（如近七师一部之在木子店），或其深入空虚据点遭我奔袭（如过去霍邱与固始）时，则立即集结，或抽兵增援，因而裂出更大空子，使其合围破裂。

（二）我军斗争方针是以小部消耗大敌，以大部歼灭弱敌，发展外线，开展新区，吸敌回顾，配合内线反"清剿"斗争，抓紧空隙，执行与深入土改。

1. 以必要兵力坚持内线反"清剿"斗争任务，主力适时分遣集结，力争打小歼灭仗（一个班也好）。

2. 乘虚奔袭敌纵深薄弱地带，除可开辟新区工作外，迫使敌回顾。凡所有部队，均应主动地机动与休整，避免被迫地退却，不厌转移。强化情报通讯，确实掌握情况，争取出敌不意，抓空开展工作。

3. 发扬高度进攻精神，捕歼小敌、土顽，尤应以爆破、阻击、夜袭、火攻、捕捉、破线、破路等，才能杀伤敌方人马，破坏交通、物资，消耗疲敌。

　　　　　（一九四七年十二月二十六日和刘伯承、李先念
　　　　给所属各纵队、各军区首长的电报）

# 四

一、北线对二十师作战，敌增援已到，未行围歼该敌。我陈粟、陈谢正集结休息，待机作战。

二、白崇禧之部署为：以七师主力位英山，以一部位罗田。二十八师位麻城南，以一部向东协同七师，一部继续"扫荡"麻城北。四十八师集结麻阜、流坡疃线，以地方团队位立煌。五十八师位商城。四十六师位六安附近。二十五师位舒桐地区，向西"扫荡"。十一师一个旅，协同十师北援，师部及一个旅位潢川，另一个旅似在沙窝、商城地区（待证）。

三、依此，我一时尚难寻机打援，仍应主动分遣，攻敌弱点（如十六旅广济之战[5]），打小歼灭仗，钻空子深入土改。锡联[6]之世（三十一日）午电，先志[7]东（一日）戌电，部署很好，不与二十八师胶着打消耗仗，或出浠水整训，或向西与韦[8]部会合，打河口等地弱敌均可。杜韦[9]暂不去广水破击，可暂在黄安、宋埠、黄陂地区打敌弱点。陈王[10]应休息三日后，以一个旅进至光山、经扶线以西地区活动，一个旅在光山、潢川以东地区活动。

四、各部行动要旨：（一）敌向内，我向外；敌向外，我向外。主要应在外线拉敌。（二）以小对大，以大对小。分派小部队游击疲敌，大部队远离敌主力。（三）不打消耗仗。（四）积极找敌弱点，在进退时都取进攻姿势。（五）应组织对敌有力的伏击。（六）应酌情况埋藏笨重东西，使运动轻便。（七）极端注意休息及巩固部队，避免不应有的减员。（八）有计划地协同地方工作。

五、各军区部队，对"清剿"之敌，须有力地斗争。

六、各野战军在外线无地方工作区域打土豪，至少解决一套夏衣（由邯郸增筹一套）。

（一九四八年一月一日和刘伯承、李先念给所属
各纵队、各军区首长并报中共中央军委，粟裕
的电报）

# 五

敌情如有（二十五日）午电，另报。我们原拟乘粟、陈谢丑（二月）初行动，敌人略有调动，即向敌弱点进攻，打开战局。故部队已集结休整。敌发现我集结后，又部署以五个师主力，寻我作战。而粟、陈谢又已改变部署，先向郑潼段[11]作战，暂时不能减轻我之负担。而我在几个强师压迫下，又无法作战，故只能再行分散行动。拟于六纵夹平汉路，必要时可向江汉、桐柏机动；二纵夹淮河机动；一纵仍在淮河以北；三纵在大别山分遣行动。但这样下去，部队将继续削弱，士气将受大影响。地方工作将继续受到很大摧残。此种情况，甚为不利。请军委考虑指示。

（一九四八年一月二十五日和刘伯承、李先念给
中共中央军委，粟裕，陈赓、谢富治和晋冀鲁
豫野战军后方指挥所的电报）

# 六

粟养电[12]悉。改变中原形势的关键，在于打几个奸灭战。我们目前情况是，部队极不充实，弹药亦渐感困难。如

无友邻协助，至少将十一师全部调走，部队集结均发生困难。近日按原战役计划，先以纵队为单位集结，敌即部署全力寻我作战，致又被迫分散。而在分散时，敌则以师为单位，寻我分散之旅作战，使我无法休息。两个月来，减员不少，长此下去，士气将受很大影响，战斗力更加削弱，极端被动。而我们不能集结作战，使三大野战军[13]陷入跛足状态，尤属不利。改变此不利局面，则有赖于友邻协助和新兵早日到来。如依新的战役计划，在态势上，粟、陈谢两军确属顺手，我们困难尚未增多。如宋王[14]等纵东进，我们的新兵亦不易南下。我们意见：

（一）或按旧计划，或直沿平汉路南下，以调动敌人，以便我们集结。并令宋王等纵帮助新兵南下，待新兵开到再集结活动，进行其他作战。只要新兵一到，部队集结作战毫无问题。

（二）或按新计划出郑潼线，尔后再支援我们。但时间千万不宜过长，以一个月为期。

（三）或三军各自寻机歼敌。我们野战军采取宽大机动。或出淮北，或出江汉、桐柏，其利得多。但大别山要受到很大摧残。此种实况，请考虑指示。

（一九四八年一月二十六日和刘伯承、李先念给<br>中共中央军委，粟裕和晋冀鲁豫野战军后方指<br>挥所的电报）

# 七

丑虞电[15]奉悉。

（一）我及先念[16]率指挥所在大别山。伯承[17]因身体不好，暂率野后在淮河以北，并指挥各纵。

（二）我野后部队在大别山内，一时很难打到好仗，辗转消耗亦不合算，集中作宽大机动，并利于粟的机动，实属必要。主力兵团不宜抽得过早，应对粟的机动予以配合，故须留在大别山，再打一个月圈子。我们指挥所，则拟相机移驻与野后会合，部署作战。

（三）主力抽走，可能引起一些波动，当预为防止。事实上，恐有一两个月的严重"扫荡"。但休整、胜利及粟的机动，必可改变形势，利于发展。

（四）我们要派出机动之两个部队，组织训练准备尚须时日，当尽力争取实施。

（五）我们新兵只有三万（包括归队的），第一批只来一万六千人。

（六）同意派雪峰[18]任区党委书记兼军区政委，暂不成立中央分局。现雪峰中原局副书记名义不变，将来仍回中原局。

（一九四八年二月九日给中共中央军委的电报）

# 八

（一）根据总的任务，我们三军应确定向西时间不宜过早，以先粟十天到半月为适当。战役组织，应以陈谢、陈唐两部先向西进，吸引十师、十一师向西，以便大别山部队集结，迅速补充新兵，尾十师、十一师之后，并吸引大别山之敌向西进。

（二）大别山部队之机动有两个方法。最好全部于淮河两岸集结向西。如敌情不许可，则采取以两个纵队在淮河以北集结向西，两个纵队由广水以南向西。

（三）第一个战役须俟情况了解才能确定，请粟提出意见。总以既能歼敌又能调动敌人为原则。

（四）请粟告知准确时间，因为时间不多。大别山部队集结需十天，陈谢、陈唐开进也约需数天。

（一九四八年二月十二日和刘伯承、李先念给粟<br>裕，并报中共中央军委、晋冀鲁豫野战军后方<br>指挥所的电报）

# 九

巧电[19]奉悉。

（一）对陈谢、陈唐三个方案，已有复电。因连日行动未发出。

（二）我们四个纵队第一步须集结补充，且以形成一个作战单位，便于三大部分时分时集，每个部分都能独立歼敌为有利。同时，我们四个纵队其基本作战地境应在平汉路东，作进出大别山的机动。第一步向西只应是临时的，而留两个纵队在大别山作用亦不大。大别山腹地粮食已发生困难，野战军常在边沿寻食，不能获得休整。在游击环境中必增多消耗，又减弱了野战力量。至于大别山游击战争的坚持业已部署，主力暂时离开，必有一两个月的困难。但主力外线歼敌及主力及时回到大别山，虽有短时困难，尚无大问题。可否，请示。

（三）我们即过淮河与刘张[20]会合。

（一九四八年二月十九日和李先念给中共中央军<br>委并晋冀鲁豫野战军后方指挥所的电报）

# 十

两个月来，军区及地方部队配合主力反敌"清剿""扫荡"，坚持大别山阵地，获得不少成绩。但为了大量歼敌，野战军主力在其沿线掩护初步土改，培养和扶持了地方游击战争之后，不能长期分散，必须适时集中，出入于大别山外围与内部机动。就是要求军区部队、地方与人民武装，今后独立自主地强化更广泛、群众性的游击战争，打击和歼灭分散之敌人，以保护群众，保护土改深入，并配合主力运动战，大量歼敌。为此，军区及地方与人民武装必须：

甲、提高全体军民的胜利信心与顽强斗志，使其认识只有这样强化游击战争，结合运动战，才更有利于调动和分散敌人，歼灭敌人，进一步坚持和巩固大别山阵地。批评和反对那些软弱无能、依赖主力、不积极歼击敌人、消极等待敌人退走的右倾思想及和平建设根据地的思想。

乙、估计敌人垂死挣扎，将恢复并依托其法西斯保甲统治之基础，强化谍报网（电台、电线）、公路网（快速部队）、碉堡网或游击网，利用伪装，夜间实行合击、追击、截击、堵击，破坏土改，重建地方蒋军。这样，敌情在我野战军刚集中作战之短时间内，可能有一度紧张，在思想上、组织上必须预备。

丙、健全各区各级党政军民一元化游击集团的组织，首先是县级及其以下的基层组织。号召一切干部结合群众，运用此组织，实行以歼敌、土改为核心的军事、政治、经济、文化、反特务的对敌斗争。各级游击集团如何规定诸分队的活动范围，使之成为手、足、耳、目（联防游击戒严，尤其是情报网），与如何使干部辗转突击，以强化游击战争，特别是党政军民各部工作如何协同，应由各级尤其县级党委书记并政治委员统一领导之。

丁、使游击战争（摧毁保甲）与土改密切结合，真正做到"人人皆兵，人人分田，一手拿枪，一手分田"。尤要善于利用空隙，放手分田。把英山这样的经验[21]普遍发扬起来。

戊、在游击战术中要发扬：

（一）好击必击，不好击就游。而击，必采取进攻的伏击、袭击、急袭，并无防御。游，必采取以弯为直的行动，不可老走一路，不可老驻一地。

（二）以分耗集，以集灭分，声东击西，攻敌不备。

（三）察明敌情，研究规律，捕灭弱敌，防逃断援。在数敌合击之前，靠近一敌，适时转到外线，奔袭弱敌。如敌来追，则伏击之。

（四）在土改中，大胆依靠贫农，收缴地主枪支武装他们，带领和教育他们游击，肃清地方蒋军，保卫土地，保卫粮食。

（五）保护群众，依靠群众，强化自己侦察，清除谍报网、便衣特务，识破伪装，号召群众破坏公路网和碉堡网。

（六）断绝敌人补给线，夺辎重，捉俘虏。

（一九四八年二月二十二日和刘伯承、张际春、
李达给所属各军区，陈赓、谢富治，并报中共
中央军委的电报）

## 注　释

〔１〕礼山，今湖北大悟。

〔２〕王赵两纵，指晋冀鲁豫野战军第十纵队、第十二纵队，纵队司令员分别为王宏坤、赵基梅。

〔３〕杨苏纵队，指晋冀鲁豫野战军第一纵队，纵队司令员杨勇、政治委员苏振华。

〔４〕白崇禧，当时任国民党政府国防部部长兼国防部九江指挥部主任。

〔５〕广济之战，一九四七年十二月二十四日，正在湖北英山坚持大别山内线斗争的晋冀鲁豫野战军第六纵队第十六旅，抓住国民党军青年军第二〇三师第二旅第六团孤守广济（今湖北武穴）县城之机，从英山急行军一百余公里，奔袭广济，歼敌一千八百余人。

〔６〕锡联，即陈锡联，当时任晋冀鲁豫野战军第三纵队司令员。

〔７〕先志，即鲍先志，当时任鄂豫军区副政治委员。

〔８〕韦，指韦杰，当时任晋冀鲁豫野战军第六纵队副司令员。

〔９〕杜韦，指杜义德、韦杰。杜义德，当时任晋冀鲁豫野战军第六纵队政治委员。

〔１０〕陈王，指陈再道、王维纲，当时分别任晋冀鲁豫野战军第二纵队司令员、政治委员。

〔１１〕郑潼段，即郑潼线，指河南郑州至陕西潼关的铁路。

〔１２〕粟养电，指一九四八年一月二十二日粟裕给陈赓、谢富治并报刘伯承、邓小平，中共中央军委和杨勇、苏振华的电报。电报说：敌似有由东及南向我进犯企图。现此间正下大雪，雪停后情况即可能有变化。因此，我们各军之休整计划及战备工作，务求提早完成，但究竟何日出动，仍须依敌情发展而定。

〔１３〕三大野战军，指晋冀鲁豫野战军司令员刘伯承、政治委员邓小平指挥的六个纵队，华东野战军司令员兼政治委员陈毅、副司令员粟裕指挥的八个纵队，晋冀鲁豫野战军第四纵队司令员陈赓、政治委员谢富治指挥的两个纵队一个军。这三路大军自一九四七年八月起先后挺进大别山、豫皖苏边区和豫陕鄂边区，实行战略展开，在中原战场上形成"品"字形的战略态势。

〔14〕宋王，指宋时轮、王秉璋。

〔15〕丑虞电，指一九四八年二月七日中共中央军委给刘伯承、邓小平的电报。

〔16〕先念，即李先念，当时任晋冀鲁豫野战军副司令员。

〔17〕伯承，即刘伯承。

〔18〕雪峰，即李雪峰。中共中央根据陈赓、谢富治要求成立豫陕鄂区党委和军区（后实际上均未成立），拟由李雪峰兼任区党委书记和军区政治委员。

〔19〕巧电，指一九四八年二月十八日中共中央军委给刘伯承、邓小平的电报。

〔20〕刘张，指刘伯承、张际春，当时率晋冀鲁豫野战军后方指挥所在淮西地区活动。

〔21〕指晋冀鲁豫野战军第六纵队第十六旅在湖北英山北部地区一面剿匪、一面土改的经验。其方法是树立贫雇农骨干，组织贫农团，将所有地主的财产及富农多余的土地、财物，全部交给贫雇农。参见本卷《新区工作应分阶段分地区地逐步深入》。

# 进入大别山后的一般情况<sup>*</sup>

（一九四八年一月十五日）

中央电才收到，以后当遵命按期作报告。这次只谈一般情形。

（一）我们进入大别山共四个月，九月份最初二十天最紊乱，减员很大，"左"倾思想严重，纪律坏（三纵除外）。我们曾发出指示，并召开干部会议，辅以首长负责人晤谈方法，月底大致已获纠正。十月份我们全力南下，解决棉衣，月底取得歼灭四十师胜利，加以长江沿岸较富，生活有所改善。到处分浮财，看见了群众，全军情绪大变，并解决了山地战问题。十月十二日中原局发出了创立大别山根据地的指示，我们则率领直属队巡行各地，解决各项具体工作和组织问题。故在十月份我已大体完成工作布置，大部地区均设有县区党政机构，分派了约三万人（三分之一）为皖西、鄂豫两区地方武装和地方工作的骨干。十一月份上旬，部队休息，我们则到皖西开会，建立区党委和军区。中旬全军西进，一面接护王纵<sup>[1]</sup>南下，一面准备十二月中旬协同陈粟、陈谢进行平汉线大破击作战。此时期我赵纵于上旬，王纵于

---

* 这是邓小平向毛泽东所作的综合报告。一九四八年一月七日，中共中央发出《关于建立报告制度》的指示，规定各中央局和分局，由书记负责自己动手，每两个月向中央和中央主席作一次综合报告。

月底，先后到达大别山。原拟乘破击平汉之便，将赵王两纵
向桐柏、江汉两区展开，继因月底发现敌人以三十余旅进攻
大别山的计划，故决心停止平汉战役[2]，乘敌战役未展开
的空隙，将王纵（月初）、赵纵（中旬）迅速调至桐柏、江
汉两区。出发前都开了干部会，配好了各级干部，每个区域
带了一千地方干部。王纵因比较仓忙，平原战士到山地，地
形不熟，加以天雨，过平汉路时遇敌十师、二十师阻击，伤
亡和失去联络一千六百人。赵纵过路则很顺利。两纵过路
后，因吸收了大别山经验，先配好干部，配好各分区各县武
装，故展开极为迅速，情绪都很好，仗也打得很好，各占五
座县城。桐柏、江汉两区都在普遍分浮财，个别地区已开始
分田，估计可望少走弯路，工作开展可能较鄂豫、皖西为
快。至于我大别山全区，十一月份地方工作开展较快，十二
月份完全处在反对敌进攻状况下，加以地主武装乘势活跃，
有些地区受到摧毁，特别我新建的后方区域受害较大，桂系
对我危害最深。但亦有些地区利用了空隙，展开了工作（如
黄安、礼山地区）。现在看来我们业已站住，不管情况如何
严重，敌人是撵不走我们的。

（二）鄂豫、皖西两区人口约一千二百万（江汉、桐柏
两区约千余万），按地理条件，经过严重斗争之后，可望巩
固者约六百万，粮食、棉布充足，商业尚称发展。如能形成
六百万人的解放区，加上游击区的税收，只要好好经营和节
约，养活十万军队及五万地方军，当不致太困难（江汉条件
更好）。现我工作分布地区不下六百万人，但均不巩固，还
是游击状态。几月来都初步分了浮财（地主隐藏的东西仍属
大部），已分田的约八九十万人，但都很粗糙，分假田的一

定不少，全区像样的根据地只经扶、岳西、礼山之大部，其他各地都有一块或几块较好的区域，但是插花形的，急待连成一片，而敌人则有计划地分割我之联系。按地形条件，我如能控制经扶、商城、立煌、霍山、岳西、英山、罗田、麻城、黄安九县全部才算有了真正的根据地，此为我今后斗争的第一步目标。其关键则在于完成土改、消灭土顽两件大事。四个月来，我在大别山业已消灭土顽万余，各部队对消灭土顽也颇注意，但尚在腹地的土顽仍不下五千人，数十数百一股不等，全为地主乡保长和叛徒领导。近月来，我新建地方武装叛变了三四百人。这些地主武装有长期反动经验，地形熟悉，山大树多，会打游击，加以正规军支持，清剿不易。近来各地已开始获得经验，采取结合土改消灭土顽，耐心争取群众，划定区域，统一军区领导，这样消灭土顽是不会难的。

（三）大别山根据地之确立与巩固，必须取得几次带决定性之胜利。在十二月份敌人大举进攻，我主力已以旅为单位分散活动，现因友邻部队的作战胜利，敌已抽走十三个旅，我们正集结部队寻机歼敌（另行报告）。

（四）我们工作进展不快，除敌人进攻、土顽反攻外，不是由于群众不易发动，而且在领导上也有明确的方针（消灭敌人、消灭土顽、实行土改、贫雇农路线、艰苦朴素的作风等等），其重要原因之一是干部问题，在党内不纯的严重现象下，使正确路线不能贯彻。我们南下时，带来一千二三百华北干部（随李雪峰南下的二千余人已分到江汉、桐柏），部队抽出干部两千以上，原来在本地坚持的约二百干部，共约三千五百人为地方干部，大部分质量不强或能力太弱，能够坚决执行党的路线（特别是走贫农路线）的固不缺人，但做坏事的确实亦不少。我们最近到立煌检查工作，该县进行土地革命，敌情并不严重，但工作坏在分浮财中，贫雇农几乎没有分到什么东西。实行所谓积极分子分果实，使果实落在流氓、地痞、地主狗腿子手中，最好的东西都被本地干部吞了，许多斗争果实存在区、村，每天开大锅吃饭，部队干部经常还要吃好的、穿好的，逐渐浪费了。另一方面，实际还要向贫农要钱、要鞋、派差事、派慰问品，提拔坏人当干部，田还没有分（少数分了是假的）。其他各地，据我们了解，虽无这样严重，认真检查起来，问题必然不少，仅有程度上的区别。我们已要求各区严重注意，先用批评和自我批评的方法，继之以党纪采取严肃立场，坚决按照中央整党方针，克服这个严重现象。因为不解决这个问题，工作无法开展。

## 注　释

〔1〕王纵，指晋冀鲁豫野战军第十纵队，纵队司令员为王宏坤。

〔2〕平汉战役，这里指平汉线大破击作战，即平汉、陇海路破击战，是一九四七年十二月中下旬华东野战军西线兵团和晋冀鲁豫野战军一部在中原地区进行的大规模铁路破击战。这次战役共歼灭国民党军四万五千人。

# 关于大别山区的几个问题 *

（一九四八年一月二十二日）

毛主席：

子寒电询六个问题，未作精细调查研究，只就我个人四个月来感触，答复如下：

（一）大别山区的特点是：经过苏维埃土地革命、抗日战争两个时期。苏维埃时期的"左"，抗日战争时期的右，均在长期而发生很深影响。地主、富农有很高的政治警觉与丰富的反革命经验，无论苏维埃时期、抗日战争时期，对农民及革命分子的压迫都极残酷，普遍采用了自首政策，充分利用叛徒，消灭我之游击战争和党的组织，很见成效。基本群众则经过了多次失败的教训，不敢轻易起来，但起来后，则很有力量（指老苏区）。我们到后，贫农观望，但对我打

---

* 这是邓小平答复毛泽东有关土改等问题询问的电报。一九四八年一月十四日，毛泽东在给邓小平的电报中要求回答下列问题：（1）在新区是否应当分为两种区域，一种是可以迅速建立巩固根据地的，一种是要经过长期拉锯战才能建立巩固根据地的，对两种区域的工作采取不同的政策？（2）新区土改是按土地法大纲分平，还是对富农及某些弱小地主暂时不动？新区中富农及弱小地主态度如何？（3）是否有开明绅士和我们合作？（4）是否有许多知识分子和我们合作或表示中立？（5）各阶层商人态度如何？我军是否可以避免向新区工商业资本家进行筹款？如果筹款，方式如何？（6）如何处理国民党政府、党部、三青团的各种人员？其中是否有些人是可以争取的？如何处理保甲长？

土豪、分田地的政策，极有兴趣，经过短期工作，很快可以起来，由分浮财，很快可进到分田地。以经扶为例子，分田和消灭了土顽之后，群众热情颇高，最近一次报名参加地方武装的有五六百人。许多区域农民没有起来的原因，有的是因为没有执行满足贫农要求的路线，有的是因为地主武装没有消灭，不敢起来。群众不怕正规军，只怕民团。凡是执行贫农路线与消灭地主武装有成绩的地方，工作很易起来。至于地主，八月初听说我们南下，就开始逃跑，并隐蔽物资，变卖家产；大部分中小地主则只能在附近隐藏，不敢回家，但仍继续经过保甲长和狗腿子帮助催租、分谷；短期混乱之后，则积极组织与发展地主武装打游击（很会打游击），威胁群众，妨害土地改革，杀积极分子，手段非常毒辣。富农中之作恶分子，都同地主跑。一部分在分田后，跟地主跑；一部分则虚报成分，留在家；一部分老实的，分田后，仍留居家中。一般说来，苏区富农极猾，一开始，采取对立态度。而土地改革中，如富农不动，则不能满足贫雇农要求。最近在经扶，有几十个外逃地主，因生活无出路，加以蒋军的奸淫掳掠，还要出负担，知道我们不杀，已逐渐返家。而国民党对他们也难救济，采取开训练班，给以特殊任务的方式，允其回家。估计在我采取不杀，并给以生活出路的政策下，可将中小地主大部争取回家。此为这里一般的阶级情况。

（二）大别山区（包括鄂豫、皖西两区）一千二百万人口。我们力争六百万人的巩固区（要经过严重的斗争）。另有一半人口的地区，则将是较长期的游击区。

（三）在第一种区域，首先应该实行充分的贫农路线，满足贫农要求的政策。为达到此点，富农的粮食、耕牛、农具、土地、埋藏现金，必须拿出分配，才能解决贫雇农困难。但须采取分别对待政策。在分配时，可对弱小地主的衣物、家具留出自用的部分（农民在分配时，多一扫而光）；对富农，只拿出其耕牛、农具、土地的多余部分，其日用家具、银钱则暂时不动，或将来再动。对地主、富农中之反动分子，则采取没收政策。如此，对付反动营垒，或多或少起些分化作用，于农民仍属有利。对中农的方针，我们是明确的。但由于干部成分不纯，或掌握不住政策，仍有侵犯富裕中农的事实，应予纠正。对中农最大的问题是平分土地。我觉得，在新区，一般采取中农不动的政策为好。不是强制地打乱平分，使中农不满。根据我在江西的经验，那里事实上是打乱平分的，但是在大多地区贫雇领导业已树立而且有力的条件下做到的，是在中农觉得打乱平分比不平分更为有利的条件下做到的。在新区，一时当难具有这种条件，故应慎重。南方中农多佃户、半佃户，此种中农缺乏土地，多余耕牛、农具。如平分土地，而耕牛、农具不动，不合理。可采取其本人自愿，或将来土地、耕牛、农具打乱平分，或照旧不动的政策。同时，在负担政策上，加上合理的调剂。总之，对中农必须坚持自愿原则，按每家具体要求加以调剂，不可用大会通过一律对待的强制办法。事实上，初期分配的土地，问题必多，将来还要经过一次、两次复查，即使需要彻底平分，那时再做也比现在引起中农不满为好。

（四）在第二种区域，一时期内还谈不上平分土地，但应深入宣传土地法大纲。我在游击战争中，坚决执行打土豪、分浮财、组织秘密贫农团、耐心团聚群众的政策。对一般的小地主、富农应该暂时不动，但对其中的反动分子，坚决打击没收。国民党统治区，实行管、教、养、卫四位一体的保甲统治。乡长、保长并任队长、小学校长、国民党书记长等职，为反动中心人。保甲长则由乡保长、地主狗腿担任，或由农民轮流担任。故乡保长为群众最痛恨者，为我游击对象。现乡保长除个别例外，都在领导地主武装，反对我们，无争取与利用可能。至于国民党员、三青团员，则有不少是强制加入，或集体加入的，应予不同对待。一俟局面稳定，拟对被迫加入者，采取向政府声明退出集训、不追究等简单方式，以争取之。

（五）我们初来时，发现开明士绅出面与我合作。大别山中学颇多，有相当一部分中农子弟入学。我们则以军政大学名义招生，但尚无应招入学者。估计将来可能争取一些小知识分子。至于地主子弟，则多已逃跑。

（六）商人对我一般尚好。因对我负担很轻，或尚未担负，买卖公平。在我筹棉衣时，个别市镇担负较重，有些小镇已予赔偿。现许多集镇停业，主要原因是战争环境和国民党军队的抢掠。今后我在新区向商人筹款，仍属必要，只要不过分，不致发生不好影响。目前至大别山小商、摊贩仍很畅通，敌人虽封锁，我们仍能收到少数粮税，惟制度尚未统一，颇形紊乱，亟待纠正。

（七）上述政策，请予核示，以便指示各地遵行。

邓小平

子养

# 坚持大别山斗争，
# 巩固大别山解放区 *

（一九四八年一月三十日）

## 一　大别山的形势

先谈一下全国的战略概势。去年七月到八月，我们首先转入反攻，接着陈谢、陈粟、山东、华中、晋察冀、东北部队也全部转入了反攻。这一反攻的意义，在反攻第一线的我们，反而不容易了解。羊山集战斗以前，我们是内线作战，非常痛快。反攻出来以后成为无后方作战，困难多了。反攻结果如何？意义如何？是失败还是胜利？有些同志发生疑问，环境恶劣时，情绪便起波动。

究竟我们反攻取得多大胜利？自反攻以来，歼灭了敌人六十九万人。这数字一点也不夸大。加上十二月歼灭敌人十一万人，总计歼敌八十万人。这里面有我们所歼灭的十一万人。我们自进到大别山以后，九月至十二月并未大打，也打掉了敌人五个旅，歼敌五万人。中央预计战争的进程，第二年再歼灭敌人九十六个旅，每月分配我们歼灭敌人两个旅，

---

　　* 这是邓小平在河南新县召开的中共鄂豫区委第二地委全体干部会议上讲话的一部分。

我们算是完成了任务。陈谢、陈粟、东北部队的战果更大。

更重要的是我们前进了一千里，创造了三大解放区[1]，人口多了四千五百万，建立了各级政权及军区组织。尽管大别山敌情最严重，但我们不仅实现了战略展开，而且战术也展开了，到处有我们的工作。我们已经在新解放区站住了脚，不会走是已经明确了，这在敌人也是看得清楚的。二陈[2]的情况比我们更轻松些。我们最后展开的江汉、桐柏两个区，因接受了大别山斗争的经验，已顺利地展开了。

第一年我们在内线打，对我们很方便，但如果继续在解放区打，便上了蒋介石的当。这样我们便来了个跃进，打破了蒋介石把战争放在解放区内打，摧毁解放区，使我们不能持久的毒计。现在，实现了我们的计划，解放了蒋管区四千五百万人口，这对蒋介石是一个沉重的打击，蒋介石原计划要在河南征兵十一万人。如果我们再跃进一千里，便到了广东、福建，再跃进一个六百里便到了海边。

由于我们的跃进，使蒋介石征兵一百万人的计划只完成了百分之五十，逃兵便有百分之三十至百分之七十，现在靠抓丁来凑，这等于消灭了他一百万人，形势不能不起变化，这就是敌人失败了，我们胜利了，而这一反攻胜利还正在发展。

在东北，更迫使敌人缩在狭小的地区。我们增加了七百万人口，军队增加了六倍，装备很好，在数量、质量上都超过了敌人。敌人不但关外部队不能应付，还要从关内调兵。东北部队的反攻已使敌人很困难，天气很冷，零下三十度。战争是在长春至吉林、长春至沈阳两条线上进行的，地区很小。这次我军打得很好，牵制住敌人四十个师，消灭了敌人两个师，现在是要在北平到沈阳这条线上来打。东北发言人已公开宣布，今年要进关，这还需要歼灭敌人一部才能实现，但战争形势的发展一定如此。

晋察冀部队在收复石家庄[3]以后，形势大变了，新的胜利就要到来，它与东北相联系。

在山东，敌人只有三个机动部队。我们负担很轻，还可以出来，已恢复敌人重点进攻以前的状态。

在苏北，我们反攻出来建立的新部队战斗力很强，现已歼敌八千人，保持市镇四分之三，乡村十分之八，城市两座。

在陕北，我们的部队正在训练、休整，已攻占二十七座城，延安以北到榆林已完全归我们，关中人口、面积增加一倍。敌人占八座孤城，只有十一个旅，比过去重点进攻时弱得多，那时有三十四个旅。现在我们转入反攻，消灭胡宗南[4]是有把握的。

现在战略上我们是继续胜利，而敌人退后了一千里转入防御。过去敌人是"面"的防御，现在已转到"线"的防御，更发展到重点防御（如东北）。敌人在晋察冀、冀东是"线"的防御，平汉以南只是"点"的防御。在陕北，敌人完全是"点"的防御。在晋冀鲁豫，敌人也完全是"点"的防御，而且防御的点也不多了。在鲁西南，敌人也是"点"的防御。在豫皖苏，敌人只有五师、七十五师，兵很少，也是"点"的防御。

蒋介石最怕被线线割断，点点包围。我们打下石家庄、运城两个战略据点，给敌人震动很大，使敌人的"点"也发生了恐慌。在东北，敌人已经不敢以一个师防御一个城市，我们一个攻势，敌人就要以二十来个师应付。敌人本来可以放弃一些"点"，但破了产的地主，放不下架子，这对我们很有利。

敌人过去是黄河战略，想把我们赶到黄河以北，现在则是长江、汉水战略。蒋介石惟恐我们过长江，他们内部估计只要我们一过江，蒋便完了。所谓完了不是不打，而是缩到一个角落进行挣扎。现在蒋介石的人力来源只有湖南，其他各省都不能完成征兵计划。两广因游击战争开展，蒋不能在那里征兵。在云南、贵州他也征不了多少兵。四川已出兵四百五十万人，再搜刮也不多了。如果我们再过长江，打下湘、鄂、赣，蒋介石则一点办法也没有。他钱可以向美国要，人却不行。我们一过长江便胜利了。蒋介石想在最后无办法时，退到云、贵、川去打，这叫"马歇尔计划"。我们如过了汉水便到了四川，"马歇尔计划"就会破产，蒋介石就断了退路。蒋介石要把战争扭到长江、汉水以北打，他叫这个战略是积极防御即进攻防御。如果说蒋介石的这个战略在过去还有进攻性，现在则丝毫没有了。敌人对大别山的进攻，只是战役性的。我们反攻意义之大，就在于迫使敌人改变了战略，这便是我们的胜利。

去年上半年，蒋介石向我山东、陕北两个解放区发动重点进攻，计一百个旅。当时我们在陕北只有三万人，打退了敌人三十万兵力的进攻。这一次，蒋介石只对我们这一区来了一次进攻，只有三十三个旅的兵力。二陈一打，敌人抽出了十几个旅，现在我们区只有敌人二十个旅，比刚到的时候还少三个旅。半年前敌人是一百个旅，现在拼命不过只有三十三个旅，而且一击就垮了。过去敌人是和我们扭着干，我们怎么打，敌人都不散，现在却不行了。根据这种形势，我们应该看到两点：（一）基本的形势敌人是防御的。（二）敌人是进攻的防御，我们叫它是垂死挣扎。垂死是基本的，不看到这一点，便不了解我们反攻所取得的胜利；挣扎是另一面，不看到这一点，我们就会松懈麻痹，丧失斗志。

我们今天是处在第一条线，陈谢占边，敌人对此很重视。因此，需要我们作很困难很艰苦的斗争，我们过了这一关下面便是过长江了。

蒋介石想不开，他是不会让出长江的，这便要打。我们不能只是从冀鲁豫搬到大别山，还要斗争。这是新民主主义革命最后阶段，一定要经过艰苦斗争。蒋介石和美国帝国主义不会放松斗争。我们既要了解敌人是垂死的，又要了解敌人还要作最后的挣扎，我们要准备克服诸多困难，这样我们办法便会更多。敌人在长江以南已无正规军，只在四川、云南各有一个师，但又抽不出来。我们在敌占地区进行游击，敌人已无力应付。蒋介石还要调兵去东北，但晋察热的兵力他已不能动，山东的兵力也已抽空了，再抽，青岛也就不能防御了。陕北的兵力也不能抽，他要布置洛阳到西安的防御。现在三大解放区周围的敌人共有四十八个旅，前次抽调三十三个旅时，敌人已全部空了，我们能破路八百四十里，原因就是没有敌人。

我们要看到敌人的挣扎，他们正以积极进攻扭住我们在长江以北打。现在我们虽然已经在大别山区站住了脚，但要巩固还需要经过艰苦的斗争。这次我们破路，敌人还不在乎，但当我们包围他们二十个师迫近信阳，出兵江汉时，敌人便调走了十三个旅。将来敌人还会来，在三大解放区周围还会出现你扯我拉的情况，但我们的情况会更好些。这次，敌人的进攻被我们消灭了一万五千人，在江汉、桐柏也消灭了土顽一万多人。虽然敌人摧毁了我们一部分地方组织，我们也有些减员，但敌人减员更大。算了一下账，还是我们打了胜仗。而且经过几次斗争，锻炼了群众及干部。一个根据地的建立，一定要经过几次"围攻"、反"围攻"，这样群众的认识就会提高了。最近，光山一带的老百姓便说，"小变天不可免，大变天万万难"。如果只是看到我们的伤亡损失，那便会失望。如以三大解放区对付敌人的四十八个旅那是很容易的。如果我们打掉敌人五六个旅则情况会大好。

总之，第一点，我们是胜利的，这胜利不是遥远无期的，而我们要准备长一点。第二点，我们要估计到有困难。

## 二　我们的任务

我们的任务是把大别山发展成"面"的巩固的解放区，解放大别山二千四百二十三万人口，并积蓄人力、物力、财力，准备斗争力量，配合全国再一次跃进。完成这一战略任务，有两个基本环节：一是打胜仗消灭敌人；二是实现土地改革。过去是这两个，将来亦是如此。同时，这两个环节又是一体的。

打胜仗消灭敌人，对野战部队及地方上是一样的。同志们已体验到歼灭土顽与消灭敌正规军是一样的重要，没有这一条，便没有我们"面"的巩固的解放区。必须打击敌人，使敌人站不住脚，不敢到我们这里来。土地改革也可以叫作"两大任务"，即消灭土顽、完成土改，不消灭土顽不可能完成土改，完成土改就必须消灭土顽。

目前在大别山，我们是有了些"块"了。统计起来约有八十万人到九十万人分了田，以鄂豫、皖西这两个军区一千二百万人来看，只占十二分之一，而这八十万人中间还有极大部分假分田。根据过去中央苏区分田经验来看，可以确定百分之九十九是假的，即便当时群众分田的情绪很高，要真正分田，但情况一逆转，还会把田交回地主，依然是假分田。至于其中有毛病缺点，不彻底，还不计算在内。除此之外，我们这里一千二百万人口中，有六百万人的地方现在有了我们的工作，尚有六百万人口地区我们的工作还根本没有到。分浮财有六百万人得到了利益。

从现在我们所有的东一块，西一块，中间还被土顽割断了的情况看，如商城的清区、福田河，说明了我们到大别山四个月来成绩并不算大，走了弯路。但是应当看到我们是有成绩的：（一）我们站稳了脚，敌人无论如何不可能把我们打走了。（二）我们的土地政策为大部分农民所了解。可惜的是农民还存在着顾虑，怕，而内心是拥护我们的，只是现在在看火色。（三）在部分区域我们打下了基础，如新县、岳西可以放伤兵，按后方支援战争。（四）我们积累了不少经验教训，即使是失败的教训也是好的。江汉、桐柏两区只用了半个月就完成了战术展开，便是因为接受了我们大别山的经验。有了上述四条，虽不能说我们工作做得好，但打下了基础，可以更好地开展工作，可以少犯错误。我相信在这个基础上，只要方向正确，大家努力，便可以大步前进。

以二分区来说，在一百三十万人口中间，有六十万人口分了田，能支援战争，放伤兵。像现在的新县，便算打下了初步基础。

要达成这一任务，除土地改革外，还要建立武装，一个区要有一个连，一个县要有一个大队（五个连）。这个武装一定要以部队南下的指战员或坚持在当地斗争的同志做骨干，武器要从敌人手里取得，不要眼睛里只看到打大仗，等上级来补充。我们共产党的队伍，就要学会从敌人手里夺武器。现在这里虽有一个小团（三个营），到六月时，半年内发展一倍或一倍半，交还给部队就是一个大团（二千人）。只有这样的武装建设，才能完成任务，我们的财经任务也才有保证。

摆在我们面前最大的困难是敌情严重。克服这一点，我们应该是有经验的。这就要我们有很好的武装政策，灵活的游击战术。要有组织有计划地在斗争中求得发展。我们的干部无论是什么人，都要学习游击战，文干部也要学武，我们的老师除了毛主席、朱总司令，大家甚至也可以向敌人学习。他们以小部队的小股活动，伪装成我们的部队，打我们埋伏。我们也是可以这样做的。如果我们不学会打游击，只凭勇敢、坚决，依然要遭到失败。

游击战是没有防御，永远是进攻的、主动的，善于在每一时刻中找敌人的弱点，予以打击。要多想鬼办法，像我们抗日时对付日本侵略军的办法。最根本的只有依靠群众。开始群众是"没有的"，可是一定要走向"有"。我们天天打仗，有了胜利，群众才会来。

现在我们各地还不要搞民兵，一律组织脱离生产的武装。民兵是在群众基础较好的区域才可以建立，不然会使民兵在农村中成了特殊阶级，吃大锅饭，结果脱离了群众，慢慢会腐朽下去。同志们要整顿一下武装，采取集中编制，组织便衣队，积极向外活动。

## 注　释

〔1〕三大解放区，指鄂豫皖解放区、豫皖苏解放区和豫陕鄂解放区。

〔2〕二陈，指陈毅和陈赓。

〔3〕一九四七年十一月六日至十二日，晋察冀野战军和地方武装一部向河北石家庄国民党军发起攻坚战役。这次战役共歼灭国民党军二万四千余人，解放了石家庄，并使晋察冀和晋冀鲁豫两大解放区连成一片，开创了人民解放军夺取大城市的先例。

〔4〕胡宗南，当时任国民党军西安绥靖公署主任。

# 新区工作应分阶段
# 分地区地逐步深入 *

（一九四八年二月八日）

毛主席：

丑江、丑鱼两电[1]均悉。

第一，在新区树立两个观念非常必要。（一）根据地之确立与土改之完成，要经过相当长的过程，绝非一年半载所能达到。（二）在斗争策略上，应分阶段、分地区地逐步深入。开始应缩小打击面，实与农民有利。否则，必犯急性病和策略上的错误。我们南进后，由于对形势认识不够，对困难估计不足，企图迅速完成土改，确立根据地，故五个月的成绩甚微，确犯有急性病毛病。

在子养答复六问题电[2]中对富农、中农问题只具初步感触。最近又了解到下述材料，可参考：

---

* 这是邓小平给毛泽东的电报。毛泽东在一九四八年二月十七日转发邓小平这一电报的批语中说："（一）小平所述大别山经验极可宝贵，望各地各军采纳应用。（二）分阶段分地区极为必要。在第一阶段将打击面缩小至只打击大中地主及国民党反动分子时，并不是说富农、小地主中的保甲长、恶霸、反动分子为农民所要求打击者也不要打击，我们只要注意对富农、小地主的多数暂时不去惊动就无危险了。（三）确定先组织贫农团，树立贫雇农威信，几个月后再组织农民协会，团结全体农民，并严防地富及坏人混入。"

甲、我六纵十六旅在英山北部，一面剿匪，一面土改，成绩颇好。他们的方法是，树立贫雇农骨干，组织贫农团，将所有地主的财产及富农多余的土地、财物，全部交给贫雇农（下中农也得到一部分），每人分得五斗到三石粮食、半匹到两匹布和其他衣物。贫雇农积极性大大提高，仅一个半月内，即完成了百万人分田。以老部队两个连为骨干，扩大了两百多地方武装。群众自己打土匪。在横直百里地区，土匪不敢深入活动。英北经验与经扶相同，只要满足贫雇农要求，树立贫雇农骨干，则群众可迅速进入与蒋军、地主进行面对面的斗争，根据地的雏形能较快地建立起来。中农也在贫雇农优势下，要求加入农会（还没有组织农会）。但此种做法，必然对小地主、富农打得很厉害（我还怀疑打了一些富裕中农，但无具体材料）。反之，在许多同等条件的地区，没有这样做，作风很坏，干部私吞果实，不满足贫雇农要求，工作毫无基础，情况一严重，全部坍台，遭受损失。

乙、凡敌情严重及蒋军、地主武装活动厉害的地区，采取现在做法，成绩均小，或稍有成绩，很快又被摧残。

丙、有些地区中农由中立到反感，其原因有多种：（一）部队粮食中农负担过重，特别是人烟稀少的山地；（二）乱杀人，把人吓跑（如岳西）；（三）敌军及地富力量大，土匪威胁；（四）我团结中农政策不明确，引起怀疑；（五）打乱平分土地，侵犯到富裕中农。个别地区甚至主张平分粮食，急须纠正（此种现象最为危险，正注意纠正）。

丁、在组织形式方面，我们开始组织农会，很快即被中农、流氓、狗腿所掌握，进行假斗争，与地主勾结，斗争无法前进。后来，专门组织贫农团，情况改变，但中农不安。

戊、立煌、经扶近两个月已转变。县区游击队和民兵约三百人，多半系坏人掌握。有基本群众在敌人威胁下缴枪投敌者。凡在条件未成熟时，不宜过早组织民兵。县区游击队亦应以部分老部队为骨干，干部应由部队选择派去，否则非常危险。现正照此实行。

第二，根据大别山情况，具体意见是：在新区，除了分为两个阶段外，还应分为两种区域，即可以巩固的区域和游击区域。鱼电〔3〕所指示两个阶段的策略，在大别山完全适用。只是在可以巩固的区域时间及过程应该缩短。在这种区域，基本上仍可采用经扶、英山的经验。但应修正几点：

（一）中农打乱平分应绝对采取自愿原则，不要勉强。

（二）现在的贫农团已经保证了贫农在农村的领导骨干作用，即应迅速扩大为农民协会，吸收中农入会和个别中农积极分子加入领导机关。在尚无工作的此类新区，亦可不先组织贫农团，而先组织农民协会，但必须保证贫农的领导。

（三）暂时不斗富农底财。

（四）使地主，特别是小地主能够生活，不要一扫而光。

第三，工商业政策仍应再次明白规定苏维埃前期〔4〕所规定的城市政策及具体办法，即保留地主的工商部分，地主住家又开商店者，不没收，布告贴在店门等，在今天完全适用。如大别山到处有锅厂，现已全部停业，影响生产甚巨，现应采取争取业主（即地主）复业。否则，暂由政府代管，或交给工人合股经营的办法。

第四，部队到新区的供给是个很大的问题。大兵团在贫困山地尤其困难。现蒋管区民生凋蔽，我军新到一地，又无经常收入，打土豪，向大商人等筹款，亦难解决大兵团供给。用粮食换油、盐、柴、菜的办法，既浪费、混乱，同时也不能持久。请考虑，是否可以印一种带军用流通券性质的票子，随军发行。

小平

丑齐

**注　释**

〔1〕丑江、丑鱼两电，指一九四八年二月三日和二月六日毛泽东给邓小平的电报。二月六日电报中说：在大反攻所占新区斗争策略与组织形式，均应与日本投降前的老区及日本投降至大反攻两年期间的半老区有所不同。在斗争策略上似应分为两阶段：第一阶段，缩小打击面，中立富农，专对地主，又应分为打击大地主阶层与打击整个地主阶级两个步骤。第二阶段，则平分一切封建阶级的土地，富农此时才动，此时应组织贫农团，以为农会或农民协会的领导骨干。这样是否较为适宜，请将你们的意见于数日内电告。

〔2〕子养答复六问题电，指一九四八年一月二十二日邓小平给毛泽东的电报，见本卷《关于大别山区的几个问题》。

〔3〕鱼电，指丑鱼电，见本篇注〔1〕。

〔4〕苏维埃前期，指土地革命战争时期的一九二七年至一九三一年底的时期。

# 整党宜首先着重于查纪律、思想作风和工作<sup>*</sup>

（一九四八年二月九日）

毛主席：

想到两件事：

一、我们南进时减员颇大，原因很多，如行动仓促、思想动员不深入、目前方遇到南方雨季、平原部队到山地等。其中重要原因之一，是部队和装备不合山地运动，难以山地作战。为掩护大直属队和过多的炮兵、辎重而致运动迟缓、被迫作战、疲劳兵力、增加补救负担不少，此点很要引起后派出部队注意。再者到新区，菜金、鞋子问题很大，最好能带几十万现洋（每人每月两元即可解决菜金、黄烟、鞋子三项），如能印一种流通券随军发行则更方便。发军用流通券，我认为比沿途用粮食换菜吃好些。

二、近来各地展开查阶级、查思想、查作风运动极端重要。如做得好，可大大提高党的战斗力，但愈操之过急也很危险。你在电中提出不要太急，用三年时间达到整党目的，我觉得非常重要。最近看到邯郸军区政治部对部队情况的通报中，似对干部出身一点强调过分。部队几年来吸收了大批

---

＊ 这是邓小平给毛泽东的电报。

知识分子（主要的是中小知识分子），他们又大多是地富家庭出身，其中不少担任主要的和机要工作的责任，这些同志大部是尽责的、有成绩有能力的，但确有不少尾巴，思想意识上带有或多或少的资产和小资产乃至封建的尾巴，也一定有个别坏人混杂其中。整党的目的是把坏人清洗出去，把内部怀疑的人放置不重要岗位，继续审查。对于一切地富出身但愿改造的人，应采取争取和教育的态度。因此，整党的方法应首先着重于查纪律、查思想作风、查工作，不宜首先着重于查阶级成分，尔后在查纪律、思想作风、工作中，其实际结果会连到阶级出身的本质，但我觉得这样提法更有利于教育同志、整顿工作和团结内部（是对现有干部说的）。至于今后提拔干部则应着重提出注意工农分子和贫苦知识分子，注意成分，因为过去对此确实不明确，确有只看能力不看阶级的错误，务予批判纠正。我们这里因环境动荡，尚未开始整党工作，现仅部分查思想作风，凡略做了些的都有成效。在地方，无论由部队或地方派出的干部问题均多，亦采取先查思想作风，着重反省的方法，用过去规定既往不咎，今后严格注意。如鄂豫区党委在几个地方这样做，也收到成效，干部退出私吞群众果实为数不少。同时我觉得党内过去在审干时伤害知识分子党员已经不轻，此次整党确应慎重。

　　个人均系，难免有误，尚恳指正。

小平

二月九日

# 由内线防御转入外线
# 进攻的战略意义<sup>＊</sup>

（一九四八年三月六日）


经过大别山一段比较艰苦的斗争以后，有不少同志对于反攻后的形势抱着怀疑态度，这是由于同志们常常是只凭着自己的直觉，从一个角落一个局部看问题的结果。

有的同志说，反攻出来胜利不如去年大了，是不是反攻过早了呢？从去年八月到今年二月，反攻已经七个月了。这七个月的胜利比第一年的胜利是小了还是大了？照毛主席去年十二月二十五日报告〔1〕中的说法，这七个月的胜利，意义非常重大，是超过去年同样七个月胜利的。

首先从战略意义上看，在去年的七个月中，我们从内线防御转到外线进攻，解放了四千五百万人民的中原地区，在这一块土地上扭转了战争的车轮，全部打破了蒋介石反革命的战略阴谋，迫使他处于完全被动的地位。要看到蒋介石企图把战争扭在解放区打的阴谋是很毒辣的，是要消耗和毁灭解放区的人力、物力、财力，而他却能够保持大块完整的反

---

＊　这是邓小平在安徽临泉韦寨召开的晋冀鲁豫野战军直属部队干部会议上的《关于反攻形势和整党问题的报告》第一部分，发表在晋冀鲁豫野战军政治部一九四八年三月编印的《军政往来》第七十二期。

革命基地，长期地进行反人民的战争。大家想一想，假如过去七个月仍旧把战争扭在解放区打的话，群众继续直接支援战争，加上蒋军的抓兵、杀人、抢粮食、烧房子、吃鸡、宰羊等，敌我双方会消耗解放区多少人力、物力、财力？如果不反攻出来，我们在解放区能不能持久呢？过去第一年在解放区里打是必要的，一方面是为了歼灭敌人，同时也是为了锻炼自己的战斗力。但当我们大量歼灭了敌人，并已经取得了丰富经验的时候，就一定要转到外线作战。不如是就不能粉碎蒋介石的战略进攻，也不能扭转战争的车轮。我们正是在这种条件下打出来了，完成了这个战略任务，胜利是多么伟大呢！

再从胜利战果方面来看，第一年消灭蒋军一百一十二万人。从去年七月开始反攻起到今年二月仅仅八个月中就已经消灭蒋军九十万人，本月起码已经有在陕北消灭蒋军五个旅作底子，今后几个月还会多一些。第二年歼灭敌人的数目，一定会超过第一年是可以保证的，又有什么根据说反攻出来的胜利不如去年大了呢？

有些同志看问题，只看到我们这一块，以为消灭了敌人九个半旅以后就不行了，说以前是我们找敌人，现在是敌人找我们。实际上，我看我们还是行的，起码我们完成了毛主席给我们的战略任务，在大别山建立了继续向前跃进的战略基地，在大别山和中原地区背住了蒋介石在南线全部兵力一百六十多个旅中大约九十多个旅左右的兵力，减轻了其他地区的负担，使其他部队得到休整提高的机会。像陕甘宁的部队休整了两个多月，一出来就像老虎一样，一口吃掉敌人五个旅。接着华野、陈谢都继续得到胜利，这就会调动敌人，我们这里的情况也就会不同的。这就是说，战略是全国性的，打仗从来有进攻方向，有牵制方向，一头担轻一头担重的。第一年的山东和陕北是担着重的一头，蒋介石不惜一切地扭着山东和陕北干，他们背住了。反攻以后，山东轻了，收复了百分之八十以上的土地。目前整个阶段是我们走在前头，插进了敌人的心脏，威胁着南京、武汉，蒋介石也必然拼命地扭着我们，我们担着重的一头，也要吃些苦，多走些路，把敌人背住，等华野、陈谢和陕北的部队休整以后，自然会来分担我们的担子。因此，当我们担着重的一头的时候，千万不要忘记整体，整个胜利是有我们一份的。

今天从全国形势看，明明好得很，蒋介石和美国帝国主义看到我们前进到大别山区，就非常悲观失望。从战略上看，敌人的这种悲观失望是合理的。但是我们的同志也悲观失望起来，就不合理了。这就表现我们的同志思想意志的脆弱，缺乏坚定的斗争毅力，犯急性病和看问题不从全面、不从实际出发。只因为自己多吃了些苦，多走了些路，就迷失了方向；只看到自己这一块消灭敌人少了，看不到全局消灭敌人多了；只是局部受点挫折，个人受点损失，就认为整个革命没有希望了。胜利了就以为明天革命就会成功，挫折了就以为明天革命就会失败。这要好好反省，需要加以马列主义的锻炼和考验。加强党的工作、政治工作，思想工作尤为主要。思想上要做足够准备，革命不是那么容易、那么舒服的事情，总有一个时候要过关的。过去讲蒋介石正处于垂死挣扎，垂死是他基本的一面，另一面也必须看到，现在蒋介石是要拼老命的。因此，越往后越是险关，只要硬一下过了关，下面就可以走很长的一段路，发展到一定时期，又要过一个关。但是这些险关，我们有毛主席为首的党中央的领导，同时又是胜利前进中的险关，保证都能过得去。东北、山东、陕北都过了许多险关。现在情况不同了。我们移到大别山，认为山地战不好打，蕲广一战[2]证明山地战一样可以歼灭敌人，这也是一关。从内线转到外线，这一切是一个险关，华野、陈谢翻得快，也会帮我们翻过去的。所以在过险关的时候，就须不怕吃苦，还必须不怕死，每个人都要随时准备付出自己的生命。我们宁可向严重方面做准备，这是没有坏处的。

总之，从战略意义上和胜利战果上看，就会承认反攻一点也不过早，恰恰正是时候。有什么理由把反攻推迟，让解放区再消耗一年，让蒋介石仍保持完整的后方呢？即使推迟，代价还是一样要付的，那时可能还会付得大些。

承认胜利了，还有些同志问，究竟大别山是否建立了根据地呢？今后我们用什么力量消灭敌人呢？这个担心是合理的。我们一来到大别山，毛主席就指出可能有两个前途：一个是付出相当代价站住，一个是付出代价站不住。要站住，代价是一定要付的，只要站住就是胜利。今天我们可以打保票，我们已经站住了。虽然从形式上看，去年十二月底我们还占有十二座县城，到今年二月底一个也没有了，似乎情况越来越坏了。但在实质上条件已经变了，我们会走山路了，会打游击了，思想正在整顿，与群众联系也在改善，开始时的混乱现象已停止，敌人打不走我们了。现在我们还有打算，除了用相当大的力量坚持大别山的游击战争，还要逐渐抽出适当的兵力来训练，集中打仗，消灭敌人。前一个时期这样做是不可能的，这说明大别山的斗争已经前进了一步，前进到当地的人民和部队已经能够坚持大别山，前进到主力已经可以逐步抽出兵力集结机动作战。一纵有的同志认为，部队来到淮河北是前进一千里后退了五百里。这种说法，我认为是不正确的，至少是不甚正确的，是从形式看问题而不是从本质看问题。我的说法是前进了一千里又前进了五百里。因为大别山仍然在坚持，并没有放弃，而且以后还更要坚持。但是要消灭敌人，还要看具体条件，在目前主要地服从建立大别山根据地的战略任务。我们坚持并巩固了大别山又能消灭敌人，任务就完成得更好。为了坚持大别山，为了消灭敌人，如果需要我们回到大别山去，我们应立即回到大别山，决不能说我个人不愿意就可以不去大别山。革命越是向前发展，越要到山地去消灭敌人。十纵同志说得好，要革命就得爬山，就不怕爬山，怕爬山不愿爬山，就是不革命不愿革命。这次新兵都一致懂得要去大别山受苦，并准备受苦，对我们部队许多不好的现象，立即积极提出意见和批评。我们应该学习新战士的这种对革命负责的精神和积极的态度与热忱。

大别山根据地的建设，决定于地方工作、军民关系。军队要真正成为大别山人民的子弟兵，一面要打仗，打游击坚决消灭蒋介石封建地主阶级的反动势力；一面要积极发动群众普遍进行土地改革，使工作逐渐开展深入。我们前些日子在大别山是犯了急性病的，想半年、八个月完成任务，今天已经证明是不可能的。一个根据地要真正的巩固起来，不经过两三年的艰苦斗争就不行。由于我们犯了急性病，所以斗争策略、组织形式和工作布置也就不适合。另外，就是部队的作风不好，地方工作干部作风也不好，脱离群众，贪污斗争果实，不给人民办好事，官僚主义、命令主义，因而工作没有做好，只是站住了脚，敌人打不出来。但是，如果没有这些毛病，工作就会做得更好。部队纪律坏，乱杀人，群众就非跑不可，甚至拿枪来反对我们。假如纪律好，作风好，不打骂老百姓，不乱拉尿，打土豪不贪污群众斗争果实，干部好，队伍好，群众就会靠近我们，大别山的情况就会更好，就不仅能站住脚，而且一定能更多地消灭敌人。最近鄂豫和皖西的事实证明，只要部队和地方干部对上面那些坏现象有些纠正，群众就会靠近我们。

要打仗，军事方针是什么？就是毛主席的十条军事原则[3]。那是过去十年土地革命斗争、八年抗日战争和一年半爱国自卫战争经验的基本总结，也是今后革命战争的指导方向。凡是打得好的仗都是依靠了这十条，不依靠这十条，仗就一定不会打好。

## 注　释

〔1〕指毛泽东在中共中央一九四七年十二月二十五日至二十八日在陕西米脂杨家沟召开的扩大会议上的报告。

〔2〕蕲广一战，即高山铺战役，见本卷第71页注〔3〕。

〔3〕指一九四七年十二月二十五日毛泽东在《目前形势和我们的任务》中提出的"十大军事原则"。参见《毛泽东选集》第四卷，人民出版社1991年版，第1247—1248页。

# 把整党与建设三大民主
# 结合起来*

（一九四八年三月六日）

我们整党工作，要抓住每个空隙来进行，并且把它和建设三大民主结合起来。实行政治民主、经济民主、军事民主，连队成立士兵委员会，这是根据目前情况所需要的。如果有的干部认为这就吃不开了，那一定是自己有毛病。如果干部为战士做好事，就一定受战士拥护，就一定吃得开。领导贪污，作风不好，指挥不好，战士应该反对，难道这些吃得开是光荣的吗？只要部队有了民主，力量就会大起来。陕甘宁部队最少，但是力量很大，就是实行了三大民主的结果。三大民主一定要做，只要自己真正走群众路线，战士和干部一定会更亲密，领导更顺利。如果战士人人都是自觉的，就会感到队伍就是自己的。

政治民主就是战士的士兵委员会可以批评干部，可以发表意见，对战略战术，对政治的意见都可以发表，有选举权，任何人不得干涉，不得压制，不得脸红，一定要虚心接

---

　*　这是邓小平在安徽临泉韦寨召开的晋冀鲁豫野战军直属部队干部会议上的《关于反攻形势和整党问题的报告》第二部分中的第三个问题，发表在晋冀鲁豫野战军政治部一九四八年三月编印的《军政往来》第七十二期。

受。即使不对的，也应很好进行解释，不能给战士泼冷水，来个下马威。经济民主就是士兵委员会有权监督连队伙食，十天公布一次账目，伙食尾子可以买黄烟，解决个别的困难，或大家分。军事民主则不是那么广泛，绝对服从指挥，这一条是一定要的。对于作战可以提出自己的意见，战后可以提出批评，就是对刘邓[1]的意见也可以提出来转给我们。大家想办法的群众运动，我们试验成功了，蟠龙战斗[2]就是很好的例子。蟠龙战斗是陕北战局的转折点，是几十个战士坚持得来的。不要以为我们比战士聪明。如果哪一个干部不好，士兵委员会有权弹劾，要求上面调动。撤职后士兵委员会可以推选干部，再由上级承认批准。战士提的往往是正确的，再加上级批准就更稳当，这是对干部的教育。

现在全军一律推行建设三大民主，我们整党要和三大民主相结合，整党整军是中央做了决定的，非做不可，共产党员要明白这个道理，一定要拥护和执行党中央的这个决定，思想还没有弄通的同志也要赶快把它弄通。

## 注　释

〔1〕刘邓，指刘伯承、邓小平。

〔2〕蟠龙战斗，指一九四七年五月二日至四日西北野战兵团对陕西北部国民党军补给基地延安蟠龙镇进行的攻坚战。在作战过程中，参战部队召开连排干部会和战士讨论会，发扬军事民主，干部、战士提出了夺取阵地的各种方法。这次战役全歼国民党军胡宗南部守军六千七百余人，并缴获大量武器、装备和给养。

# 纠正"左"倾冒险的急性病*

## （一九四八年三月八日）

毛主席：

这一个月的工作情况，因我们北移，了解不够。几个月斗争，特别是敌情严重后，使我们深深地体验到"左"倾冒险的急性病的害处。最近淮西区敌人"扫荡"中，有些地主在分了他的浮财后，仍不愿得罪我们，不敢向敌人告密。这些事实，证明我们在策略上，完全可以中立一批弱小地主和富农。如果我们到大别山后，不犯急性病，即便那里经过土地革命，也可能中立他们的。我们的急性病表现在下面几方面：

（一）不分阶级和地区，对大中小地主和富农一并下手，树敌太多，增加了许多障碍，反于农民不利。

---

* 这是邓小平给毛泽东的电报。电报对晋冀鲁豫野战军进入大别山后发生的"左"的错误问题作出分析和检讨。一九四八年三月十四日，毛泽东复电邓小平："寅齐电悉，非常之好，立即转发各地仿照办理。"要求邓小平对陈唐、陈谢各部及豫皖苏区："将你所说的那些策略观点与政策观点普遍通知他们，只要有机会就不失时机地指导他们，并要他们向你处反映结果。"同日，毛泽东致电各中央局、分局、前委负责同志，转发邓小平的电报，并指出：小平同志的这些负责的自我检讨是非常好的，有了这样的自我检讨，就有使广大干部逐步学会党的策略观点的可能，而没有全般的策略观点和政策观点，中国革命是永远不能胜利的。

（二）我们所提的贫雇农路线，其本身就是不正确的。而正确的应该是中央所提出的，以贫雇农为骨干、巩固地联合中农的路线。在实际斗争中，相当普遍地采取了拒绝中农的态度，甚至打击富裕中农。其结果，使贫雇农更加孤立，易遭受摧毁，甚至影响到贫雇农不敢起来。对阶级划分，也犯了与老区同样的错误。

（三）在工商业政策上，可以说是很紊乱的。在十月十二日中原局指示中，虽曾提出反对开始萌芽的"左"的倾向，但一直未引起注意。大别山我控制区工商之凋零，虽未作具体调查，估计主要是我们没有明确的工商政策、税收过重、纪律不好等原因所造成。敌人摧残，确系原因，但非主要的。

（四）在工作布置上，对于必然到来的严重变化，缺乏预计。不是估计哪些是可以巩固的区，哪些是游击区，而有重点地分布力量，规定不同的策略步骤，尤其是未能乘敌之隙打开局面，而是平均地分布力量，普遍地安置县区。

（五）武装力量分得很散，在游击区一班一排活动，既不能保护工作人员的安全，又无力对付土顽，陷于被动，到处吃亏，失去游击的本能。

（六）一般干部缺乏策略思想的准备，大家是硬着头皮干。商城县委曾注意争取利用伪属及社会关系，打通商会土顽队长关系，可以经常获得确实情报。这证明敌人中有许多的空子可乘。但我们普遍忽视那些问题。我们曾与鄂豫区党委共同讨论规定了下面几点：任何时候不要忽视团结百分之九十以上的人，中立那些可以中立的人；分别可以巩固区和游击区的不同策略步骤（照中央指示），在心腹区集中力量打成一片，而后背朝内、面向外发展；在游击区，采取武工队的组织形式，武装适当集结，积极主动地打击敌人，特别是消灭土顽；禁止乱杀人，注意工商业政策，等等。

近日，得鄂豫区党委报告，立煌、商城、麻城地区，我们缩小打击面的界限，在土顽活动区，秘密分果实，采取组织秘密贫农团，使农民减少顾虑，都很高兴报告土豪埋藏的财物，协助打土匪。只要我军与工作者照顾群众利益、守纪律，群众一定坚决拥护我，共同对敌。已开始反映其好效果。至对鄂西、桐柏、江汉三区，具体情况很不了解。从他们电报内的材料看出，他们对中央新区工作指示[1]的了解，似尚有距离。中原局拟于最近写指示信去，并准备派负责人到江汉、桐柏帮助他们。

　　　　　　　　　　　　　　　　　　　小平
　　　　　　　　　　　　　　　　　　三月八日

## 注　释

　　〔1〕中央新区工作指示，指一九四八年二月十五日由毛泽东起草的中共中央关于新解放区土地改革要点的指示。

# 军队建设的几个问题 *

（一九四八年三月二十三日）

## 一 建军路线和建军原则

建军路线和建军原则问题，同志们要看看七大毛主席《论联合政府》的报告、朱总司令《论解放区战场》的报告。那上面连带兵、练兵等问题说得都很详细，我这里只提主要的谈一下。

建军原则，第一个是军内关系，就是官兵一致；第二是军外关系，就是军民一致。这是每个人必须做到的两条。

军内关系，为什么要官兵一致？因为我们的军队是建筑在阶级本质上的，所有的人都是为着一个政治任务，都是自觉地来革命的，利害都是一致的，所以在人格上、政治地位上都是平等的。尽管工作上有上下级的区别，但另一方面又都是同志关系，同样的光荣。所以反对把我们的战士降低到一个单纯的人，降低到军阀部队的一个兵的地位，单纯地使用他，当成驱使的对象。我们确实有些同志不去关心战士，打呀，骂呀，侮辱他们。这样便模糊了战士对自己是人民军

---

＊ 这是邓小平在晋冀鲁豫野战军第一纵队干部会上报告的第三部分，发表在中原野战军政治部一九四八年八月编印的《军政往来》第一期。

队主人翁的观念，模糊了自己对人民军队也要负责的观念，战士便不会发挥高度的积极性、高度的政治责任心和提高觉悟性。有些人认为干部只要有本事就可能解决问题，就可管军队，这是不对的，事实上是解决不了问题的。我们要做好官兵一致，首先要人人思想上认清以上几点，特别是干部，不但自己要执行，同时还要启发战士去发挥积极性，大胆对军队负责，启发他们的阶级觉悟，来当军队的主人。只要战士真正明白了这一点，并认真执行起来，就会成为不可战胜的力量。

在军外关系上，就是军民一致。军队和人民在政治上是一律平等的，不管你官大小，都是新民主主义国家的一个公民，比起老百姓来，权力并不大的，政治地位并不高的。我们要做到人民同我们一块反对蒋介石，就必须树立军民一致的思想，军民政治上一律平等的思想，那样便不会犯军阀主义了，不违犯群众纪律了。

只要认真执行了以上两条，我们的力量就会大得无比。有了任何困难，依靠官兵一致、军民一致都是会逐渐解决的。

## 二　三大民主问题

要做好官兵一致，必须走群众路线，也就是要实行三大民主，即政治民主、军事民主、经济民主。这点，军委、总政治部通令全军都得很好运用执行。

政治民主，就是政治上官兵一律平等。每个战士，每个革命军人，都有批评与自我批评的权利，都有保障和关心党的政策的权利，都有对打仗、工作等负责的权利，都有批评一切违犯政策、违犯纪律的权利，都有批评上级的权利。只不过是在一定的会议上进行，不准随便乱讲。还应指出，如果战士不敢批评干部，并不是政治健康的表现。在党的问题上，党员应成为群众公认的，党员要在群众中公开，要经过群众的审核，不准开秘密会，一般的会议要吸收群众参加。

经济民主，就是连队的一切开支，凡是按照规定属于战士享受范围的，均应由战士全权管理。他们可以讨论改善生活，可以分伙食尾子。

军事民主，主要是对于军事有提出意见的权利。如战前、战中的想办法会，战后评定伤亡、评定指挥、评定战术、检讨战斗等。凡是这样办的，都会得到极大的效果。另外一面是战士对于连、排、班干部有批评的权利，有提出意见的权利，但只准在一定的会议上，不能乱讲；有越级直接向上级提出意见的权利；有提议推荐或撤换干部的权利，但批准权仍归一定的组织。这样一来，有的人可能以为有些战士会胡来一气，但事实不是这样，战士的眼睛是亮的，是很爱护他的干部的。你有了毛病，只要改了战士还是拥护的。

三大民主必须执行，全军都要做，毛主席已经规定了，思想上要打通，组织上要做。但是有障碍，障碍就是干部。对执行三大民主，有的干部积极抵抗，有的消极抵抗，都是不对的。有的以为实行三大民主就没法子管了，没法子指挥了，或者自己一点也不管了，完全交给战士管，当他们管得稍有点毛病时，便回头来说民主还是不行吧等等风凉话，都是不对的。还有的形式主义，光摆个样子，要纠正，要防止。我们说关心部队爱护战士的人是不害怕的，凡是怕执行或抵抗执行三大民主的都是有毛病的人，如军阀主义等。而实际执行起来的结果，管理上方便了，指挥上容易了，因为人人都自觉了。同时还帮助了干部接近了群众，提高了一步，对干部只有好处，没有坏处。

为了今后战士们能够负责，能够维护与执行政策，所有政策、法令、指示、工作等都必须向战士讲，不然便无法提高其觉悟性去积极负责任。

## 三　支部工作

支部是领导的核心，三大民主做得好不好，决定于支部工作做得好不好。过去我们工作缺乏经常性，工作不踏实，就是支部工作没做好，今后要长期地做好。只要有一天军队，就要有一天支部工作。要使支部工作成为有生命的，而不是僵硬的，就必须有批评或自我批评，必须反对庸俗的自由主义。在工作上，在执行三大民主上，不能分这是连长的事，那是指导员的事，应当是共同的事，共产党的事，革命的事。

## 四　三大纪律八项注意

党的路线、党的政策，在全军中人人能够办到和必须办到的，就是三大纪律八项注意。这是毛主席在开始建立红军时就规定下来的，把军队的三大任务集中为三大纪律，使每个军人都能做到和必须做到。把打仗集中成为一切行动听指挥，把群众工作集中成为不拿人民一针一线，把经济集中成为一切缴获都归公。把我们的任务和政策具体到八项注意中去，如对人要和气，是反对军阀主义；买卖公平是工商业政策；不虐待俘虏、不搜俘虏腰包是俘虏政策等。所以不能把三大纪律八项注意只看成是上级简单的规定，只看成是群众纪律问题。应该知道，把三大纪律八项注意都做到了，一个革命军人才算够了格。只靠冲两个锋，是不够格的。要做好三大纪律八项注意也是不容易的。以后要恢复老章程，连队成立士兵委员会，士兵委员会要有专人来负责督促三大纪律八项注意的执行。只要这事办好了，我们军队的力量就是无穷的。大别山有个地区，二十多年来反对我们，反攻后，我们第一次去，老百姓跑了，但我军纪律很好，东西一概没动，打扫了清洁。第二次我们去，老百姓就不跑了，他们说，知道你们这样好，我们还跑干什么？所以我们应该反省在大别山时的纪律。

## 五　军事与政治的关系

有个别单位军政关系不很好，你争一点权我争一点权，还有的分赃不均，闹无原则的纠纷，都是不对的，都是不了解建军原则中的军政一致。我们的任务是一个，方针是一个，工作计划是一个，必须在一个工作计划下面，军政一齐努力，上下一齐努力，官兵一齐努力，绝不许各自为政闹关系。

## 六　领导问题

领导特别是职务高一点的干部，连队干部也是一样，有三条：一是掌握原则，二是走群众路线，三是检查。

掌握原则，就是根据建军原则、党的政策、具体任务来进行工作。要掌握中心，主张什么，反对什么，时刻不能忘记。要军政一致，提倡批评与自我批评，提倡学习形势，学习政策、方针，反对庸俗的自由主义，反对光管油、盐、柴、米、酱、醋、茶的事务主义。当然一点不管油、盐、柴、米、酱、醋、茶也是不对。

根据原则确定了工作计划，就要走群众路线去执行。真正聪明的是群众，执行当中要及时检查，了解运动的发展，进一步地把运动深入提高，必须反对军阀主义、官僚主义、形式主义。

关于干部政策，领导上对干部要采取严肃的态度，对干部认真地批评，才能帮助干部进步，才是真正的温暖。所以要按党性标准来认识干部，选择干部。那种不注意批评的庸俗的自由主义，不能帮助干部进步，反而害了干部。不管出身怎样，只要入了党，就是无产阶级的一员。提拔干部的标准，德是第一，就是原则性和阶级性，才、资是次要的，这点必须明确。

# 新区土改问题<sup>*</sup>

（一九四八年四月二十四日）

　　为什么要有新区土改要点？我们是拿老区土改大纲在新区用的，在本区接受要困难些。中央根据各地材料（首先是豫西）考虑订出新区土改要点。就是根据敌情（国民党与地主封建势力尚强大）、群众觉悟程度、我们干部的强弱这三方面来规定我们工作的速度及如何办。又分为根据地与游击区。在土改要点中，有些是在各地都适用的，如中农不动、地富工商业部分不动、地主能生活等。

　　各地主要应根据本身情况，来规定土改任务和步骤。现在的情况，拉锯是不会很多的，因为自卫战争反攻的第二年，蒋军力量进一步削弱，敌人放弃洛阳是一个标志。除小部有土匪外，我大部能控制，但这并不等于地富不能组织反攻。另外，群众有部分发动。知道我们要分地，群众要土地，有相当数量的武装群众，有农会、贫农团，阵营不雄厚，但是有初步的组织。干部很少，但是还逐渐在增加。因之确定一点，根据地的雏形是具备了，这便利于我们发动群众进行土改，如把拉锯估计太重，就会束手束足。中央苏区时，毛主席就是利用三次到四次战争中间的空隙，解决了土

---

　　* 这是邓小平在豫西干部会议上讲话的要点。

地问题。敌人临时来一来完全可能，但立下来不可能，这是肯定了的，如分散来就好打了，我们很难找这样的机会。再歼灭两三个师，大别山便会连起来了。

是否以土改为中心？应肯定地回答，无疑的是应以土改为中心。但必须结合每一时期的具体工作，如目前的春耕。如不搞生产，吃亏的还是解放区。要结合，两个阶段是建立在三个条件上的：我们的干部、敌人的强弱、群众的觉悟。分步骤的意义是叫我们树敌少，群众运动阻碍少。如打击面宽，情况严重，我们会孤立。我们少数村中的积极分子，过去叫贫雇农路线，事实是少数积极分子路线（总数占百分之几），这时没有策略，土改就坚持不住，一定要垮。本来地主和富农力量就大，而我们又把中农赶过去，因之，没有策略一定要垮。

我们不是转变，不是停止土改，而是为了如何便于群众起来，基本点在这里，不是慢而是快。大别山有些地区，是发动了群众，分了地，可是还是垮，就是欲速则不速。没有策略是不可能完成土改的，故不能叫停止，叫转变，一步一步做会更快，是更好的做法。两三年是有根据的，当年苏区就是一般是三次分地，两次查田，想急一下搞成是不可能的。不是说两三年才分地，如那样就不叫完成，叫开始。因之有些地区，想快些要看具体条件，能快则快。不是根据群众的朴素要求，要不要地，千百年来就是要地，而是根据敌、群、我三个条件，甚至一次搞也可以，不一定非两次搞。鲁山能办为什么不办呢？中央苏区经过长期游击战争，最好的是一次分田，两次查田，一般地经过五次。不要以为群众要麦子要地，马上就能分，如我们不能耐心地启发群众，加强组织，提高其觉悟，使之成为自觉的运动，有些就是已分了地，也是拿不稳的，地主是会反攻的。除了群众觉悟这一条，还要加本地干部，如本地干部不起来，单靠外来干部，土地也一定是分不好的（如黑地就查不出来）。

中农问题，最近中原局指示，明确规定中农不动的政策，这与土地法大纲有所不同。这是为了解决个别干部的思想状况，如简单就好，很短时间就想成功，现在把此漏洞堵住。小资产阶级总是想一次搞好，免得下次麻烦，加以贫雇农路线，是路线上的错误。这是个大问题，应引起严重的注意。如中农愿意也可动，中农愿意是有条件的，但在新区尚未形成，因之让他们拿出土地实际是勉强的，不可能赞成。土改是消灭封建地主，对富农是消灭其中的封建部分，而不是消灭中农。平分是简而易行，而且可能，但新区没有这可能。团结百分之九十的中农，才是完成土改任务。以平分而得罪中农，是路线错误，不叫完成。已经侵犯了中农利益，如何补偿呢？补偿其已种之粮食。耕牛耕具多余的怎么办？是否拿贫农已分土地来补偿。应一一作讨论。

做好中心工作与一般工作，是领导艺术问题。现在春耕与分地是完全可以结合的，春耕是土改中的一部分，如确定地权，解决未解决之问题，如没收尚未分的土地，可当作一个步骤来做。南阳三季，如一季不收，即不得了，农民是损失不起的。把土地问题解决了再春耕，还是两者结合起来，就看得清楚了。

吸收知识分子应贯彻到下边去，大量使用、训练，增加干部。

# 当前的重点应放在财经工作*

（一九四八年五月九日）

这两个月我们只帮助豫皖苏及豫陕鄂作了工作布置，中原局发了一个关于发动群众实行土改的指示。到平汉路西后，我到后委[1]住了半个月，他们开了地委书记专员会议，适逢宋任穷、张玺[2]等亦赶到，共同参加了工作的讨论。

我们到了豫陕鄂区，算是对中原全貌开始了全面的了解。整个中原有四千五百万人口。现为我控制者约两千万，计有豫陕鄂七百万（有政权有工作者五百万），豫皖苏九百万（能征收的），但仍是敌来我往的拉锯局面，江汉三百万，桐柏二百万。其余一半人口的区域及大部分有我游击部队和政权活动。大别山区斗争仍极艰苦，但是我们确实站住了脚，敌人不能把我们打出来了，而四个野战纵队抽出后减少了人民负担，拖出了敌三个师（十师、二十师、五十八师），加上最近策略上的要求，更便于大别山的坚持。因该区（特别是鄂豫）部队极度分散，传达不易，党的方针政策和策略贯彻不易，也还有一些地委干部（如鄂豫一、三、四分区）对纠正过去偏向尚有抵触，怕对群众泼冷水。区党委已注意

---

\* 这是邓小平就中原区的政治形势与当前任务给毛泽东的综合报告。邓小平当时任中共中央中原局第一书记、中原军区和中原野战军政治委员。

纠正，我们正给以帮助。江汉、桐柏两区亦有较好反映。豫陕鄂及豫皖苏两区控制面已很大，即可开始建设工作。两区土改地区均小，且问题很多。由于干部少而且弱，特别由于过去急性病打击面很宽，地富浮财大部已动，群众未真正发动，而我们干部又总是想快点完成土改，迎头赶上去。有些同志认为土地改革可以解决一切，对于当前的紧急问题如生产季节、财粮征收、军队供应等重视不够，结果反而陷入被动，加以财粮的紊乱，实际把中农打得不轻，如不注意，实极危险。

我们与两区共同研究后，已确定了工作的步骤，即在秋收前依原有工作情况和干部强弱，选择重点，创造典型，积累经验，训练干部，准备今冬明春的土改大运动，而将当前的重点放在财经工作上面。今年麦子普遍好，夏征工作做好就可争取财粮供应的主动地位。我们已指示各区，在民负可能条件下，无妨多征一些。豫陕鄂已确定征足一百万到一百二十万石（十四斤斗），如果完成此数加上商业税收（主要是烟税）及银行透支（不超过发行额四分之一），即可使该区十二万人（包括党政军）全部自给，并可能供给其他野战军三万到五万人。江汉、桐柏两区已可能供给野战军一两万人。豫皖苏产粮更多，如照豫陕鄂标准计算，除本身七万人外，约可供给野战军五万到八万人。如果全年麦征、税收、银行工作做得好，即可大大减轻华北负担。我们近来不断强调争取大部自给，提倡节约，惟供给标准须俟陈粟南来才好确定。中州钞[3]即可发行，采取稳健发行方针，力求少透支（绝不超过四分之一）。决定大量举办工农商业贷款，第一步主要是工商业放款。在新区我们自己的经济毫无基础，必须善于联合与利用私人工商来稳定物价，巩固本币，并逐渐组织公家的经济，此种概念在新区经济工作者中必须明了，搬用老区做法是不行的。对财经工作，准备再加研究后发一指示出去。

## 注　释

〔1〕后委，指中共中央后方委员会，成立于一九四七年四月十一日，以暂留晋西北的中共中央及中央军委大部分工作机构组成，叶剑英为书记，杨尚昆为副书记。

〔2〕宋任穷，当时任中共中央豫皖苏分局书记、华东野战军第三副政治委员兼豫皖苏军区政治委员。张玺，当时任中共豫西区委书记、豫西军区政治委员。

〔3〕中州钞，又称中州票、中州券，是一九四八年六月中州农民银行发行的货币，流通于中原解放区。

# 陕南、宛西的工作方针 *

（一九四八年五月二十九日）

毛主席：

　　辰敬电[1]悉。辰删（五月十五日）前后，中原局曾召集豫西、陕南负责人及宋任穷等，专门讨论了一次陕南、宛西的方针。会议中，对过去的问题也作了较多的检讨，一致认为，在新区实行打土豪分浮财，过早实行分土地，害处很大。除你来电指出的社会财富迅速分散于军队不利，基本群众得不到利益表示不满，使军需负担过早全部落在农民身上诸点外，我们还检讨到，由于我们过早地轻易地打滥原有的社会经济结构，破坏了群众原有的生活道路，产生了一个使广大群众失业的严重的社会问题。由于分浮财，分土地，打击面大，地主逃跑，必然影响到工商业，破坏市场繁荣，而原来靠工商业、靠市场生活的广大群众，丧失了全部、大部或一部的生活来源，势必伸手向共产党要饭吃，而我们又不可能满足他们的希望。即使分了土地，也不能全部解决其困难，结果只有群众埋怨我们脱离群众。所以，我们对新区急性病的害处有了进一步的了解。当时

---

　　* 这是邓小平就中原地区土地改革、工商业等方面的工作方针问题给毛泽东的电报。

对陕南、宛西新区的方针确定为：

（一）建立反蒋、胡[2]的统一战线，包括一切反蒋、胡的地方实力派。在政治上只打击首要分子，即恶霸、最反革命分子、乡保甲长中最反动的分子。

（二）不分浮财，不打土豪，连大地主也不打。

（三）实行征借粮食、款子的政策，解决军需。

（四）保护城市及一切工商业。总之，不搞滥一切就好办。

辰哿（五月二十日）接到陈粟转述你的指示的长电（业已转下去），更加坚定了上述观点。看了你的来电，更感到在新区一个时期不提土地改革，只提减租减息、合理负担[3]，非常之好。故已告陕南、宛西坚决执行这个政策。至于在搞滥了的区域，我们研究的结果，亦应停止分土地，而改行双减、合理负担政策。事实上，已分土地的区域并不大，多半是分浮财搞滥的。租佃关系实际上普遍存在。今年麦收夏征中，我们在负担政策的规定中，也事实上承认了租佃关系（如该地地主逃跑者，其负担由佃户代交）。故本此政策加以调整，是办得到的。只是在干部思想上一定有不少抵触。我们已告豫西、豫皖苏等党委，在干部中作较广泛的讨论。中原各区实际上已经停止分浮财、分土地，而将重点放在政权、财经，容许我们有较多的时间打通干部思想，准备秋后双减的群众运动。

邓小平

辰艳

# 注　释

〔1〕辰敬电，指一九四八年五月二十四日毛泽东就新解放区农村工作的策略问题给邓小平的电报。电报指示新解放区在解放后的相当时期内，只实行减租减息和酌量调剂种子口粮的社会政策和合理负担的财政政策，而不立即实行分浮财、分土地的社会改革政策，把主要打击对象限于政治上坚决反对我党我军的重要反革命分子，以利集中一切力量消灭国民党反动派。电报强调指出："这一个减租减息阶段是任何新解放地区所不能缺少的，缺少了这个阶段，我们就要犯错误。"

〔2〕胡，指胡宗南。

〔3〕抗日战争时期，中国共产党领导的抗日民主政权为改善根据地人民的生活，动员人民支持抗战及解决财政困难，实行减租减息、合理负担政策。减租减息政策的主要内容是：地租一般以实行二五减租为原则，即不论何种租佃形式，均按原租额减去百分之二十五，利息一般减到不超过一分半。合理负担政策的主要内容是：按资产及收入多少规定纳税的比例，除少数最贫困者得免征外，其余的人均须按照比例纳税，但最高不超过每人全年收入的百分之三十至三十五。解放战争时期，在新解放的地区也实行过减租减息、合理负担政策。

# 关于党委领导和
# 实行民主集中制问题[*]

（一九四八年六月十六日）

中央、军委、总政：

兹将我们旅主任以上政治工作会议情形及报告讨论的主要问题，简报如下：

一、到会人约五十人。会议于五月四日开始，卅日结束。原来意图是汇报一下南进以来八个多月工作情况，研究讨论部队几个工作及新区群众工作和执行政策问题，藉此比较广泛地交换各部队经验，并计划刘邓[1]各作一个报告，然后由际春[2]提出几个工作上的问题讨论后，即总结结束。时间预定十天到十五天左右。但后来增加了任穷[3]同志传达毛主席及少奇同志两个报告，及四纵主任洛阳城市工作报告和党委工作讨论展开，以及四次移动驻地等，时间延长了。

二、会议上，任穷同志传达了毛主席去年十二月报告和少奇同志的报告，极大地帮助了大家对于国内外形势、革命胜利前途及党的政策的认识和胜利信心的提高。小平同志根据毛主席对于新区策略指示及结合中原八九个月斗争检讨的

---

[*]　这是邓小平和刘伯承、张际春给中共中央、中央军委、总政治部的报告。

报告，使大家对于新区基本情况和新区正确策略，开始有了认识。伯承同志讲话，着重号召大家总结新区经验，研究党的政策，继续贯彻工作中的群众路线，发扬民主及军人必须服从党的领导才能前进等。际春根据部队八个月在新区作战情况，提出了关于加强斗志，巩固部队，新区群众工作和政策教育，党委和支部工作等问题，交会议讨论。四纵主任对洛阳城市工作经验的报告，对于帮助大家认识城市政策有重要意义。工作讨论中，对于党委与政治机关的工作、连队支部工作，对于新区群众工作和正确执行政策，都作了比较深刻的讨论。南进以来，部队分散，会议上也交换了各部队一些初步整党及其他工作经验，最后由际春根据讨论的问题作了总结。

三、讨论中最主要的问题和意见是：

（一）部队中党委自日寇投降后开始至自卫战争初期（一九四六年底），即已先后普遍建立起来，经过一年多将近两年的过程，逐步建立了党委的领导和工作。部队一般的大政方针及重大问题大都经过党委讨论，然后集体领导的作用建立了。党委工作是有成绩的，但由于党委的组成多限于同级几个负责人及运用民主不够，产生了不少的党委开会讨论问题和首长日常商谈工作混淆起来的问题。事无大小，随便商谈，也叫开党委会。结果党委会频繁、庸化，往往许多重大问题反而缺乏深刻的讨论，会议准备也不够，很少深入讨论。还不善于依靠军事政治机关实现其决议，有时包办代替，使军事政治机关工作亦受到影响。还有的把党委看成是过去的军政委员会，主张不要全部采用民主集中制，军事由司令员作决定，政策由政委作决定，并引起争论。这里基本上是一个党委领导和首长负责的矛盾与统一的问题。经过讨论，大家认为，党委为部队最高领导机关，必须实行民主集中制，同时必须承认首长制，但首长必须接受党委的领导，党委的决定经过首长去实施。首长对党委负责，在紧急情况下，首长可以作紧急处置。总政制发之党委条例草案，对于党委工作的规定，大家认为全部适用。为了加强党委工作，并避免党委会议和首长日常商谈工作之混同，会议决定：

1. 党委在党内还须进行基本认识的教育。

2. 把党委组织成员扩大到下一级甚至下两级去（如团委不仅有团级干部参加，必须有几个营级干部参加，甚至个别连级干部参加），旅委与纵委同。

3. 旅团两级党委尽量召开党代表大会民选产生。

4. 明确党委领导和讨论重点为：

（1）研究和讨论党的政策及上级指示的具体执行。

（2）讨论和制定一个时期军事、政治、经济的工作方针与计划，并适时检查执行程度。

（3）掌握部队（特别是干部的）思想领导，并适时研究和提出思想教育内容和计划。

（4）研究和检查干部政策（选拔、培养、任用等问题）的正确实施。

（5）专门研究讨论某一个工作。

（6）三大民主的经常贯彻实施。

5. 党委会本身，注意民主集中制原则之运用，会议要有准备。

此外大家感到整个团领导将近二十个支部不方便，一致主张营一级须设营委，督促各支部对党委决议的执行和着重于党务工作上。军区、分区同志感到区党委和地委常来不及照顾军事工作的领导，要求在区党委、地委之下，再建立军区党委和分区党委，以专门讨论研究军区、分区工作，已准允试行，这还须中央统一决定。去年冀南军区和冀鲁豫军区，都曾经有此建议。此次总政所发党委工作条例草案，亦有这一项。

（二）政治机关工作须整理。个别纵队在大别山曾因紧缩机关，把各级政治机关都变成工作场了。一般的民运、敌工部门工作不健全，宣传队的组织与工作都须加以整理健全。纵队新华通讯社分支应即建立，通讯报导工作还须加强。过去一年余工作，一个带普遍性的问题，就是发扬群众积极性，如立功运动、表扬英模、王克勤运动[4]、互助组、思想教育等一系列的群众性的政治工作方法，对于执行中央改造政工、克服政治工作中的教条主义、形式主义任务，有很大的成绩。但经常性的工作被忽视，注重优点的发扬，忽视缺点的克服。一到严重情况下，就暴露出很多问题。确定今后一方面要继续保持与发扬过去群众性的政治工作，一方面要注意经常工作、基础工作的建立。应特别加强支部工作的建设，以及支部为基础的经常的政治教育，以及经常的工作检查，总结报告制度的建立。干部的经常教育、考核工作已废弛，应加以整理。再其次，在为消灭中原蒋军、解放全部中原、建立中原解放区而奋斗的教育中，还必须继续联系关于坚持大别山斗争的思想教育。各纵（尤其一、二纵）都有相当数量的干部战士对于大别山不感兴趣的情绪，须要大力克服，主要的要从政治上、从大别山在中原战略地位上去具体说明其重要性，并继续加深艰苦奋斗、不怕困难，准备随时回到大别山，不怕山地行军作战，准备继续全部解放中原山地和平原，彻底地消灭蒋介石的教育。

（三）群众工作和正确执行党的政策问题。群众工作即须根据新区情况的基本分析和斗争策略的重新确定，而作大的改变。许多宣传内容、口号及做法，须重新规定（另详）。部队在执行党的政策问题上，首先必须克服不少干部中只认识枪杆子打天下的作用，而忽视其他各项政策的作用的片面思想及客观上不断地严格检查督促。正确地执行政策中，与每一个人每天生活密切关连的不能缺少，而对于人民利益影响最大、最广的问题，就是部队粮柴供应问题。讨论中共同意见是，停止打土豪后，在有政权的区域严格执行粮票制度。在崭新区严格执行粮柴征收政策，征借面不限于地富，而应扩大到中农以上，并明确地规定各阶层人民征借标准。方针是：一方面保证军粮，一方面使应征家庭还有必需的相当的食粮。各团（每营一个组，团直一个组）、各旅直、各纵直之筹粮队，必须整理。调出不适宜的人员，调补好的进去，并加强政策教育，尤其学会分析阶级和征借粮食政策的教育。加强供给部门的领导，供给部门均应设政治委员，此政委并兼筹粮的政委。以后筹粮队在组织上隶属于供给部门领导，而在政策执行上受政治机关监督检查。粮食应成为供给部门工作中心。为了停止筹粮中多借、强借、贪污等弊端的发生，应用政府名义，制发固定数字的粮票，按各单位人数，每月发给一定数字的粮票，禁止打白条，并在群众中公开宣传解释我之粮票政策。大军集中作战，司、政机关须经常根据地方、党政材料通报地方粮食情况，并及时划分各部队征借，严密地区，免争夺粮地。部队必须经过敌我多次往返之军事要地行军作战，而当地又因敌我骚扰过多，不能再行征借粮食、柴草时，除采取事先携带一定粮食进入该地区外，可以酌量发给若干购买粮食、柴草的现款，以便在这类地区暂时实行若干天数采购办法。因情况行动紧，若各单位有过多粮食来不及移交地方政府或交群众分藏，而必须分给群众须作损失报销时，必须要有连队政指、支书、士兵委员会主席、经委主任之联名报告，团筹粮组之证明，才能有效。缴获敌人的粮食，由供给部门统一分配。

（四）连队支部工作问题。为了加强支部工作，使其真正能起连队的堡垒作用，一致认为必须实施支部成为连队最高领导机关的原则，支书实施民主选举，一切工作经过支部的领导。连长、政指须经常在支部会上报告他的工作。会议以前，只个别部队已开始实施总政支部条例草案原则，并已获得了一些成绩。这里主要的问题是连长、政指工作与支部工作密切结合一致的问题。执行得好，对于连队支部工作、行政工作、政治工作的结合与加强有帮助，能提高支部的作风，可以防止某些连排工作恶劣倾向的发生。已决定于民主运动之后逐步实施。

刘邓张

六月十六日

注　释

〔1〕刘邓，指刘伯承、邓小平。刘伯承，当时任中原军区、中原野战军司令员。

〔2〕际春，即张际春，当时任中原军区、中原野战军副政治委员兼政治部主任。

〔3〕任穷，即宋任穷。

〔4〕王克勤，原系被抓丁入伍的国民党军士兵，一九四五年十月邯郸战役中被我军俘虏，补入晋冀鲁豫野战军第六纵队，后被提升为班长，在全班率先开展"思想、技术、生活"三大互助活动，收到很好的效果。这种活动先后在晋冀鲁豫军区和全军推广，被称为"王克勤运动"。

# 关于宛西战役的总结<sup>*</sup>

（一九四八年六月三十日）

军委：

谨将宛西战役总结报告如下：

第一，战役概况。

宛西战役是以第四纵队四个旅，第二、第十两个纵队四个旅，及桐柏军区五个团组成主作战兵团；另以第三、八两纵（陈唐[1]部）位于方城、象河关地区，第三、六两纵队位于叶县以东地区，第九纵于郑县[2]西南密县[3]地区，为保障兵团，担任牵制打援。战役于五月冬（二日）晨开始，至虞（七日）止，经过六天时间，主作战兵团先后攻克镇平、内乡、淅川、西峡口、侯集、大城镇，灰（十日）继克邓县[4]城，守敌第九师一个团及两个保安团，全部被歼，复于删（十五日）至篠（十七日）攻克光化、老河口两城，歼敌一零四旅、一六三旅各一部，约两个团。保障兵团之九旅，于元（十三日）攻克荥阳，歼敌一个团部及两个营。铣（十六日）在密县以西歼敌一二七旅大部。陈唐部队于寒（十四日）北移中，收复许昌，歼敌独二十一旅全部。是役共十六天，歼敌正规军第九师七十六旅二二六团、暂二十六

---

旅一个团部另两个营、一二七旅大部、一零四旅及一六三旅约两个团，共九千七百余人；敌保安部队全部被歼者五个团，大部被歼者十三个团，共一万二千余人。总计歼敌正规军及地方团队约二万一千余人，共收复镇平、内乡、淅川、邓县、光化、老河口、许昌、荥阳、密县、登封和町市及西峡口等区重要据点数十处。

第二，战役特点。

（一）本战役是在蒋匪新战法"大的使我吃不消，小的使我吃不着"与放弃次要据点、抓紧主要补给要点及实行盯梢等情况下进行的。我们采用优势兵力，突然袭击敌纵深薄弱分散的宛西四县的土蒋[5]，而不打南阳，避免了敌人向心集中增援，而我保障兵团强大，迫使敌人援兵不敢轻进，使主作战兵团取得了从容时间，完满达成任务。

（二）本战役主要敌人是土蒋，其在宛西有相当的反动社会基础与统治经验，情报灵通，人地熟悉，且在"小的使我吃不着"的作战指导方针下，一经发现我主力和企图，即会逃窜。我们采取了隐蔽秘密运动，由远距离突然奔袭包围即发起战斗，对溃散之敌实行猛进、穷追、搜剿等办法，以求得彻底消灭之。

第三，主要经验。

（一）这次战役，主作战兵团经四月三十日秘密运动至南召及西南地区，本拟于五月三日夜突然袭击包围镇平、侯集、内乡、淅川等敌，为加强突然性，临时又提前一日，于二日晨即完成对以上敌之包围任务，敌未及逃跑，这是很好的。但由于在战术上防敌逃跑思想不够明确，部署不够严密，因此除邓县之敌全部就歼外，余如淅川、内乡、镇平、西峡口等敌均于围攻过程中一部被歼，一部潜逸。这说明对这类土蒋，不仅在战役上要做到突然奔袭，出其不意，即在战术上亦须严密下网，防其逃脱，更不应以对敌正规军的老一套战法，摆开大架子，贻误时机。一旦包围，即应迅速猛攻，不予逃跑的机会，即个别突围逃跑，亦不至于漏网。

（二）在战斗的演变过程中，各前线指挥员机断行事，善于捕捉战机，决然投入战斗，方能获得良好战果。此次有些被围之敌，未能全部歼灭，除客观上敌人地形熟悉及地形不利于我们突然攻击外，某些指挥员不能就事机断，把打正规敌军的战法，呆板地用之于土蒋，既高估了敌人，又麻痹了对敌围困和严密监视，未能及时发觉敌人动机，给敌人脱逃余地，应以为教训。另一方面，九纵两个旅在敌进登封、密县时，一则机动地转入敌后，迅速坚决地攻下荥阳，歼敌一个团部两个营；一则在登封撤退时，结合地方武装，抓紧战机，看准了火候，机动果敢地向敌出击，将敌一二七旅大部歼灭，继而收复密县。第二、十两纵队在吸引张轸[6]西进时，果敢机敏，由佯动的任务一变而攻克光化、老河口两城，歼敌大约两个团，这是值得发扬的。

（三）我们把打的目标和战场选择在远离铁路和中原西部的宛西，这就使敌不能很快增援，更不易向心集中。张轸一面的直接增援兵力既不多，而且被我阻击迟滞不前，北面的四十七军和七十五师等敌距离更远，只有徒唤奈何而已。

（四）保障兵力雄厚，使主作战兵团毫无顾虑地进行作战。陈唐三、八两纵及桐柏地方武装在方城以东阻击和妨害了张轸的行动。江汉武装乘机向当前弱敌出击，使八十五师腹背受敌，不能及时北进。九纵收复荥阳，威胁郑县并大部歼灭一二七旅。三、六纵控制了遂平、西平、郾城以西地区，使七十五师和四十七军的南援计划，根本成为不可能。三纵收复汝南，出击正阳，直接威胁敌补给咽喉之信阳、确山段铁路线，使敌慌忙增调五十八师向正阳驰援。诸如此类，就大大减轻主作战方面的顾虑，这种保持着有余不尽之力的保障办法，如有可能时，均可采用之。

（五）对土蒋，在我大军压境坚决搜剿之下，必须结合以政治瓦解，收效更大。此次初期作战，注意不够，而在后期对溃散之土蒋搜剿过程中，即一面坚决地军事追剿，一面宣传我党我军宽大政策，因之就争取了不少土蒋投诚或自动溃散，并有不少家属望彼辈及其子弟回家。

刘邓陈

巳陷

## 注　释

〔1〕陈唐，指陈士榘、唐亮，当时分别任华东野战军参谋长兼第三兵团司令员、政治部主任兼第三兵团政治委员。

〔2〕郑县，今河南郑州。

〔3〕密县，今河南新密。

〔4〕邓县，今河南邓州。

〔5〕土蒋，指以国民党军名义收编的土匪武装。

〔6〕张轸，当时任国民党军第五绥靖区司令官。

# 用党政军民一体化的
# 斗争反对敌人总体战 *

（一九四八年七月十六日）

豫西解放区是中原解放区的初步根据地，武装发展很大，这一胜利是各战场配合的结果。但在发展中存在着很多缺点，甚至有些严重缺点，如果思想上不认识的话，我们的工作就不能前进。某些县、区吃饭的人多，打仗的人少，土顽猖狂。我们有些部队内部发生叛变，据说敌人有计划打入我们里面，等待时机，里应外合，这在发展过程中是不可免的。如果我们注意得好些就会克服这些缺点，麻木不仁就会吃大亏。这次大会就是要解决这个问题。

由于我们军事上的胜利，有些同志思想上麻痹起来，工作松懈了，丧失警惕，认为天下太平，而敌人正在组织反攻。我们应体会毛主席的思想方法，整个形势是乐观的，但在处理具体斗争问题上，应特别谨慎，兢兢业业。例如，对于美蒋我们是鄙视的，不能丧失信心，但是在具体问题上应特别慎重，不能粗心大意。中原战况是胜利的乐观的，蒋介石为了巩固江南防线，结成长江防御，企图把战争引到中原战场上来，牵制我们的兵力。由于两个月来，我们政治上失

---

\* 这是邓小平在豫西军区干部会议上的讲话。

掉警惕，敌结合土顽向我袭击，使我们遭受到不应有的损失。据说胡宗南要调两到四个师到中原，有的说要调东北及山东的部队到中原。总之，敌人挖肉补疮，兵力不够分配是确定了的，但敌人的阴谋计划不能不引起我们的警觉，不允许我们再麻痹下去。要看到敌人垂死的一面，要有胜利信心，也要看到敌人挣扎的一面，要有足够警惕。最近国民党向我们进攻，这个进攻是利用了我们麻木不仁、熟视无睹、停止土改、党内思想混乱、群众思想混乱以及我们屯粮支差宣传解释不够、方法不好等弱点。我们的工作不应看表面轰轰烈烈，而应踏踏实实。

蒋介石为了挽救其危局，实行党政军民特的总体战，即冈村宁次[1]的"总力战"[2]。今天我们要觉悟，用党政军民一体化的全力斗争，反对敌总体战，组织武工队、两面政权，运用抗日时期的经验，即反"治安强化"[3]的政治攻势，我们在思想上、组织上要充分准备对付胡宗南的进攻，否则就没有应付突然事变的准备，将会变成右倾机会主义。我们已经麻木了半年，希望在三个月中改变形势，我们现在被打醒了，但要冷静，想办法。

敌人是总体战，我们便党政军民一致起来对付。要广泛宣传我们的政策、方针、主张、态度，揭破敌人的反动宣传，占领思想阵地。镇压与宽大结合起来，没有镇压就显不出宽大，这就叫首恶必办，胁从者不问，立功者受奖。对持枪抵抗者，必须坚决消灭，对俘虏不能杀害。所谓首恶不是看官职大小，而要看作恶严重程度、群众痛恨程度，有时队长不杀，分队长要杀。所谓镇压不等于杀，警告、罚款、判刑也是镇压。

对返回的地主，我们态度要严肃，欢迎他们回来，但不哀求他们回来。要告诉他们，今天不分地，将来是要分地，现在不分是时机不成熟，教育他们应该奉公守法。对罪大恶极而须处死的要用法律判决，不准叫群众处理。对肃清土顽要有情报工作，在大别山时，将最觉悟的积极分子隐蔽起来，讲究秘密工作方法，这样工作就好办。例如，一个区有十个左右的隐蔽积极分子，那么我们的耳目就多了，工作就好办。

军事与政治结合，以政治为主。宽大与镇压结合，就是首恶必办，胁从者不问，立功者受奖。中间分子是跟着坚决者走，不跟着动摇者走的。

土顽之所以这样猖狂，是因为我们内部有敌人的内应。因此，今天要整顿我们的队伍，应很好掌握武装，不了解掌握武装，这是很危险的，因为中国革命的特点是革命人民拿起枪来反对武装的敌人。

我们要带好武装，首先要明确这个武装是干什么的，应该是反帝反封建的、共产党绝对领导的、人民大众的。这个武装成员要好，要工农基本群众，不要地痞流氓、地富分子，成分确实好。在这一基础上便要有训练、有组织、有纪律，才能有战斗力。不要看有些人会拍马屁、规规矩矩，这是会被麻痹的。对新武装要严密管理，不能采取放任态度，党委要负责改造部队，政治委员应该给部队上课，讲政策，平时接近部队，了解他们的成分、出身、社会关系、入伍动机、生活表现，紧急时才能掌握部队。

如何整顿部队？总的说，要态度严肃，办法妥善。（一）要有充分的思想动员；（二）要诉苦反省，启发阶级觉悟；（三）坦白后，既往不咎，今后严格；（四）根据情况分别处理，或拆散，或清洗，或送野战军；（五）各县成立独立团；（六）干部集中起来轮训与作战。

军区既要生长武装力量，又要使用武装力量，每一个分委、县委必须有思想准备，将地方武装升为野战军。县、区武装要经常到外边活动，要灌注野战军的思想，这是建军任务。建军原则上应加强主力部队，不能削弱主力部队，把老部队搞瘦，把新部队搞胖是错误的。要不断补充主力部队，不怕新兵减员，应以主力部队为基础再去发展。武装的发展应在巩固基础上求得发展，不应求数量而应求质量，普遍地要个别扩大，了解底细。

部队要整齐，军事、政治生活应严肃紧张，乱七八糟会影响部队扩大。反对散漫、混乱、无组织、无纪律的现象，必须整顿组织，严格纪律。

对敌斗争和建设军队都要统一在党委一元化的领导下，作为一个任务、一个方针，互相配合，全力斗争。必须肯定党委领导，不能有任何例外。

## 注　释

〔1〕冈村宁次，抗日战争时期曾任侵华日军第十一军、华北方面军、第六方面军司令官和中国派遣军总司令官。一九四五年十二月延安公布的日本战犯名单中，被列为首要战争罪犯。解放战争期间曾充当蒋介石的秘密军事顾问。一九四九年一月被国民党政府宣判"无罪"释放回国。

〔2〕"总力战"，是抗日战争战略相持阶段日本侵略者实行的政治、军事、经济、文化等各方面相结合，以控制占领区、进攻抗日根据地的战略方针。

〔3〕"治安强化"，是日本侵略者为扩大和加强在华北的统治所采取的法西斯措施。其主要内容是：对"治安区"（指敌占区）实行"清乡"，强化伪军、

伪组织，清查户口，建立保甲制度，进行奴化教育，以禁绝抗日活动；对"准治安区"（指游击区）进行蚕食，广设据点，设立封锁线，辅以特务情报网，以分割、压缩游击区，扩大占领面；对"非治安区"（指根据地）加强军事"扫荡"和经济封锁，实行烧光、杀光、抢光的"三光"政策，以彻底破坏抗日根据地的生存条件。自一九四一年春至一九四二年冬，日本侵略者在华北地区连续进行了五次"治安强化"运动。

# 一切工作方针、
# 政策策略都要切合实际*

（一九四八年七月二十日）

我们在中原盼望大家来已经很久了，你们这次来，增加了这里很大的力量。最近从华东也要来不少干部，从华北华东调到这里来的干部，将要达到相当数量了，这都是为完全解放中原和建设中原的伟大事业而来的。

把中原完全解放并建设成和老区一样的解放区，是不容易的。需要我们有正确的军事指导，不断地消灭敌人；需要我们有正确的方针、政策和策略；还需要我们有正确的工作方法；最后需要我们全体外来干部，真正全心全意为中原人民谋解放，为中原人民办好事。这样，就可以和中原人民联系起来，就一定能更早地实现我们所希望的目标。

我们到中原已一年了，这一年的斗争是艰苦的，但也并不像许多地方传说的那样神妙。一年来的斗争是有困难的，而且困难很多，不论在军事上和供应上都曾发生过很多困难。我们最近对过去一年的工作作了检讨，认为在新区困难是难免的，以后还会碰到，但有许多困难是我们自己的错误和缺点所造成的。

---

* 这是邓小平在欢迎华北区来中原区工作的干部会上的讲话。

　　当然，成绩也不小。这些成绩，根据中央和毛主席的估计，是很大的。我们发出的"六六指示"[1]，提出了一般的估计都经过中央的审查，对成绩方面特别又加重指出了。下面这段话，便是中央加上去的："不但如此，由于我们的进军吸引了大量敌人到中原方面，这样就从根本上破坏了敌人将战争继续引向解放区企图彻底摧毁解放区的反革命计划，而将战争引向了国民党统治区域，不但保存了原有解放区的基本区域，而且使我各路友军在山东，在苏北，在豫北，在晋南，在西北，在东北等地顺利地歼灭了大量敌人，恢复了广大失地，使全局都转入了攻势，我们的辛苦并不是白费的。"下面的一段也是中央加上去的："这对错误和缺点来说，恰恰是我们最主要的一面，而且就是这些错误和偏向，及因此而造成的若干混乱现象，也是可以纠正可以补救的。事实上，最近几个月我们在许多重要问题上业已大体上获得了纠正或者正在纠正着，并且已经产生了良好的结果，便是很好的证明。我中原全党同志必须对于上述各项成绩有足够的估计。如果在指出自己工作中的错误和缺点之后就忘记了自己工作的成绩，忘记了最主要的一方面，忘记了我们据以前进的基础，好像我们什么事情都做错了，并因此损害我们对于胜利的信心，那就是完全不对的，那就是右倾机会主义的观点。"

　　同志们，你们到中原后，会遇到很多同志，他们会跟你们交流很多成功或失败的经验。但也有些人，给你们散布失败的情绪，你们必须有清醒的头脑，要晓得在中原坚持斗争的人中，是有右倾机会主义者的。我们与蒋介石的斗争是有困难的，革命就是困难的事，要革命就不怕困难，怕困难就不要革命。

"六六指示"对一年来的斗争有全面的基本的总结，写了十二条错误和教训，同志们可以研究，这里不详谈。我只谈这十二条错误发生的原因。这原因归纳起来基本只是有两条或三条：第一条是主观主义，表现形式是经验主义；第二条是没有全盘地考虑新区的方针、政策和策略，搞"左"了；如果说有第三条的话，则是干部作风不好。以前两条来说，主要由领导上负责任，第三条即需全体干部来检讨。

为什么"左"了呢？主要是不从客观情况出发，而是从主观愿望出发，以为半年内可以解决中原的土地问题，提出"半年完成土改"，脑子想"枪杆子加土改"就可以把中原问题解决了。曾经从领导到一般干部，有一股热劲，就是想凭这个来解决中原问题。因此有时就不讲政策、策略，不讲方法，开始还利用保甲做些事，后来就来了个"左"，很快就形成了混乱。

如果我们开始就利用抗战时期的经验，也就好了，但我们在华北有过一股风，认为抗战时期的经验都是错误的，认为对的只有土改，是"扫地出门""搬石头"，以为只有土改方能发动群众。在这里实行平分的结果，是地主、富农上山了，中农也上山了，地富拿起武器与我对抗。

假如我们搞得稳当一些，团结了一切可能团结的力量，这样地富中是有一部分会到我们这边来的，我们也不至于有如此大的困难。我们刚解放时，一般中小地主并没有跑，由于我们的"左"才造成这样的困难。有些地方搞得厉害，连人都没有了，这是不是群众落后呢？不是，这是十足的主观主义所造成的恶果。

什么工作都必须从客观实际出发。首先就要闹清环境、情况、敌我力量的对比。我们则是忽略了敌人的力量，忽略了中原的完全解放还需经过艰苦的工作。我们控制的地区虽有些样子，但在某些地区还可能有拉锯的现象发生，还需经过艰苦的反复的斗争。认为新区已万事大吉是错误的。毛主席指示我们，确定方针政策时，首先是正确地估计情况。在中原是不适于土改的，我们一来就犯了这个错误。

其次，是看群众的觉悟程度和组织程度。不是干部想怎么做就怎么做。过去有过恩赐观点，这与群众本身要求和群众觉悟是脱离的。过来了之后，我们为某些假象所迷惑，把群众一时的热情当作群众自觉的觉悟。虽然开始时是会有些积极分子、勇敢分子（有好的，也有投机的），但也仅是少数人的行动。表面的轰轰烈烈，不能说明群众的真实觉悟。所以我们有四百万人口的地区分了田，但中间有百分之七十至八十是假的。我们也有些地区确实做得不坏，但被敌人集中力量摧毁也就垮了。群众说："田是愿意要，就是不敢，人家力量大。"群众是从实际出发的，是从他周围环境、本身利害出发的，而我们外来干部则是从完成任务出发，不从实际出发，提出过分要求，失败是当然的。根据群众的觉悟与组织程度，决定运动的进程，这一点是很重要的。就是减租减息，也是如此。

再次，就是决定于干部的准备工作。现在这里的干部是来自各方，各有一套，总的都抱着"左"的情绪，否认过去一切，否认开明士绅，否认三三制[2]，否认中小地主会中立，否认工商政策。他们各有各的办法，作风也不一致，互相不服，这样就把事情闹坏了。干部思想应有准备，我们对这一点是忽略了。过去苏区实行土地平分，也是有过三年准备的。现在我们都忽略了这些经验，忽略了群众的觉悟和要求，也忽略了抗战时期的经验。这些，在领导上都是主观的，所以便犯了错误，使工作遭受了损失。

第二条，就是方针、政策、策略错误了，总的说来是"左"的急性病。在"左"的情绪下，就不考虑策略、政策了，对华北好的经验未考虑，坏的则集中了很多。在政策方面有几个大问题。

首先是农业社会主义，或叫农民社会主义，表现出很大的破坏性。这次来了把许多建筑物破坏了，把地主富农的一些东西也破坏了，这就造成社会的严重问题，给我们自己增加了困难。工商业不能恢复，市场萧条，交易停顿。如内乡、镇平一带的纸厂百分之七十被破坏了，这样就使很多人失业，成了严重的社会问题，把人民的生活依靠打断了。毛主席说，到新区首先是不要搞滥，搞清情况再搞。豫西七百万人口中，有一百万人因"左"而无法生活，我们的意愿是好的，但办的事是坏的。

还有分浮财问题，好是好，有些人也真高兴，但也只是些勇敢分子分得多，真正的劳苦群众倒不见得分到多少。然而，因为把地主富农阶级的浮财分配了，负担就很快地加在了中农身上，中农受不起，负担也便压到了贫农身上。表面上是为群众，实质上反害了群众，对战争的供应发生了很大影响，结果是一步一步脱离了群众。

光看一时不看长远，只看局部不看全局，是一定会失败的。中原有些地方，中农也反对我们，就是我们自己把社会搞乱了，使自己陷于孤立。

政策不能凭脑子想，要根据群众意见。譬如，最近从陕南来的同志说他们访问了群众，群众说："只要取消苛捐杂税，不抓丁，再休养两年，我们就可以把土地赎回来。"这是群众意见，是群众要求，我们根据群众要求这样做，不是也可以发动群众吗？可是我们的同志却迷信土改，这当然会犯错误。

关于开仓济贫，群众是并不同意的。曾有群众向我们建议，说不要分，让放着作军粮。我们对群众这样正确的意见，未加分析，未加考虑。事实证明，开仓济贫的结果，我们没有了军粮，很快加重了群众的负担，吃亏的还是群众。

我们有些同志，认为法庭不是群众路线，也是错误的。我们的法庭就是保护群众利益、镇压反动派的。

我们体会不到群众具体的利害，因此就常常要脱离群众。

在陕北时期，群众中曾有过一句传言"雷击毛泽东"。许多同志都说这是特务造谣，对特务应如何处理，但毛主席却说："群众为什么不反对呢?"于是他就细心研究，发觉了是由于负担过重，所以群众对特务的谣言就不加愤恨。毛主席根据这一句简单的话，提出了大生产的号召，因而改变了陕甘宁的工作。这是从群众利益出发的范例，值得我们学习。

这一段工作错误的原因，主要的是上面两条，就是主观主义和方针、政策、策略的不正确，总的是急性病。第三条是干部作风不好，除贪污腐化外，还有极端恶劣的强迫命令，自以为是，官僚主义的作风。这些作风造成群众的不满。有些是任务紧迫所促成，领导上要负责，有些则是干部自己要负责的。也有些同志作风是好的，但作风不好不是个别的（经纠正后好些了），因此，外来干部的作风是很重要的，这是联系群众的最重要的一环。

毛主席和中央对中原的斗争估价很高，但是我们如果做得稳当些，就可能更好，许多困难是我们自己造成的。现在我们已大体总结了一下，写了个"六六指示"，我们今后要根据这个指示进行工作，同志们要好好研究。

在工作中一定要反对主观主义、经验主义。任何工作必须强调调查研究，一切工作方针、政策和策略都要切合实际，对新区情况必须不断了解。新区情况是复杂的，社会经济结构、风俗习惯及政治结构都是不同的。如豫西土匪很多，而且许多现已成为土蒋是个特点。这是新的情况，应有新的政策。如宛西、内乡一带，靠工业为生的很多，这与一般农村情况不同，农村阶级关系也有很多不同，应很好研究。再如抓丁问题，华北就不是问题，而这里，在群众中有极坏极深的印象。许多问题是新的，必须有新的政策、策略和新的工作方法。

我们的工作要充分利用过去的经验，但要反对迷信，最主要的是反对迷信自己的经验。坏的不能要，好的也要批判，使之与实际结合起来。不然在华北是正确的，在这里也许是错误的，这一段工作中已经得到教训。同志们不要迷信过去，应当学习新的，开始是会遇到困难，但要由学习逐渐达到熟悉。情况熟悉了，外来干部本地化了，就好办了。

在工作中要有政策思想和策略思想。我们日常每一个举动都是代表一个政策策略思想的，问题是正确的或不正确的，自觉的或者不自觉的。我们要仔细考虑，多用脑子，减少盲目性，加强自觉性，这样就会少犯错误。思想不是空想，要接近群众，集体讨论，搜集各阶层的意见。每件事要考虑到现在，也要考虑到将来，照顾到局部和整体，例如分浮财、打土豪，开仓济贫，就不能再用了。

全党有毛主席的正确的路线、方针和策略，但我们这些高级领导干部，在政治上还不成熟，中原局也是如此，一般同志更是如此。

不能迷信自己的经验，硬搬老经验是非犯错误不可的，要好好学习。我们的策略原则，就是毛主席的七句话，必须要记住，前四句"争取多数，打击少数，利用矛盾，各个击破"，后三句"发展进步势力，争取中间势力，反对顽固势力"。这七句话是万应灵丹，只要你会用。其中重要的就是多数的问题，多数即百分之九十以上，我们一切工作和方针政策必须要照顾这一点，争取百分之九十以上的群众。

过去的所谓百分之九十以上，往往是假的，只是少数人包办代替的。群众在大会上举了手，并不一定等于思想上赞成。我们做任何工作，都要掌握这一条，争取大多数。只有大多数赞成才会成功，才算是胜利。地主中能争取的要争取，明天的敌人，今天就要争取。争取多数，团结多数，减少敌人，对我总是有利的。我们过去把不应逼走的人逼走了，孤立了自己，这种没有政策策略的思想是错误的。

我们共产党人有一个好处，就是吃了亏回头，历史上的教训要很好地记住。现在有的地方，地主反攻。对地主的反攻要冷静地对付，不能再犯过左的错误。要掌握方针，想各种方法坚决地打退，镇压与宽大相结合。镇压并不一定就是杀人，出布告，警告，利用法庭处分等都是镇压，如再盲目地乱干就又会犯错误。头脑要冷静，从领导同志到每个同志，都要注意这一点，要多用脑筋。

总之，我们的方针政策必须明确，不明确是无能。工作上必须是有步骤有分别地处理。

最后，华北来的同志，要树立好的作风，这是个最大的责任。要把好作风变成本地干部的作风，变成人民的风气。

我们的作风，最容易为本地干部所学习。过去华北的强迫命令是怎样来的，就是八路军到华北带去的。现在因干部思想准备不够，也就带到中原来了。这样发展下去，一代传一代，很不好。我们的责任是带来好作风。我们应有三个好作风：第一是民主作风，第二是切实朴素，第三是艰苦奋斗。总起来就是为人民办好事，不要给人民办坏事。我们是老师，老师坏，徒弟一定坏。常言道"上梁不正下梁歪"，这当然是古人说的。"十年树木，百年树人"，养成一种好作风是不容易的，但好风气可以造福万代。

另外，一定要培养本地干部，这也是一个责任。没有本地干部，就不可能发动群众；没有本地干部，外来干部就只有命令主义。工作好坏是同我们培养本地干部的多少、质量成正比例的；我们工作的发展，也是与我们培养本地干部的数量、质量（使他们在政治上、作风上都是好的）成正比例的。

最主要的是注意这几个问题。

同志们在思想上已有准备，来时有中央负责同志作了报告，与没有准备的同志不一样。把中原建设成一个解放区要费很大的力量，敌人还要争夺这个地区，困难还很多，这就需要我们大家共同努力。

# 注　释

〔1〕"六六指示"，指一九四八年六月六日邓小平为中共中央中原局起草的关于执行中央土改与整党工作指示的指示。这个指示以《贯彻执行中共中央关于土改与整党工作的指示》为题，收入《邓小平文选》第一卷。

〔2〕三三制，是中国共产党在抗日战争时期的统一战线政权政策。抗日民主政权中人员的分配，共产党员大体占三分之一，左派进步分子大体占三分之一，中间分子和其他分子大体占三分之一。

# 关于财经问题的意见<sup>*</sup>

（一九四八年八月二十九日）

刘陈邓[1]：

（一）中央已确定华东、华北两区合并，干部仍在商讨中。

（二）我们过去对中央财经部及华北局缺乏系统报告，多系具体问题的请示或要求，以致中央及华北局对我们的财经情况很少了解，很难及时指导与帮助，此种现象我们需要纠正。

（三）来电所需中州券数目很大，特别是小票数目大，与过去请华北局准备的数目相差颇巨，使华北局在准备上发生困难。现华北局仍存有已印出之大票三十亿，是否立即运过去望立告。中州券发行的办法及计划未报告中财部，也是不对的。

（四）我们与中财部研究，在目前急需排斥法币的条件下，冀钞[2]应延长使用时间，不宜过早禁用。现洋亦应按原计划在九月份停止兑现。还须考虑到在禁止兑现后，中州券的价格必然逐渐降低，故目前似不宜再印五元、十元钞。我们的印刷及发行计划请研究后，迅速报告中财部批准。

小平

---

* 这是邓小平在河北西柏坡给刘伯承、陈毅、邓子恢的电报。

## 注 释

〔1〕刘陈邓，指刘伯承、陈毅、邓子恢。陈毅当时任华东野战军司令员兼政治委员、中原野战军第一副司令员。邓子恢当时任中原军区、中原野战军副政治委员。

〔2〕冀钞，指冀南钞票，是晋冀豫边区冀南银行发行的法定货币。一九三九年十月开始在冀南、太行地区发行，后在整个华北地区流通，对保障和促进华北地区生产、贸易和经济建设起过重要作用。一九四八年十二月中国人民银行成立后，发行全国统一使用的人民币，冀钞停止发行和流通。

# 南进部队均须开始准备*

（一九四八年九月五日）

　　第一，敌人第二年的兵员要比第一年充实。我们估计，今后一年敌人补充兵员的数目不止一百万人，因为敌人抓兵厉害，如敌第五军等部就有一套抓兵机构，兵员补充得很快。我们还应估计到蒋介石最后还可能学习阎锡山[1]那一套抓兵办法，"兵农合一"，因此，敌人今后补充兵员问题是值得注意的。

　　第二，在外线作战，我之方针是主要取之于敌是很对的，但军委应考虑到外线作战是否能完全自给？根据两年的经验，第二年的弹药缴获少于第一年的缴获。现在的战争的特点是消耗大，如豫东战役[2]三个纵队攻击，九个纵队打牵制战，单单我们牵制张轸几十天作战，就消耗了一万发子弹，因此弹药发生很大困难。另外，人员补充问题，开封、豫东战役俘敌四万人，实际不止此数，但最多补充部队不过三分之一，自己伤亡不过二万人，因为在转移中减员，特别是补入的俘虏无训练及三查诉苦[3]，故逃亡更大，因此部队实际补充人员不大，军队数目比原来人数减员二万人以

---

　　* 这是邓小平在河北西柏坡召开的中共中央政治局扩大会议准备会议上的发言。

上。这说明在外线作战，如稍稍陷入被动就有很大减员。即在平时大兵团的消耗量也不小，一次行动即可减员千人以上，如我们四个纵队从豫皖苏转移豫西行抵平汉路边时即逃亡一千余人，这还算是好的情况，否则减员更大。当然这与工作做得好坏是有关系的，但证明大兵团作战，消耗量是很大的。还有，在外线作战遇到的困难还很多。因此，在外线作战的顾虑很大，这些困难在外线作战均须计算在内。对这些困难我们应该强调自己解决，但军委在计算全盘问题时应加上这些条件。

　　第三年的战争规模与第二年不同。一个战役往往带有战役的会战性质，这样要求我们的兵员充足，弹药充足，否则就发生困难。第三年规定我们歼灭敌人三十个旅的任务，并不太重。按中原自己本身的任务分配，华野应该担任五分之三，约歼灭敌人十八个旅，我们中野担任五分之二，约歼灭敌人十二个旅。现在已经在七月份完成了歼灭敌人五个旅，还有歼灭敌人二十五个旅的任务，如果机会遇得好，打几仗就可以完成。但因敌人谨慎，保密困难，很难打到如意的仗。机会碰得好，一次可以搞掉敌人五六个旅，找不到机会，可能几个月都是沉闷的，消灭不到敌人。总的来说，对中原消灭敌人三十个旅的任务要求是可以完成的，但请给以适当的补充。目前部队兵员情况尚可作战，如连续打下去就有困难，主要是到明年初不补充兵员就会发生困难。在中原区，根据目前新区情况扩兵是困难的，因为工作还差，人民存在普遍厌战情绪。如果今后我们工作做得好，减租减息有成绩可能扩到兵员，这要看今后情况决定。我们兵员今后半年内能保住原本就是好的，但到明年上半年，兵员就会成为问题。总的说，在外线作战任务不大，困难却有，如在第三年，兵员能补充三万人，部队就能保持作战。如果在第三年兵员能保持原本，并再补充兵员至少两万人，即可南进。

第三，中央军委提出集中统一正是时机。我们拥护中央军委统一起来，希望军委要有计划地统一计算与分配，这就好办事了。比如供给制度与标准需要统一，否则部队待遇不一，相互影响甚大。建议战士的生活标准稍为提高一点，因为战士虽然吃五分钱的菜，尚赶不上地方军三分钱的菜吃得好，野战军每到一地，物价高涨，故钱花得多却吃不好。

第四，对明年渡江的准备，我们在政策方面可以说大体上有些准备与经验，但其他许多具体问题尚待准备，如思想准备、干部准备都是重要问题。干部怕过长江，即使是江南的干部亦不一定愿过长江。再如，野战军从大别山出来后，减轻了大别山的困难，但谈起大别山来，就有些"谈虎色变"，这在思想上需要加强与提高原则性的教育。三万余名干部的准备已有决定。其他的，如医院、电台、技术人员配备计划及武器配备调剂适合南方山地作战，还有准备收容知识分子的学校架子及前线剧团等准备，这些对今后到江南开展工作都是很重要的。凡准备南进的部队均须开始准备这一切工作。

关于我军的纵队组成计划，由五十个纵队发展到七十个纵队就够了。目前主要是充实现在的五十一个纵队，如果每个纵队保持三万人数量就很好了。我野战军有一百五十万人，这就可以打遍天下。在老兵没有充实前不宜再组成新的纵队。

最后，还有一个问题。邓子恢同志来了一个电报，提出要求调一批干部的意见，内包括财经、党的宣传、政权、保卫及办荣校和伤员归队等各种干部。其中有向华东提名要求调去的，有请中央军委考虑从各地抽派的，希望能于雨季后，这批干部南下。

## 注　释

〔1〕阎锡山，当时任国民党军太原绥靖公署主任。

〔2〕豫东战役，亦称开封、睢杞战役。一九四八年六月十七日至二十二日，华东野战军八个纵队、中原野战军两个纵队以及冀鲁豫军区和豫皖苏军区部分兵力，在粟裕统一指挥下，攻克河南开封，歼灭开封守敌国民党军约四万人，击毙国民党军整编第六十六师师长李仲辛。为配合开封战役，中原野战军以第一、第二、第三、第四纵队及华东野战军第十纵队在西平、洪桥一线阻击国民党军张轸兵团及胡琏兵团北援。蒋介石为了挽回其不利战局，亲临开封上空督战，调集邱清泉、区寿年、黄百韬三个兵团，分路进攻开封。人民解放军主动撤离开封，于六月二十七日至七月六日将区寿年兵团部及整编第七十五师以及黄百韬兵团的三个多团，先后包围于河南睢县、杞县地区，经九昼夜激战，歼敌五万余人，生俘兵团司令官区寿年和整编第七十五师师长沈澄年。

〔3〕三查，指查阶级、查工作、查斗志。诉苦，指诉旧社会和反动派给予劳动人民之苦。三查和诉苦是一九四七年十一月到一九四八年秋，中国人民解放军进行新式整军运动所用的主要方法。

# 中原军区应组织补训团<sup>*</sup>

（一九四八年九月六日）

刘陈邓：

中央强调兵员主要取之于敌，力求不浪费一个俘虏。华北采取补训团的方法已收良好效果。中原军区亦应由部队抽人组织几个补训团，直属大军区，作战时配属给纵队，并严格规定所有俘虏必须送补训团指定安定地方训练，争取统一分配。克服在这一方面的无政府无纪律状态，最近作战即须注意及此。如何请考虑。

小平

申鱼

---

\* 这是邓小平在河北西柏坡给刘伯承、陈毅、邓子恢的电报。

# 中原区关于执行
# 加强纪律性等问题的意见<sup>*</sup>

(一九四八年九月六日)

刘陈邓李张，刘李并转任穷：

一、我们正在开会。这次会议<sup>[1]</sup>解决问题颇多，包括军事、政治、经济各方面。毛主席在几次会议及谈话中，提出全党当前任务，仍为"军队向前进，生产长一寸，加强纪律性，革命无不胜"四句话。但强调指出提高纪律性，即克服全党严重存在的无政府无纪律状态，为保障前两任务及革命胜利之中心环节。此种精神，从最近中央对东北局的批评和几个电示可以看到。中原局及中原军区对此应迅速检讨，成立一个正式的决议报告中央，同时发给各区党委、各纵队。我的意见应包括下述内容：

（甲）我们本身对此环节的意义了解极不深刻，或只了解成为报告制度及政策的统一性，而未充分认识无政府无纪律状态给予党的损害。

（乙）中原各区无政府无纪律状态是严重存在的。一年来的游击分散情况，不能不使各地带有较多的独立性，但因

---

* 这是邓小平在河北西柏坡给刘伯承、陈毅、邓子恢、李先念、张际春，刘子久、李雪峰并转宋任穷的电报。

此发展了无纪律状态。如各地各部队自出布告，自定政策，事前不请示、事后不报告，或报告不真实等现象，事实很多（应列举其大者）。

（丙）中原局及中原军区对中央军委报告不够，对下面的不报告多采取原谅态度，亦即是自由主义态度。

（丁）具体规定今年内克服此种现象的办法，特别强调党内的民主。

这是个人意见，请开一次中原局正式会议（张玺、陈谢[2]及附近纵队首长可到会讨论）作出决议。中央还拟有一个关于纪律问题的文件，待通过后即发下。再者九月份报告请按期作出。

二、军委规定中原区第三年歼敌任务为三十个旅，七月份已歼五个旅在内。依此计算，路西两兵团应担任十二个旅以上，粟[3]部应担任十八个旅左右，请告各部争取完成。

三、华北、华东已决定合并，饶[4]为第一书记。华北、华东确定今年不搞土改，而以生产为中心。中央同志意见，中原区亦应以生产为中心，联系减租减息、合理负担，请研究指示各地。

四、二局李永悌[5]部分已决定南下，三局[6]允调三十个报务员（华东）、三十个见习生（华北），器材亦解决一部，但卫生部门尚无着落。此外，政府秀林[7]可来，大学中央同意抽一部来，正与北大[8]商议。财经干部已批准我们所提二百数十人的计划，华北、华东各半。地方工作干部，毛主席决定不再派到中原，而集中准备三万余干部作为明年战略发展之需，卜盛光[9]大约可到中原区，其余希望不大。

五、今年华北、华东确定不扩兵（确有困难），年底拟扩一部，数目尚待研究，军事问题正讨论中。

六、会议不日可结束，会毕即归来。

小平<br>申鱼

## 注　释

〔1〕指中共中央在河北西柏坡召开的政治局扩大会议准备会议。

〔2〕陈谢，指陈赓、谢富治，当时分别任中原野战军第四纵队司令员、政治委员。

〔3〕粟，指粟裕，当时任华东野战军代司令员兼代政治委员。

〔4〕饶，指饶漱石，当时任中共中央华东局第一书记兼华东军区政治委员。

〔5〕李永悌，当时任华北军区司令部六处副处长，后任中原军区司令部第二局局长。

〔6〕三局，指中共中央军委作战部第三局（通信局）。

〔7〕秀林，即杨秀峰，当时任华北人民政府副主席。

〔8〕北大，这里指华北军政大学。

〔9〕卜盛光，当时任中共中央华北局社会部副部长，后任中原野战军、第二野战军政治部保卫部部长。

# 加强纪律性，走向统一<sup>*</sup>

（一九四八年九月八日）

完全同意毛主席报告中，关于形势的估计和今后的计划。按两年歼灭敌人二百个旅推算，再有三年，是可以打倒蒋介石的。即使蒋介石能补充一些兵力，也弱得多了。他占地方多，恢复元气的可能就少了。这种估计，要在党内在人民中宣传，要估计到人民中的厌战情绪，宣传只有好处，没有坏处，可使人民振奋，发挥他们的积极性。

对所提任务，特别对提加强纪律性是中心环节没有意见。无纪律状态最近这两年来是有发展的。因为打出去，客观上有这种状态发展的条件。自定政策、口号，报告不忠实等等，如任其发展，会造成损失。军队如果报告不忠实，浪费很多。仗还打得比较好，但也还有缺点错误。过去中原局对把加强纪律性作为中心环节提出来认识不够，只从要定时报告、不要自定政策两点来认识，但对这样做能解决重大问题了解不够。如克服"左"的倾向，是毛主席询问六大问题<sup>[1]</sup>时把我们问醒的。我们特别体验到在关键问题上得到中央指示之重要。

---

\* 这是邓小平在河北西柏坡召开的中共中央政治局扩大会议上发言的一部分。

我们对下面无纪律状态采取了原谅态度，犯了自由主义。当然，提高纪律性，同时也要提高民主生活，否则就会造成家长制，也不能提高纪律性。根据部队经验，提高纪律性，重要的在高级领导机关。如果善于掌握批评与自我批评，可以增加力量。

谈五年之第三第四年问题。前二年仗打胜了，有了很好的基础。但战争到了第三年是关键。这时敌人比我更大，从全体来说，我们比第二年更困难了。我们的兵力有所削弱，敌人有了经验，我们的弹药可以补给，但兵源就困难了。刘邓第一、二年各动员九万人左右。第三年最好能保持原来的兵力，如果减员二万人也是最好的情况。第三年，分配我们中野歼灭敌人十四个旅的任务，应完成，问题并不大，但有困难。困难还不在财政上。过去华东、华北是尽了力量的，应感谢。弹药也不成问题。最大的困难是兵源问题，动员太多，与"生产长一寸"有矛盾。设想还会减员，因此，要求干部去得及时一点。华野在中原确有困难，宋时轮部队生活就不好，发钱是寅吃卯粮，应预为准备。前方开销不宜过大，后方保障需要及时。这样对前后方团结好一些。困难要在胜利中解决，节约一点。外线作战，俘虏工作更要做好一点。

不仅要考虑第三年，还要准备第四年。这里边问题更多，要有十六七万人才能过长江，如果我们的兵力减到十万人，没有五万多人的补充，过江就困难。中原本身扩兵没有把握。第四年要决定胜利，明年上半年就要有大扩兵，否则就会有困难。第四年的准备，政策是基础，思想准备要充分。南方干部不一定愿意回南方。准备三万干部的计划大体差不多了。要估计到敌人一齐来打。华野的干部准备也是不足。以五十万人南进。如果二十万兵南进，要准备三百万大洋。

此外，医院以三分之一计算，就要四十七所，以二分之一计则更多。自己可以解决三分之一，还要三分之二，这是全国性的大困难。通讯，一军区得有三部电台，每纵得有三台，旅只要一部，还不要求到团。请准备四十三套，包括机要报务人员。服装的筹备是军容军威所系。武器的配备，九二式步炮由东北调来，用之于南线最适当。宣传机关、通讯社、剧团，中原一套也不能拿走，第三年就要准备。

走向统一非常重要，既能解决很多问题，又可增加效率。

## 注　释

〔１〕参见本卷《关于大别山区的几个问题》。

# 在豫西区党委
# 扩大干部会上的讲话

（一九四八年十月十五日）

我主要传达中央九月政治局会议[1]的精神，讲九个问题。

第一，七大以来党的成就。即做了些什么，得到些什么成绩。

在这次政治局会议上，毛主席说，党在七大前后，经过整风，把历史问题包括各区域的问题，作了总结。七大对现阶段的革命定了正确的方针。没有七大前后的总结，就不会有今天的胜利，今天的胜利是在七大前后总结的基础上取得的。七大以后三年来，许多原则问题已解决了，这证明我党的政策是有效的。全党在这种胜利的局面下，都是应该高兴的。七大以后，我们究竟做了些什么，有什么成绩？中央指出：

首先，我党的中央委员会及全党的领导骨干表现了比抗战时期更好的团结。这就是说，中央委员会与全党的领导骨干更好地团结在以毛泽东同志为首的党中央周围。此种团结使党能够应付好日本投降以来三年所发生的国际国内许多重大事变，并且在这过程中将中国革命推进了一大步。这三年来，我党摧毁了美国帝国主义在广大中国人民中的政治影响。大家知道，日本投降以后，曾有一个时期美国帝国主义在广大中国人民中的影响扩大了，特别是马歇尔的和平调处[2]，使中国人民发生了很大的幻想。那个时期，中国人民的觉悟程度还不能一下子看透美国帝国主义把中国变成其殖民地与附属国的阴谋，所以党采取了许多复杂的步骤去揭露它。例如，毛主席在重庆的谈判，我们之参加调处执行部，在每一步都揭露其真正意图。由于我党的方针正确，办法对，故能孤立美国帝国主义及蒋介石。美国帝国主义之真实面貌很快地暴露，我们很快地打破了它的阴谋，并很快地掀起了中国人民的反美帝运动，此运动至今仍是轰轰烈烈的。历史上，中国人民对美国帝国主义的面貌都是经过好多年才能认清。日本帝国主义侵略中国，也是经过多少年，中国人民才认清它的面貌。而我党在一年多的时间内，就使中国人民认清美国帝国主义的面貌，这是很大的成绩。

其次，三年来我党打退了国民党再次的叛变（第一次即一九二七年大革命时的叛变），打退了它的全面进攻，使我由防御转入进攻。二次叛变一来，我党即予以抵抗。经过了两年余的自卫战争，不仅打退了国民党军队的进攻，而且我人民解放军由防御转入进攻。两年战争的成绩是很大的，第二年成绩还比第一年成绩大。两年来（不算第三年）我歼敌二百六十四万人，其中俘虏一百六十三万人。再算第三年的三个月（七、八、九月），我歼敌五十万人，单单七月份即歼敌三十万人，比第一年、第二年更大了。两年内之主要缴获有：步枪近九十万支，轻重机枪六万四千余挺，小炮八千余门，步兵炮五千余门，山野重炮一千一百余门。人民解放军的正规军发展了将近二倍，即从前一万，现在就有三万。解放区的面积占全国土地四分之一弱，即百分之二十四点五。我人口有一万万六千八百万，占全国人口四万万七千五百万之百分之三十五点三，即三分之一强。我占领县城以上的大中小城市五百八十六座，占全国城市二千零九座之百分之二十九。此即战争之结果，我军壮大了很多。

再次，我党坚决领导农民实行了土地改革。到中央开会时为止，我解放区一万万六千八百万人口中已有一万万人口的地方彻底完成了土改。附带说一说，许多人不愿意老区搞土改，说"'左'了，乱子很大"，这是不对的。假如没有全国土地会议及土地法大纲，即不可能有此成绩。在此一万万人口的区域内，地主及封建富农的土地已经分给农民，首先是贫雇农。

再次，三年来我党扩大了。一九四五年日本投降时，我党只有一百二十一万党员。历史上我党是不大的。一九二七年大革命时，只有五万党员，大革命失败后，一九二七年底减至仅有一万人。十年苏维埃土地革命时，党发展到了三十万人，但由于四中全会[3]后机会主义的领导，苏区百分之九十自己搞垮，到长征后仅剩三万人。由于遵义会议[4]后，以毛泽东同志为首的中央的领导正确，又增加到一九四五年的一百二十一万。此后我党又继续胜利和发展，到现在已有三百万人。此象征着我党的发展和胜利。故毛主席说："这是应该高兴的。"同时党在最近一年内，基本上克服了或正在克服着党内的成分不纯、思想不纯和作风不纯。成分不纯即地富成分，思想不纯即地富思想，作风不纯即官僚主义及命令主义。今豫西区党委的会议即属于正在克服这三种"不纯"之列。因豫西情况紧张，整党不够，故此种现象还严重存在。凡整过党的地方均基本上克服了。有人说整党不对，是错误的。拿中原来说，部队整党发生了很好的效果。一年来党的许多重大成果都是与整党不可分离的。共产党员不应有地富思想，入党后还不肃清就有地富思想。毛主席说，凡入党者都是无产阶级先锋队的一员，若入党后还有地富思想，即使成分好还是不够格的。有封建思想，有官僚主义，压迫人民，均是地富思想。如某旅搞个戏班子，脱离人民群众，是封建统治思想。如拐河区区长，叫群众出九百斤粮食来唱戏是地富思想。即使是工人成分也会有地富思想、地富作风。这些现象，我党基本克服了。所谓"基本上克服"，还不是一切人、一切地区都克服了。中原区还差远哩！豫西应列入"继续克服"一类。同时，我党在三年内特别是最近一年内，克服了或继续克服着土改中发生的一些危险倾向即"左"的倾向，主要是侵犯中农、破坏工商业、乱打乱杀三条。这些错误为什么会产生呢？土改是"黄河主流"，是完全正确的。毛主席说了，黄河主流向东流，但产生了三个"浪花"，即侵犯中农、破坏工商业、乱打乱杀。总的说即"左"倾冒险主义的错误，如不纠正就会"决口"，就要"改道"，就会犯路线错误。毛主席拿"侵犯中农"来说，"冒险主义"这名词还不恰当，冒险主义是指先锋队脱离了后备队，是指党脱离了群众，是在敌强我弱的情况下蛮干，也就是说是指对付阶级敌人而言的。中农不是敌人，是自己人，说侵犯中农是冒险主义还太高了，用列宁的话来说是"违犯

了一切共产主义的原则"，毛主席说"这是流氓主义"。这些
问题之所以发生，中央也要担一点责任。历来中央的方针都
是正确的，历来中央都反对侵犯中农、侵犯私人工商业及乱
打乱杀的，在抗战时期中央就规定好了的。中央的责任是在
此次土改中未重新反复地、有系统地说明，特别是针对党内
不纯的情况又重新有系统地说明。这是中央的自我批评。当
然我们也要自我批评。中央指出，党内领导干部马列主义理
论水平不高，政治上成熟不够，许多主要干部缺乏土地革命
经验，这是主要原因之一。毛主席举了很多例子，例如定成
分，马列主义定成分只是一个标准，即生产关系，即该人所
占的生产地位是剥削还是被剥削。一九三三年定成分即如此
规定，国际上马列主义也如此规定，但在抗战时期及土改
时，所看到的区党委级的干部却在定成分中有两个标准，即
加上了政治条件，有的乃至五六条，有的甚至算三代，这便
是马列太少。又如侵犯中农的问题，从列宁、斯大林起就规
定联合中农，中央从土地革命以来就如此规定，但偏偏违
反，这就是政治上成熟不够。其他如破坏工商业、打人杀人
等都是一样道理。因此，全党要提高理论水平，否则马列主
义原则、毛泽东思想是不能贯彻的。因为马列理论太少，就
会在经验主义里打圈子，很难接受正确方针。又如有的同志
说，到新区来不干土改干什么？好像失了业了，看得很狭
隘，拒绝转变到正确方向，这就是理论太少易犯主观主义的
错误，因此我们各级领导干部很难理解毛主席及中央之指示
和决定。另外，在某种程度上存在着严重的无纪律无政府状
态也是原因之一。拿毛主席的话来说，"无政府无纪律状态
在三年来或二年来发展到不能忍耐的程度"。如各自提方针，

各自提口号，事先不请示，事后不报告。报喜不报忧，报好不报坏，中央发现了一点就说一点，中央问下来是否有右倾，报告上来的一切材料都是反右的；中央问是否有"左"倾，一切材料又都是反"左"的，甚至还有各自为政的，还要抵抗。如豫西开高干会讨论停止土改时，有些同志则送信回去，叫下面赶快搞土改来对付领导，好像领导有问题。这就是对党用策略，这就是"发展到了不可忍耐的程度"。不准干的事偏要干，这便是到了不能忍耐的程度。此种无政府无纪律的状态，在这一年来基本上克服了或正在克服着，但中原区还是正在克服着，而且还严重，还是不可忍耐的程度。这是三个"浪花"发生的原因。

再次，过去三年，特别是最近一年来的伟大的激烈的革命斗争，以及我们对错误进行了认真的纠正，使得全党在政治成熟上大大提高了一步。除政治上成分不纯、思想不纯及个别有企图的人以外，只要愿意进步、承认错误，有觉悟的党员都会逐渐成熟。拿中原来说，只要稍有觉悟就会知道"争取多数、打击少数、利用矛盾、各个击破"的策略原则。同志们难道还不知道吗？

以上这是解放区内的成绩。

在国民党统治区的工作也有很大成绩。首先在大城市里，争取了工人、农民、学生、市民、教授、教员、中小资本家，争取了一切民主党派及人民团体站在我党方面，拒绝了国民党的压迫，使国民党完全陷于孤立，这是很大的胜利。去年十二月毛主席说，只有现在才可以说国民党完全孤立了。完全孤立国民党是不容易的。如中原在前一个时期，就未孤立国民党。国民党的完全孤立表现在我党主张、口号、路线的正确。其次我在国民党统治区，在南方的几大区域内建立了游击根据地，如闽粤赣、湘粤赣、桂粤、云南南部、皖浙赣及浙江省东南部等，游击部队都有相当大的发展。这是在国民党统治区的两大成就。

最后，在最近二年内，特别是在最近一年内，我党在人民解放军内实行了新式整军，即三大民主运动。这民主运动是有秩序、有领导的，是全体指战员一起参加的。同时在最近一年内，在军队中恢复了党委制及士兵委员会。这是毛主席在创造红军时期规定的制度，而后来被教条主义者取消了的。民主运动使我溶化了八十万左右的俘虏兵，使我战斗性、纪律性、政治觉悟大大提高。在解放区动员了二百几十万人入伍，我军壮大了。

解放区有相当大数量的工厂、铁路、矿山及商业，我们正在学习管理及做生意。

我们正在四千四百万人的区域（晋冀鲁豫与晋察冀合并成立的华北地区）成立华北局、华北人民民主政府，而且还在逐渐取得解放区更好更大范围的统一。

以上就是我党在七大后三年来所获得的伟大成就。这就是毛主席说"全党应高兴"的道理，这个基础决定了今后的胜利。

第二，对国际形势的估计。

对国际形势的估计与去年十二月中央会议时的估计是一样的，那时的估计今天完全适用，十二月以后的事变完全证明此估计的正确性。毛主席在十二月会议时提出的三条是：第一条，以美国帝国主义为首的世界反动力量确实在准备第三次世界大战，战争危险是确实存在着的。但以苏联为首的世界人民民主势力（包括中国人民民主势力）超过了世界反动派的力量。这是第二次世界大战的结果，此力量正在继续发展，也就是帝国主义力量正在继续下降。此力量的任务是必须克服战争危险，并且一定能克服战争危险，因此仗打不起来。我们的同志天天看报上说美英法与苏联闹得很凶，神经衰弱的党员与群众以为又要打起来了，实际上却是假象，那是纸老虎。毛主席及中央的估计是苏联与美英法之间的关系不是妥协或分裂的问题，而是迟早要妥协的问题。"妥协"是按照民主原则来妥协，即按照世界人民的利益的原则来妥协；"迟早"是指几年或十几年的事情，不是今天或明天的问题。帝国主义只能抓小辫子，不能抓大辫子。如柏林问题，美国叫了半天，苏联一封锁，美英立即说来讨论讨论。联合国大会上，美英要讨论柏林问题，苏联声明假如辩论，我不参加。阿根廷外长只得出来调停，只能休会。不是纸老虎被戳穿了吗？美国说要打通走廊，苏联说我飞机要巡行走廊，高射炮要试射。所以，只有神经健全的人才能看得清楚。第二条，妥协的内容。妥协不是在一切国际问题上都能妥协，这在目前美国反动派领导国际机构的条件下是不可能的，而是指在若干问题上包括某些重大问题可以进行妥协。五国和约[5] 即是一个例子，是按照民主原则成立的。但在目前，短时期内还没有可能取得重大问题上的妥协。不过美英法与苏联的贸易关系有扩大的可能，因为苏联与美英法都需要。第三条，在此形势下我之战略指导原则。苏联与美英法之间按照民主的原则之妥协是全世界人民民主势力对反动派做了坚决的、有效的斗争的结果，这国际上的妥协并不要求各国人民也随之来一个国内妥协，这个原则很重要。如过去苏联与美英法开德黑兰会议[6]、波茨坦会议[7]等以后，法国人民与资产阶级也来了个国内妥协，把武装交给资产阶级，结果吃了亏。中国即不同，我之斗争与世界上的妥协无关，我之斗争与世界上的妥协相反相成，世界上的妥协是国内斗争的结果。为什么各国不能根据国际上的妥协而妥协呢？因为各国反动派有一个原则，对民主势力能消灭则消灭，不能消灭则准备消灭。蒋介石对中国人民民主力量，法国反动派对法国人民民主力量都是采取这一原则。法国人民不懂得这个原则，吃了亏，中国人民过去也吃过亏。蒋介石历来就要消灭我们，即使打败仗到台湾、美国去，还是要消灭我们。因此世界人民对各国反动派应采取同样的原则，能够消灭则消灭，不能消灭则准备消灭，懂得这个方针才不会犯机会主义错误。

这是去年十二月毛主席对国际形势的估计，此外没有别的新估计。这一估计回答了怕美国原子弹、怕世界大战等问题，对精神衰弱者是一副定心剂。

毛主席特别告诉我们，世界和平是完全符合世界人民利益的。和平对世界人民有利，有人以为第三次世界大战对中国有利是错误的。总之，国际形势是很好的。苏联共产党的估计是"条条大路通共产主义"，只要不把武装交给资产阶级，不是不斗争就能进到共产主义。目前世界人民的力量已经发展到向共产主义前进的程度了。为什么要叫共产党？就是要到共产主义。地方主义就不懂共产主义，看得太小了。共产党员要有社会主义即共产主义的思想。今天任务已摆在世界共产党面前了。刘少奇同志说，在自卫战打起来时，党即估计打的前途有三种可能，打大、打小或保持原状。今天打出来的结果出乎预料，比我们所想象的最好的情况还要好，不但大而且多，将要胜利。

第三，战略任务。

中央政治局会议根据国际形势和自卫战争的成就，提出了下列战略任务：军队向前进，生产长一寸，加强纪律性。由游击战争过渡到正规战争，歼灭敌人五百个旅，大约五年左右，根本打倒国民党。毛主席说，"大约""左右""根本"不能去掉。过去抗战时期说二年半胜利。一九四三年太行到处贴标语，说今年年底一定胜利，结果到了年底，并未胜利。于是同志们说：毛主席样样正确，就是这个不正确。又如消灭二十五个旅，再说要增加到七十五个旅，后来要加到一百个旅，同志们却说不正确。有鉴于此，上面六个字不能去掉，因为同志们"数学太好"。这不过是差不多的数字，还要靠努力才行。五百个旅的估计是根据两年自卫战争敌我力量对比的变化而定的。根据两年来消灭敌人的数量，这是完全能够完成的，这是中央很谨慎的估计。现在已过了两年，还有三年。过去两年共消灭一百九十个旅。前两年地方小，困难。第一年内线作战，第二年打到外线去，还要看能不能站住脚。第三年东北大了，华北肃清了，济南也打下，中原站住了脚。国民党则小了，进攻时四百三十万，现在只有三百六十五万，我愈大，敌愈小。我不仅在战斗力上，而且在数字上也超过国民党。我人力物力更多，国民党人力物力更少。今年消灭一百五十个旅，是能够办到的。济南已消灭十一个旅，锦州有八个旅，太原有六七个旅，再消灭几个旅便可把数目顶上了。第三年好了，第四年、第五年更好。这是很谨慎的估计。所谓"根本胜利"，就是说，我在全国大部分及主要部分取得胜利。中国有好处也有缺点，便是地方太大了。国民党蒋介石打败了可以跑到台湾去，而我们没有海军，不能过海。或者美国帮他占住青岛，那我们可以慢一下打。可能同志们又要说毛主席不正确，"为什么还有青岛、台湾打不下来？"并且打倒蒋介石还不够，还要完全肃清国民党反动势力。这一点在我军队党内只可口头宣传，但报纸上不登，不对外广播。"五年左右"不长，只怕太快了，怕不到五年。因为我们准备不够，日本投降时我们就慌了一下，要占这里还要占那里。如打上党时只有司令、政委、政治部主任等，连伙夫也没有。临时组织了九个支队，来不及，弄得手忙脚乱。将来搞了许多新区无人管，中原三千万人口，即感到干部不够，再加上作风不纯，工作有很多毛病，对新区政策毫无准备。中原现有三千万人口，要三万干部。如三万万人口便要三十万干部。哪里来呢？加上有些同志不大想过长江，心里有些怕，不敢争取胜利。当然还有地域性的关系，北方人到南方，农民出远门，思想不弄通，都是困难。故五年左右只怕太快。说干部吧，假如真正按部就班地一年要多少，那还可以应付，若要一下子三十万，怎么行呢？我们城市工作是一步比一步进步，打漯河时搞得不好，影响很坏。打洛阳进了一步，打开封更进了一步，现在打下济南更有充分准备。要准备好才能进南京、上海，如拿我们那一套作风不纯搬到上海去，共产党不该被打倒，难道是玉皇大帝派来的吗？毛主席说：玉皇大帝三年不下雨，也要被农民打倒。故要有准备，即干部一项就无准备，打下南阳、郑州、开封，每个地方要一千，便要三千个干部，抽不出来。石家庄有三千个干部，洛阳只有三百个干部搞不起来。开封、郑州都比洛阳大，没有干部。有的干部是思想不纯、作风不纯，这是我们胜利中的难关。所以，所有的干部要有很大的觉悟，赶快改正思想与作风之不纯，以迎接胜利，这三年要我们很努力工作才行。

第四，提高纪律性。

要保证我们战略任务的完成，中心环节是提高纪律性。过去无政府无纪律状态已到了不可忍耐的程度，一年来，我们基本上克服了或正在克服着。拿中原来说，即要作为一个中心环节，中央局、区党委、地委、县委均要掌握，八九个月内要解决此一环节。全党意志、思想、行动要团结得像一个人一样，要消灭党内怪头怪脑的违反纪律的现象。无纪律表现在许多方面，自定方针、自提口号、自作主张；事先不请示，事后不报告；两套做法，向上报一套，向下讲一套，公开一套，秘密一套，并且包括山头主义、地方主义。过去是革命的山头主义与地方主义，是在分散的情况之下产生的。今天的山头主义、地方主义是资产阶级性的，成分、思想、作风不纯者仍保持着山头主义。例如，豫西某分区两个副司令员各掌握一个团，说是他的。应该说是共产党的，你是从哪里来的？是替你打天下的吗？又如地方主义，过去照顾地方是必要的，照顾本地干部也是必要的，但现在有的本地干部说，坏事都是外来干部搞的，这是地方主义。现在不管本地干部、外来干部，新干部、老干部，正确的便是正确的，老干部即使从一九二一年入党，如陈独秀、张国焘[8]，有什么用呢？老的正确是好的，老的不正确有什么好处？新干部有缺点、经验少，但是接受事物快也是好的，搞错了赶快纠正便是好的。说"我这个山头或地方"即是错误的。不准谈这些问题，这些问题本身即是错误的。党是统一的党，合乎中央及毛主席原则的便是对的，背着包袱毫无意义，要落伍，要蜕化的。

提高纪律性就是要克服山头主义、地方主义，违反即要按党章办事。不论外来干部、本地干部，新干部、老干部，都要抓得紧。领导上要抓得紧，克服官僚主义，要学习毛主席作风。如毛主席要书面报告、综合报告，我去开会想偷懒，口头报告，不行，还要补个书面报告，这是欠的账，一年多前的也要补，不但要补，而且还要自我批评。各级领导机关对中心环节都在抓，但抓得不紧，即是自由主义。从中央局至县委都要抓得紧，自己做模范，对那些山头主义、地方主义、本位主义等行为，要抓得紧。乱石头打人家，使人家错误，自己不负责任，亦未提过什么意见，即是思想不纯，要抓得紧。提高纪律性一定要有报告制度，县委负责人（县委书记、县长、县武装部负责人）均要作书面报告，或两月一次，或一月一次，口号是"空口无凭，立字为据"，黑字写在白纸上，要用脑筋，不能乱写，文字要斟酌。县委、地委作报告总要开县委、地委会讨论，提倡用思想研究工作，可以避免工作中的盲目性。过去干了两三年工作，还不知做了些什么事，报告到上级，上级就可以帮助，发扬其好处，纠正其错误，可以了解下面情况，这就是考试一下的意思。这不仅可以使党的步骤全党一致，而且能及时纠正、及时前进，避免盲目性。东北局规定，东北发生的大小事件要在一周以内报告中央局知道。华北区党委每月要做一个报告。思想政策要统一，全党统一于中央。如中原军区，到分区调人很困难，这便是无政府无纪律，是春秋战国时候的情况，要坚决反对。中原即要集中在中央代表机关，克服无政府无纪律状态主要责任在领导机关，各区都应集中于各区的最高领导机关。又如中央局、大军区给某分区问一件事，一直无答复，这就是欠了账，要说明为什么不答复。今后要有问必答，下面问上面，上面也要有问必答。在一地区，区党委要负责，要抓得紧，如轻描淡写，不说明原因，不作结论，即是犯了自由主义。领导机关越大，负责任务越大。在各系统为求得集中统一领导，必须一元化，即以党委为中心的一元化，以党委书记为核心的一元化，哪一个系统不服从这一核心，不论是军队或政府，都是闹独立性，组织或个人都要受批评、被斗争，严重者要按纪律办事。全党要采取严肃原则的态度，不是自由主义的态度，只有这样，一个决策才能贯彻。带队伍要带得像共产党的队伍，要合乎人民解放军的光荣称号。如有的部队拒绝整理武装，说什么要报恩，这是思想不纯。发生这种事，党委不要含糊，一定要说，不说即是错，区党委书记不说也犯自由主义。没有这一元化，全国胜利不可能，无政府无纪律之克服不可能，从游击到正规亦不可能。

中央这一次把提高纪律性作为解决一切战略任务的中心环节，不抓住这一中心环节，其他一切无法保障。如豫西有的地委、县委，你要双减，他要土改，区党委的指示下去可以改，胆子大，有"勇气"。经中央批准的双减与合理负担政策，立了字还要改，这是无法无天，完全违背共产党员的纪律。豫西有各地来的干部，有晋冀鲁豫的、晋察冀的、华东的，中央来的，有先来的、有后来的，军队有四纵、九纵、三十八军，各军下面又有各旅，还有各部门的本位。如不提高纪律性，有什么办法统一？过去领导上为了打通思想照顾山头是必要的，到今天统一全国胜利局面下，即要犯错误。以此态度来保障中心环节不可能，越是无纪律越要抓得紧。平时还要反对地方主义。这样多的地方与部队，如何摆弄过来？只存一个路线、一个原则、一个思想才行。只有毛泽东思想，合于此原则即对，不合于此原则即不对，提出后不转变即是自觉犯错误。扒手一再偷东西而不改，问他为何敢在人群中偷东西，他说："只看到东西，未看到人。"犯错误的人一样，只看到自己那一套，未看到党。过去还有部分的盲目性，现在中央指出了就不能再犯。同时又要反对游击主义，即转游击战为正规战。军事上要提高战术，要有铁路公路来保障战争，单靠骡子大车不行。其他方面亦要正规，一个步骤、一个决议、一个法令要贯彻到各方面。反对游击主义，要统一帽花，统一番号。过去番号有好多，一纵、二纵，似乎帽花可以自己规定一样，简直不像样子，中央现在正在搞正规的一套。人事问题上，不论地方或军队的干部，不能随便委派，过去有私人委派团级干部的。一定要按哪一级干部由哪一级委派批准办事。另外要写决议，写文件，一个方针必须以文字为根据。

第五，准备全国胜利，一个是军队向前进，一个是准备干部。

战略任务的第一条便是军队向前进。第二年之所以能取得伟大胜利，即由于军队向前进。战略之所以发生根本变化，是因为我们转入进攻。我们进攻中原，进攻大别山，突击方向选择对了。我不止一次听到毛主席赞扬中原，有些人说中原路线错误或成绩不大是不对的。中央表扬了中原局，毛主席在"六六指示"上亲自批道："如对中原战略的伟大作用认识不足，是机会主义的观点。"因此，中原的干部与战士均要认识到这一点。这是真理与原则，不说是不对的。由于我们军队向前进，完全打破了蒋介石的战略计划，把战争引向了蒋管区。蒋介石想过黄河，消灭我们人力物力，我们占中原，粉碎了蒋介石对山东与陕北的重点进攻。否则，我们便打不下临汾、运城、石家庄、潍县[9]、济南等地。过去华野不打潍县，现在以一部分兵力就打下来了。延安、石家庄的解放也是如此。因为敌人兵少了，孤立了，我们可以放手打。中原本身是胜利还是失败？应该说是胜利。中原本身三千万人口的地方，我们在大别山站住了脚，解放了广大区域，即是胜利。

急性病是伟大胜利的主流之"浪花"，两个月后领导上便停止了，而且停止是坚决的。急性病的产生由中原局负完全责任，对下面的无政府无纪律抓得不紧，这是中原局的自由主义。但是，中原局已经形成决议，下面不执行就要由同志们负责。如区党委决议是正确的，就有权利要求大家服从决议，否则就是违反纪律。战略上是正确的，犯了急性病的"浪花"，中原局立即纠正，而且有步骤地坚决地纠正，当然不是什么路线错误。"浪花"由中原局负责，但不是说同志们就不负责任了。

军队向前进是必要的，不过长江能不能打倒蒋介石呢？不能。一定要过长江，要不断地讲。部队干部里要讲，地方干部里也要讲，即使有些人想不通也要讲，要天天讲。如桐柏十纵队曾经情绪不好，说到大别山就是吃大米，走小路，蚊子咬。后来一讲清楚，说明这是革命不革命的问题，敢不敢胜利的问题，情绪便稳定了。这个纵队至今仍是巩固的。今天不是动员大家过长江，但是总有一天要过长江的。遵守纪律而过长江是好的，还要懂得为什么要去。有两个月的时间即讲两个月，有五个月的时间就讲五个月，几十万干部都要过长江。华北是怎样解放的？是南方人到北方去解放的，北方人为什么不应该到南方去？过去南方先进北方落后，现在南方落后北方先进，为什么不应该互相礼尚往来呢？真理不怕千万遍地讲，我们到中原这一着就做对了。这就是路线。蒋介石、美国都知道我们要过长江，秘密的只是什么时候过，在哪里过。

在准备干部方面，不仅要准备农村干部，而且要准备城市干部。占领上海、南京、武汉要多少干部？而且还要作风好的干部。有些干部的作风确实好，有些干部的作风确实很坏，整党就要整他们。凡干部思想作风不纯者即要转变。党要注意干部训练，注意整党，目的是改进工作，联系群众，巩固中原，使中原成为今日之华北，以支援前方。

毛主席屡次说：要心中有数。土改主流中的"浪花"搞错了，但要问打击了多少人、打杀了多少、侵犯中农多少，要有数。某地土改打击了百分之二十以下，百分之二十中地富百分之八是应该打击的，打错了百分之十二。但总有百分之八十是我们的，要有数。把错误扩大成为路线错误就是没有数。就是日常工作也要有数。连长对一连人几个伤亡、几个思想有问题都要有数。我报告中说急性病，脱离群众，毛主席说要有数。多少地区脱离群众，脱离了多少，有多少地方争取回来了、争取了多少，有多少地方秩序还安定，这要有数。笼统地说路线错误是不对的，干部犯错误也要分别哪几条是原则的，哪几条是非原则的，要有数。路线错误说要大多数是不正确的，八条对，一二条错了，不能算路线错误。中原错了一部分，立即自动纠正，那不能算路线错误。一个村的工作也要有数，有多少积极分子；群众中反对我们的，赞成我们的，中立的各有多少；反对者中间又有多少地富，多少中农，多少贫农；贫农又为什么反对我们。

附带说明：中原不能再有干部来，解决干部问题就靠我们联系群众。中原要有一百万区村干部，现在差得远了，现在就靠河北来了一些人，我们的责任就是要培养本地干部，大量办训练班，充分运用抗战时期经验。有许多同志就是在抗战时期训练班中入党的。要指定人办训练班，发展党，即可逐渐建立支部，成立堡垒，有耳目，自己人多起来。不然人家什么都对我们关门，我们天天工作，但是听不见、看不见。要真正扎下根，便要成立地方党的支部，这个问题不要说你怎么忙，不办不行。

第六，政权性质。

在这次会议上，毛主席着重讲了政权性质。许多人由于搞不清，就犯了错误。政权性质是无产阶级领导的、以工农联盟为基础的人民民主专政。这政权是无产阶级领导的"基础"，但不是一切。人民大众包括九种成分，即工人、农民、独立劳动者、自由职业者、自有资产阶级、开明士绅、少数民族、其他爱国人士、海外华侨，不能多一个，不能少一个。我们不了解，便来个贫雇农路线，"贫雇农坐江山"传播很广。毛主席说，这就是无政府无纪律状态，哪里有无产阶级的领导？哪里有人民大众呢？九种成分里去了七八种。"民主专政"原是人民当权的，官僚主义、命令主义不行。

"工农联盟"是无产阶级对农民的领导，党代表无产阶级去领导，故集中表现在党与农民的联盟，集中表现在我党路线、政策、作风是否符合于群众利益。有的同志派老百姓唱戏，联什么盟？天天在脱离群众。党内如无本地干部，也与当地群众联系不起来，连呼吸也不知道是隔离的。只有在本地建立支部才能取消所有隔离。要得到这个基础，就要看能不能扎住根。这政权的任务是打倒帝国主义、封建主义、官僚资本主义的反动专政，建立民主集中制的各级人民代表会议的制度，将来各区、乡均有人民代表会议，各级都规定是人民民主政府的称号。如豫西行署要改为中原人民民主政府豫西行署。因"人民民主"能够代表政权的实质。目前正准备召开新的政治协商会议，准备成立临时中央政府。这都是议事日程上的事了。

第七，恢复与发展生产。

学习工业及做生意，具体地说即生产长一寸。军队向前进和生产长一寸是不能分开的。军队的前进要有支援与供应的保障。军队前进是有困难的，但我们的困难比国民党少。解决了这个环节，便使我们的经济获得保障。所谓长一寸是本来收一百斤的，现在要收一百一十斤，增加十分之一。长了一寸又一寸，即可养活更多军队。要学习工业与做生意。我们已有不少城市、铁路（我东北铁路很多，总数不下于国民党，将来就会超过国民党）、矿山、商业等。在广泛的人民民主政府里，资产阶级经济与我们的经济会有和平的斗争，我们还竞争不过资产阶级。如我们在此环节中失败，就很难达到社会主义，故要学习做生意，又要反对浪费人力物力。军队里浪费很多，要减少军队浪费便要实行四项"战术好、少伤亡，卫生好、少疾病，工作好、少逃亡，俘虏争取好（最多百分之八十，至少百分之六十）、省人力"。上述四项，毛主席都列入反对浪费之内。缴获归公，战勤节约民力，造公路、铁路，好好组织战勤，都是反对浪费。后方不必要的人少几个，不必要的会少开几个，不误农时、节约民力，也是反对浪费。减少工业成本，也是反对浪费。中原同样要完成生产及做生意的任务，困难很多。秋征的数字因水灾要减少，但许多财源还不能开辟。如襄城派得力干部去好好组织，好好研究，单烟叶一项即可有五百两黄金的收入。襄城是全国的典型，有各种各样的问题（包括土地问题）都是特殊的，研究好了很是了不起的。又如洛阳那样的城市，要管理好也不容易。我们要利用私人工商业，但又要经营国营经济，这是领导成分、社会主义成分的经济。这些都要学会。我们的经济是有路线的。但这不是叫我们回去搞私人工商业，要既不违法，又搞得好。

第八，发展党内民主，提高理论水平。

没有党内民主就没有人民民主。因共产党是领导者，党内要有批评与自我批评，党员有党员的权利，党员有权利在有组织的会议上批评任何负责干部。一定要开支部会议决定问题，而不是个人决定问题。一定要开各级会议或代表会议选举负责人，党委会一定要有定期会议决定问题。我们以前都开干部会，今后要少开，要开代表会。代表是党员选举的，代表会议要形成书面决议，要有民主作风、民主习惯。

提高理论水平，毛主席看得很重要。六中全会[10]时，毛主席说，如果我们党有一百个至二百个系统地而不是零碎地、实际地而不是空洞地学会了马克思列宁主义的同志，就会大大地提高我们党的战斗力量，并加速我们战胜日本帝国主义的工作。[11]二百个高级干部，包括了区党委书记以上的干部，即不会发生乱打乱杀的问题。现在毛主席说，要三千个，凡县委书记、县长以上的负责干部，都要学习马列主义。全党要有学习理论的空气。现在全党的经验主义非常浓厚，自以为是，随便修改党委决定，拒绝接受双减、合理负担政策者，都是经验主义。毛主席说，教条主义已受到致命的打击，经验主义还批判得不够。全党同志犯错误大多是盲目的，即是经验主义的。要贯彻中央的方针，便要提高理论水平，五本书不够，要十本，十本书不够，要五十本。党校现在规定五十余种书。解决理论问题是全党的任务。关于理论学习的方法，毛主席说，遇事找老师，即翻书。关于成分问题，可翻出马列主义及毛主席著作中关于成分问题的规定；关于人民大众，可翻出毛主席之晋绥报告；关于无政府无纪律，可翻出"左派"幼稚病[12]第二章；关于经济问题，可找毛主席之财政问题与经济问题。老师就是马恩列斯的文章、毛主席著作、中央各种指示文件。中央认为，发展民主，提高理论，是完成战略任务的重要环节，中央将发出关于这两个问题的指示。

第九，这次会议上的一些决议。

中央准备召开全国妇女代表会议，中原要派代表，区党委都要准备。明年开，要成立全国民主妇女联合会。其次，准备召开青年代表会议，成立全国民主青年联合会。再次，成立新民主主义青年团（过去名称很多，今统一用此名称），成立全团之中央委员会。

如果说党的第七次代表大会保证了其后的胜利，那么此次会议保证了此次最后胜利。中心环节是提高纪律性，重要环节是发展民主，提高理论。这就会保证我们的胜利。

## 注　释

〔1〕中央九月政治局会议，指一九四八年九月八日至十三日中共中央在河北西柏坡召开的政治局扩大会议，即九月会议。这次会议为人民解放军与国民党军队进行战略决战，为最后打倒蒋介石、有计划有步骤地夺取新民主主义革命在全国的胜利，从思想上、政治上、组织上做了重要准备。

〔2〕一九四五年十二月，美国政府派马歇尔为总统特使来华"调处"国共争端。一九四六年八月，马歇尔宣布"调处"失败。一九四七年一月，马歇尔回国。

〔3〕四中全会，指一九三一年一月七日在上海召开的中共扩大的六届四中全会。

〔4〕遵义会议，指一九三五年一月十五日至十七日中共中央政治局在贵州遵义举行的扩大会议。这次会议事实上确立了毛泽东同志在党中央和红军的领导地位，开始确立以毛泽东同志为主要代表的马克思主义正确路线在党中央的领导地位，开始形成以毛泽东同志为核心的党的第一代中央领导集体，开启了党独立自主解决中国革命实际问题新阶段，在最危急关头挽救了党、挽救了红军、挽救了中国革命，并且在这以后使党能够战胜张国焘的分裂主义，胜利完成长征，打开中国革命新局面。这在党的历史上是一个生死攸关的转折点。

〔5〕五国和约，即巴黎和约，一九四七年在巴黎签订。和约对意大利、罗马尼亚、保加利亚、匈牙利、芬兰五国的战后处置作了规定。

〔6〕德黑兰会议，指一九四三年十一月二十八日至十二月一日苏、美、英三国首脑在伊朗首都德黑兰举行的会议，讨论关于加速打败法西斯和战后世界安排等问题。会议签署了《苏美英三国德黑兰宣言》和《苏美英三国关于伊朗的宣言》。

〔7〕波茨坦会议，指一九四五年七月十七日至八月二日美、英、苏三国首脑在德国柏林近郊波茨坦举行的战时第三次会晤。会议主要是商讨对战后德国的处置和解决战后欧洲问题的安排，以及争取苏联尽早对日作战。会议发表了

《波茨坦公告》，签订了《苏英美三国波茨坦会议议定书》。

〔8〕陈独秀，中国共产党的主要创建人之一。中国共产党成立后的最初六年中是党的主要领导人。大革命后期，犯了右倾机会主义错误，一九二七年七月被解除中央最高领导职务。张国焘，一九二一年参加中国共产党第一次全国代表大会。曾被选为中共中央委员、政治局委员、政治局常委。长征中，他反对中央关于红军北上的决定，进行分裂党和红军的活动，另立"中央"。一九三六年六月被迫取消"中央"，随后与红军第二、第四方面军一起北上，十二月到达陕北。后成为中国革命的叛徒，随即被开除出党。

〔9〕潍县，今山东潍坊潍城区。

〔10〕六中全会，指一九三八年九月二十九日至十一月六日在延安举行的中国共产党第六届中央委员会第六次扩大的全体会议。会议强调全党必须自上而下地努力学习马克思列宁主义理论，善于把马克思列宁主义和国际经验应用于中国的具体环境，反对教条主义。

〔11〕见毛泽东《中国共产党在民族战争中的地位》(《毛泽东选集》第二卷，人民出版社 1991 年版，第 533 页)。

〔12〕"左派"幼稚病，指《共产主义运动中的"左派"幼稚病》。

# 关于淮海战役[1]的十九份电报[*]

（一九四八年十月二十二日——十二月二十二日）

## 一

一、郑州之敌于今养（二十二日）辰向新乡撤退，被我九纵一个旅截击于郑州以北三十里处，正战斗中。我主力黄昏后可加入战斗，郑州城已于养（二十二日）午被我占领。

二、我们拟在现地休息两天，调整部队，于有（二十五

---

[*] 这里收入的是邓小平在淮海战役前、战役期间和刘伯承、陈毅等联名发出的十九份电报。一九四八年九月下旬，粟裕向中共中央军委提出建议：举行淮海战役，攻歼淮阴、淮安和连云港地区国民党军，为夺取徐州创造条件。九月二十五日，中央军委复电："举行淮海战役，甚为必要"，你们第一步作战应以歼灭黄百韬兵团为目标，然后再歼两淮和海州、连云港之敌。十月十一日，中央军委发出《关于淮海战役的作战方针》的指示，确定淮海战役作战任务，主要是消灭国民党军刘峙集团主力一部，开辟苏北战场，使山东、苏北打成一片。为配合华东野战军作战，十月下旬，中原野战军主力在邓小平和陈毅率领下，攻占郑州、开封后继续东进，从西南方向威胁、钳制徐州之敌。同时，由刘伯承、邓子恢、李达指挥两个纵队在豫西地区钳制国民党军黄维、张淦兵团。十一月一日，中央军委根据粟裕建议，决定整个战役由陈毅、邓小平统一指挥。后来，由于局势发生变化，淮海战役遂发展成为同刘峙集团等部的战略性决战。十一月十六日，中央军委电示：正在进行的淮海战役取得胜利，不但长江以北局面大定，即全国局面亦可基本上解决。望从这个观点出发，统筹一切。"统筹的领导，由刘、陈、邓、粟、谭五同志组成一个总前委，可能时开五人会议讨论重要问题，经常由刘陈邓三人为常委临机处置一切，小平同志为总前委书记"，负责领导华东野战军和中原野战军的行动，统筹淮海前线一切事宜。

日）开始东进，攻占开封。如开封之敌东逃，则遵养（二十二日）子电[2]出商丘，或直出徐蚌[3]，钳制孙刘[4]，协同华野作战。

> （一九四八年十月二十二日和陈毅给中共中央军委并告刘伯承、李达的电报。十月二十三日，中央军委在复电中指出："陈邓养亥电悉。占领郑州甚慰。你们休息两天即东进攻占开封甚好。""淮海战役最紧张时间是戌微至戌哿约两星期左右。陈邓酉有东进，估计月底可能攻占开封。如开封之敌东逃，则陈邓月底可能进至商丘附近，可以适时密切配合淮海作战。""请粟谭即令三纵、广纵及鲁西南地方兵团准于月底进至商、砀以北，并受陈邓指挥。"）

## 二

一、开封驻一一九旅，时刻准备逃跑，我仍计划捕捉，但最大可能是无战斗占领开封。白崇禧[5]梗（二十三日）令黄维[6]三个师折向北进至方城、叶县地区，判断该敌将集结于漯河、许昌地区，企图拉我回头，或经周家口东援，计算该兵团陷（三十日）世（三十一日）终可达漯、许。张淦[7]之七军已达枣阳及其以北，是否尾黄维北进，尚未判明。

二、我们确定于有（二十五日）夜（天雨可能推迟一天），先以一、三、四纵东进，九纵以一个旅暂时担任郑州城防，一个旅位于郑州、中牟之间，该纵主力待机东进。此时我主力感（二十七日）可占开封，休息一天，再以五天行军于戌冬（十一月二日）进至商丘南及西南地区，于东线打响，再视情况决定行动。

三、我进至上述地区后之机动，有三个方案：

（甲）东线发起战斗后，乘邱兵团[8]东进，而黄维兵团又较远离时，我集一、三、四、九纵及华野三、广两纵抓住孙元良而歼击之。此着好处，歼孙元良一两个师把握较大，亦可能抑留邱兵团一部。

（乙）如孙兵团不好打，则以六日行程佳（九日）灰（十日）左右进至徐蚌线，实行军委原定任务。

（丙）我进至商丘地区时，如黄维兵团三个师孤军东进（即张淦没有尾进），亦属歼击该敌一两个师之良机，但其缺点是协同东线困难，只能以三、广两纵拉孙元良。

四、无论哪个方案，我们位于商丘西南均机动。如邱孙两兵团提前东进，我拟提前尾其东进，执行第二方案。

五、如果我们进至徐蚌线，必然抓住孙元良及邱李[9]各一部。但如东线不能在十天以内解决战斗，则黄维兵团可能赶到，我们将处于狭窄河川地区，困难较多，机动不便。

六、如敌北进，建议刘李[10]令六纵紧尾该敌。

七、请军委考虑指示。

（一九四八年十月二十四日和陈毅给中共中央军委并转饶漱石、粟裕、谭震林，刘伯承、邓子恢和李达的电报）

## 三

有（二十五日）三时电[11]奉悉。

一、第一步集结地点建议改为永城、亳州、涡阳中间地区，无论出宿蚌线[12]或打孙元良均更方便。由郑州到达上述地区约十天（包括休息一天），明宥（二十六日）开进，戌支（十一月四日）可到达。

二、我们意见以力求歼击孙元良为第一要着，如不好打，则向宿、蚌来进攻。白崇禧已令黄维向西增援，该敌西进已来不及，只要机会好，能歼孙元良大部更为有利。

三、挺进淮南，非到万分必要以不采取为好，因为该地区狭小，滨湖、山地则缺粮缺水，大兵团很难机动，同时对部队情况亦不适合。现在鞋、袜、棉裤、帽子、绑带尚未补齐，财政上毫无准备及辎重不能携带。

四、如果于万分必须渡淮南进，则宜以一个纵队破击蚌埠、南京段，主力攻占定、合、六、寿、凤、霍、颍[13]诸县，背靠大别山，并打通淮南，保障后方供应线。总之，实行此着，我们很难打到仗，而且可能有较大的消耗。

> （一九四八年十月二十五日和陈毅给中共中央军委及刘伯承、邓子恢、李达的电报。十月二十六日，中央军委复电："同意你们有申电以十天行程于戌支集结永城、亳州、涡阳中间地带的部署。"）

## 四

军委陷电[14]奉悉。饶粟谭俭电[15]今午看到。

（一）我一三四等三个纵队刻在太康以北以东地区，明戌东（十一月一日）继续东进，预定戌鱼（十一月六日）集结永城地区，齐（八日）夜与华野同时开始进入战斗[16]。九纵随后跟进，齐（八日）可到商丘以南。

（二）根据华野部署，我们的作战方案有三：

第一方案：如邱兵团仍在砀山地区，孙兵团仍在马牧集以南地区，则我宜照军委电示，以一个纵队直出萧县进迫徐州，以有力一部出黄口东西组成向西防御，位于邱兵团之右侧，以迟阻邱兵团东援之目的。

第二方案：如邱兵团沿路缩至黄口、徐州之线，孙兵团移至砀山、黄口之线，则我以一部协同三、广两纵队，钳击邱敌一部，其余全部歼灭孙兵团一部或大部。

第三方案：如邱孙两兵团均沿路缩至徐州及其附近，则我只有由西南两面向徐州攻击，以达钳制邱、孙之目的。

（三）因华野作战计划中，未派队攻击徐蚌段[17]，我们拟以豫皖苏部队担任之。

（四）无论哪个方案，集结永城均属便利，我们力求实现第二方案。因为不仅可能歼敌一部，也能达到钳制邱敌一部之目的。第一第三两方案虽都纯是大消耗仗，但我们当动员部队用一切努力，不顾伤亡，达成钳制邱孙两敌之任务。军委有何指示请告。

（五）连日部队通过敌占区，掉队生病颇多。

（一九四八年十月三十一日和陈毅给中共中央军委及饶漱石、粟裕、谭震林并刘伯承、邓子恢和李达的电报。当时陈毅和邓小平率中原野战军第一、第三、第四、第九纵队在商丘西南地区，准备歼灭商丘的国民党军；刘伯承在中原军区指挥第二、第六纵队及各军区部队进行牵制张淦、黄维两兵团的作战。）

# 五

一、孙元良两个军昨日到永城，其六十九师似已先到宿县，刘汝明有可能放弃商丘，邱清泉可能移至徐州附近。因此，我们原拟之三个方案已不适用，特提出新的方案如下：

（一）如邱兵团仍在砀山、黄口地区，孙兵团已到宿县南北地区，我则以华野三纵及我们一个纵队，割断邱敌与徐州联系，并以主力攻歼邱敌一部（一团一师的歼灭），以吸引孙兵团增援，达到钳制邱孙两兵团之目的。俟孙兵团进到适当地点，如条件许可，亦可考虑先歼孙敌。另以广纵及赵健民[18]部对付刘汝明。执行此方案的好处是能确实抓住邱敌，缺点是敌可自由抽用孙兵团，而我又不利于分兵，一面在陇海路对邱，一面又在津浦路对孙。

（二）如邱兵团已缩到徐州附近，刘汝明在砀山、黄口地区，孙兵团在宿县南北，我则以三、广两纵及赵健民部割断徐州与刘汝明联系，并积极由西向东攻击徐州。我以一个纵队以上兵力攻占宿县、徐州中间地区，并由南向北攻击徐州，主力位于铁路西侧，吸引孙兵团北援所部歼灭之。此方案是可能打到孙兵团，吸住邱兵团一部或大部，且可直接协同东面作战，缺点是可能达不到完全钳制邱敌三个军之目的。

（三）如孙元良两个师仍在永城地区，我则于戌鱼（十一月六日）夜直扑该敌，首先打算此着可以歼孙一部或大部，且可吸引邱敌增援，即便邱敌不来增援，我于三四日达成歼灭孙敌后，仍可直攻徐州，一部协同东面作战。此案是否可行，须请早日复示。

二、黄维兵团计时先头可能灰（十日）赶到阜阳、太和，全部集结则在文（十二日）左右，对第一仗影响不大，但必须以二六两纵尾敌东进，军区部队坚决阻滞该敌行动，已电请刘邓李[19]及宋张[20]部署。

三、本作战我们当负责指挥，惟因通讯工具太弱，故请军委对粟谭方面多直接指挥。

四、华野三纵与我们电台还未弄通，请粟谭转令该纵注意沟通。

（一九四八年十一月二日和陈毅给中共中央军委并<br>粟裕、谭震林，刘伯承、邓子恢和李达的电报）

六

一、迄本日止，查明邱兵团部率七十军黄口地区，五军砀山地区，七十四军丰县、李寨地区，五十五军商丘集、蔡道口，六十八军马牧集地区。孙元良三个军分布蒙城、宿县、蚌埠地区。黄维兵团先头支（四日）到驻马店，该部集结并加补给，预计鱼（六日）向东开进，至快要元（十三日）左右才能达到太和、阜阳，对我第一步作战无妨碍。届时我二、六纵等部可赶到，尾击或侧击其后尾。

二、我一、三、四各纵今日集结永城西北会亭集、白庙及亳[21]东地区，九纵虞（七日）晚可进至商丘东南阎集、蔡道口附近。

三、估计两三日内敌情不致大变化，照此情况，我军已不宜出徐州以南或徐黄段[22]，因为此着只能加速邱兵团缩进徐州和孙兵团向北集结，故只能就打邱兵团或打刘汝明，两着中择一施行。经我们考虑以先打刘汝明为更有利，因刘部弱，能迅速就歼或迫其起义，且可能调动邱兵团增援。如刘敌被歼，我即可全力对邱，并便利第二步对付黄维和孙元良。如邱敌不顾刘汝明之被歼而先行东撤，我们有华野三、广两纵及我们一部紧随邱敌。因此，只要我们在三五天内解决刘汝明主力，则有利无害。

四、我们决于虞（七日）发起战斗，是否可行，请今夜批示。

（一九四八年十一月五日和陈毅给中共中央军委并告粟裕、谭震林，刘伯承、邓子恢、李达的电报。十一月六日，中央军委复电："微日十三时电现已收齐，你们虞日发起打刘汝明甚好。刘汝明各部的具体位置当以你们所知为准确。"）

# 七

（一）我四纵今日东进，在砀山东南已追歼五军四十五师数百人，并将工兵营搜索包围于黄道口，四十五师向黄口方向溃退，我继续追击中。刻我已令孙丁[23]三纵向黄口、徐州急进，协同四纵歼敌，炮兵连受谢富治[24]指挥，我三九两纵正向东进。

（二）今晨经由永城向宿县逃退之敌，确系邱兵团部队。蒋介石究竟只撤退邱刘两部，还是整个放弃徐州（包括黄李冯[25]），不日即可判明，应加注意，你们所得情况望即告。

（三）如判明蒋介石系整个南撤，设防淮河时，如有可能，你们应派部队举行超越追击，迅速进至淮南路东[26]。

（一九四八年十一月八日和陈毅给粟裕、谭震林
并报中共中央军委的电报）

# 八

一、邱兵团主力昨夜似开始东撤，我明夜以三个旅进至徐宿线破路，三、四、九纵主力位于铁路或侧山地相机打敌。估计我军进到徐宿后敌必由徐州、宿县两点南北向我进攻，我已令孙丁马[27]紧尾邱敌东进，其主力应置于徐州西南，以便适时配合作战。

二、黄兵团现已大部西撤，华野主力似应由东北向西南插至徐宿线以东。是否有当，请核奉。

（一九四八年十一月十日和刘伯承、陈毅给中共
中央军委，粟裕、陈士榘、张震的电报）

# 九

一、黄维今日先头可到阜阳，明日其三个军可集结阜太[28]及其以西地区，其八十五军两个师及十军一个后调师，须筱（十七日）、巧（十八日）才能赶到阜阳。我二纵、六纵、刘金轩[29]部四万余人，于铣（十六日）、筱（十七日）可集结亳州以南。张国华率七千人扭击黄维。

二、由太和到亳州约二百里，由阜阳到涡阳约二百里，由阜阳到蒙城约二百里，由蒙城到宿县一百四十里。据此计

算，二、六等纵于筱（十七日）以前集结亳州以南，而黄维
铣（十六日）开始北进，时间上来得及。

三、我一三九等三个纵队在宿县周围，正攻宿县中。我
四纵及华野三、广两纵，刻先头萧县、三堡（徐州南）之
线，两日行程，可到宿县或到永城附近。

四、黄维集阜、太后有三种可能：一是暂停观变，然后
决定行动；二是出亳州、涡阳，向永城，或出涡阳、蒙城向
宿县；三是东开蚌埠掩护南京。

五、我之方案：

（甲）如敌出永城或宿县，我以集中一、二、三、四、
六、九及华野三、广两纵共八个纵队，歼击黄维为上策。因
为黄维在远道疲惫、脱离后方之运动中，只先来三个军七个
师，其中强师只有三个，我军也能适时。如能实行此方案，
必须华野在三天内即铣（十六日）以前消灭黄百韬三个军以
上，使华野能够抽出三个纵接替陈谢[30]四纵及华野三、广
纵之任务，或现在就有余力能够接替，以便我们及时调动这
三个纵队作战。

（乙）如华野一时尚难歼灭黄百韬主力，而我们又不能
不以四、三、广纵拉住邱孙两兵团，则只能以一、二、三、
六、九五个纵队，除留一部于宿县外，全部担任阻击黄维之
任务，以待华野全部消灭黄兵团，再定行动。

（丙）如黄维暂在阜、太等八十五军，我则监视之。如
黄维移蚌埠，我则仅以一部扭敌，二、六等纵主力移至蒙城
地区待机。

六、战场以永城、宿县之线为较干燥，永城以东以北
更好。

七、我一切须俟华野战况决定，请军委核示方针，请粟陈张[31]每日告知战况。

　　　　　　　（一九四八年十一月十四日和刘伯承、陈毅给中
　　　　　　　共中央军委，粟裕、陈士榘、张震并邓子恢和
　　　　　　　李达的电报）

## 十

　　一、黄维兵团巧（十八日）主力三个军进至蒙城东西地区，正向我一纵攻击中。我二纵已到蒙城西北，六纵已到涡阳，拟今夜东转。三四两纵今夜集南平集以南赵集、罗集地区。

　　二、巧（十八日）刘汝明之六十八军主力在固镇及其以北，五十五军主力在兴隆集，一部在大王庙、蔡庄，均与我九纵有小接触。任桥集、公侥集仍为我控制，敌尚未前进。判断九十九军、九十六军、三十九军可能已到蚌埠、固镇间。

　　三、综合我当面之敌有黄维十一个师（五十四军未计入）。我们的打法须从整个会战和三五个月时间着眼，如华野能于哿（二十日）夜以前解决黄百韬，战局即可过关。届时如果已将邱、李包围，自应继续歼击。如果邱、李缩进徐州，或仅包围一部，则我应歼灭已包围之部，主力位于徐州以南、以东休息，抽出四五个纵队，协同我们歼击黄维、李延年[32]运动之敌，而后攻击徐州。如果于歼黄百韬后，以七八个纵队钳制邱、李，以六七个纵队先打黄维、李延年似为上策。

四、以我们现有六个纵队，单独对付两路大军困难颇多，如取正面防御，必须分散兵力，不能歼敌，且仍有一路透过增援徐州之危险。如采取机动作战，不受保障徐州作战之限制，则可逐个歼敌，但对粟陈张作战不无影响。如果实行钳制黄维，打李延年五个军，至少须五个纵队，但以一个至两个纵队防御黄维均无把握。依我军态势，如李延年沿津浦东侧急进很不顺手，故我们仍拟只以九纵与李、刘五个军周旋，集中五个纵队，先歼黄维一两个军，再协同华野对付李延年。

五、实行此方案，必须粟陈张对李延年预有处置。是否妥当，请军委速示，粟陈张提出意见。

（一九四八年十一月十九日和刘伯承、陈毅给中共中央军委及粟裕、陈士榘、张震的电报）

十一

军委巧（十八日）二十四时电[33]，粟陈张巧二十一时电[34]均悉。

一、我们决心先打黄维的理由已详皓（十九日）九时电。

二、徐东作战，据我们观察，歼黄百韬使用了华野六个较能攻坚的纵队，历时已十二昼夜，尚未解决战斗。如再以其余部队，其中只有两三个较能攻坚纵队，加以部队必已相当疲惫，刀锋似已略形钝挫，以之歼击较黄为强的邱、李诚非易事。我们认为，徐海作战必须从三五个月着眼，必须分作三四个战役阶段，每阶段都需要有休息，整补俘兵，才能保证必胜。因此，在目前情况下，特别是李延年、黄维北进的条件下，最好力争迅速歼灭黄百韬，尔后即将主力集中于徐东、徐南，监视邱李孙三兵团，争取休息十天半月。同时以尚未使用之五个纵队或三个纵队用于南线，协同我们歼击黄维、李延年，这个步骤最为稳当。如我们不这样，过低估计本身困难，而在南线又无保障两路大敌不北进的情况下，我们六个纵队，除四纵外均六个团，九纵只来五个团，平均每纵不到两万人，炮兵很弱，故只能用于一处，马上打邱、李，既无胜利把握，且可能陷入被动。如何，请考虑。

（一九四八年十一月十九日和刘伯承、陈毅给中共中央军委及粟裕、陈士榘、张震的电报）

# 十二

一、今日敌十八军从上午九时到黄昏，在坦克二十余辆掩护下，向我南平集阵地猛攻竟日。我虽伤亡较大，但未放弃一个阵地。另敌一个多团，于午后到南平集以东十里处突过浍河。

二、我决心放弃南平集，再缩到南平集十余里处布置一个囊形阵地，吸引十八军过河展开，而以四九两纵吸住该敌，并利用浍河割断其与南岸三个军之联系。同时于明夜以一、二、三、六纵及王张[35]十一纵向浍河南岸之敌出击，求得先割歼其两三个师。

三、我们因九纵须协同四纵抓住敌主力十八军，故决心使用王张十一纵由东向西突击，以利割裂敌人，同时饬令华野二纵在西寺坡车站南北构筑工事，阻击可能西援之李延年兵团及刘汝明部。

四、歼击黄维之时机甚好，李延年、刘汝明仍迟迟不进。因此，我们意见除王张十一纵外，请粟陈张以两三个纵队对李、刘防御，至少以四个纵队参入歼黄维作战，只要黄维全部或大部被歼，较之歼灭李、刘更属有利。如军委批准，我们即照此实行。粟陈张意见亦请速告。

> （一九四八年十一月二十三日和刘伯承、陈毅给
> 粟裕、陈士榘、张震并报中共中央军委的电
> 报。二十四日十五时，毛泽东在为中央军委起
> 草的给刘伯承、陈毅、邓小平并告粟裕、陈士
> 榘和张震的电报中说："（一）完全同意先打黄
> 维；（二）望粟陈张遵刘陈邓部署，派必要兵
> 力参加打黄维；（三）情况紧急时机，一切由
> 刘陈邓临机处置，不要请示。"）

# 十三

迄本晨止，黄维兵团完全被我合围于南平集、蕲县集、邵围子、双堆集、芦沟集之间地区。敌企图向邵围子、双堆集之间突围已被我堵阻。我们已令各纵逐步紧缩，达成全歼此敌。请军委令新华广播台，加紧对敌的政治争取和瓦解工作。

> （一九四八年十一月二十六日和刘伯承、陈毅给
> 中共中央军委的电报）

## 十四

（一）迄此刻止，我军已将黄兵团[36]压缩在双堆集附近十余村庄，沿途进攻中，已有俘获。廖运周[37]率部今晨在战场起义（三天内不公布）。现猬集于双堆集之十八军等部，已局部有向我投降者，全战斗至迟明日可以解决。

（二）已告粟陈张，立即开始歼击李延年、刘汝明的部署。我们已直接通知将苏十一纵、七纵[38]归还韦吉[39]建制，并已就近直接命令七纵今夜向固镇、蚌埠间急进，以截断固镇以北敌人的归路。并通知韦吉令六纵由湖沟向固镇攻击前进。此后七纵、苏十一纵（王张十一纵除外）即归粟陈张指挥。关于包歼李、刘，即由粟陈负责处理。

（三）中原各纵（包括王张十一纵）于明天完全解决黄敌后，须要相当时日处理战后事宜。今后战略方向，请中央决告。

（一九四八年十一月二十七日和刘伯承、陈毅给
中共中央军委及粟裕、陈士榘、张震、邓子
恢、李达的电报）

## 十五

（一）经昨夜作战，已将敌压缩至东西十五里、南北四五里的长窄狭小地区。敌曾以大量飞机、坦克多次猛攻我六纵阵地，企图打开通路，向东南方逃走，均被一一击退，且俘三百余人。我由西向东由北向南压缩，部队亦甚猛勇，但因天气昏夜，部队混乱，敌亦因突围未成，依托原有阵地顽

抗，故我目的今日拂晓前停止攻击，共已俘虏约二千人。另最先逃出至大营集之四十九师一个多团已被我全歼。

（二）敌之基本意图，似仍为向东南突围，但突围不成，则只有死守待援，刻遇到之最大困难是十万大军拥挤于狭小地区，天冷露营，没有饭吃，空投数量极小，士气甚低，遭我阻击和炮击伤亡不小，队形亦已混乱。

（三）现我们从敌人固守着眼，正等待弹药到达，即于后艳（二十九日）夜开始攻歼敌人，采取集中火力，先打一点，各个歼灭的战法。

（四）我们六个纵队，从皓（十九日）涡阳阻击起，到今俭（二十八日）晨止，共伤亡不过六千人，士气很高。加上华野七纵及炮兵配合，全歼该敌确有把握，但须十天左右时间才能完成。原来根据敌人总突围及廖起义的情况，估计可以迅速解决战斗，此种情况业已改变。

（五）华野七纵因敌改成固守，故仍留用为总预备队。

> （一九四八年十一月二十八日和刘伯承、陈毅给中共中央军委并告粟裕、陈士榘、张震，邓子恢、李达的电报）

# 十六

近三日我各部均加强近迫作业，并作局部攻击，仅全歼十军——四师之三四一团（缺一个营）。敌人则抽出几个主力团，以数辆或十余辆坦克掩护下，集中力量破坏我之攻击准备，每次均为我击退，故敌伤亡甚大。截至此时止，我俘敌仅约五千，但敌伤亡估计已不下两万。加上廖师起义五千五百人，敌已损失约三万左右。据多方证明，敌十八军之四十九师，在突围后已被我大部消灭，主力之一一八师业已残破，仅十一师尚称完整。十军之十八师已有两个团大部被歼，每团缩编一个营，其另一团尚完整。其一一四师已歼一个团，七十五师伤亡很重，八十五军之二十三师伤亡二千余，二一六师是新部队，十四军两个师均已残破，总计敌尚能作突围者，不过六个团。因此，我们决定立即使用华野之七纵、十三纵（预备队）加入进攻，其战法仍采用碾庄经验，即有重点的多面攻击。因敌紧缩顽抗，尚须时日才能全歼该敌。我们近日伤亡亦不小，残敌决心仍甚坚强。

（一九四八年十二月三日和刘伯承、陈毅给中共<br>中央军委并告邓子恢、李达的电报）

<h2 style="text-align:center">十七</h2>

　　支电（四日十六时）奉悉。我因七纵、十三纵入阵地做工事，故推迟一天，决于明日午后开始总攻击，尔后一直打下去，直到消灭黄维为止。攻击部队有八个纵队，分为三个集团，针对三个重点攻击。只要有一个方面成功，就可抽一个纵对付李延年。如有两个方面成功，即可抽出两个纵队对付李延年。故最近三日仍以华野六纵及我们二纵（四个团能作战）钳制李、刘。旋后即可逐渐增加，钳制该兵团一般不成大问题（对我淮南之两旅尚在联络中）。

（一九四八年十二月五日和刘伯承、陈毅给中共中<br>央军委并告粟裕、陈士榘，邓子恢、李达的电报）

# 十八

马丑电[40]奉悉。

（一）中野各部位置：四、九、十一等三个纵队集宿县、蕲县集、南平集地区，六纵蒙城以东地区，一三两纵孙疃集、界沟集、白沙集地区，二纵涡阳以东地区。各部均拟定半个月休整计划（到一月二日止），同时准备随时打击可能出援之李延年兵团。

（二）张国华率五个团在濉河以南监视蚌埠、怀远之敌。据张报告，淝河北岸全无敌踪。又谍息：刘汝明部正向合肥集结。

（三）歼黄维作战，中野七个纵队争取补俘后的减员一万人，继续作战不成问题。

（一九四八年十二月二十二日和刘伯承、陈毅给中共中央军委并告粟裕、谭震林，邓子恢、李达的电报）

# 十九

粟陈张俭午电[41]悉。中野各部必须休整并争取补充时间，据我看，江淮之间或江汉之间恐无大仗可打，即有亦在南京、武汉附近，故仍以准备充分再行出动似较妥善。如何，请军委核示。

（一九四八年十二月三十日给中共中央军委和刘伯承，陈毅，粟裕、谭震林的电报）

# 注　释

〔1〕淮海战役，是一九四八年十一月六日至一九四九年一月十日中国人民解放军华东野战军、中原野战军和华东军区、中原军区及华北军区所属冀鲁豫军区地方武装共六十余万人，在以徐州为中心，东起海州、西至商丘、北起临城（今薛城）、南达淮河的广大地区，同国民党军进行的一次具有决定意义的战役。一九四八年十一月十六日，中共中央军委决定由刘伯承、陈毅、邓小平、粟裕、谭震林组成总前委，邓小平为书记，负责领导华东野战军和中原野战军的行动，统筹淮海前线一切事宜。这次战役击毙国民党军兵团司令官黄百韬、邱清泉，俘虏徐州"剿匪"总司令部副总司令杜聿明、兵团司令官黄维、兵团副司令官吴绍周，共歼国民党军五十五万余人，解放了长江中下游以北广大地区，使蒋介石的精锐主力损失殆尽，国民党反动统治的中心南京以及上海、武汉等地，处于人民解放军直接威胁之下。

〔2〕养子电，指一九四八年十月二十二日子时中共中央军委给陈毅、邓小平并告饶漱石、粟裕、谭震林和中共中央中原局的电报。

〔3〕徐蚌，指江苏徐州和安徽蚌埠。

〔4〕孙，指孙元良，当时任国民党军第十六兵团司令官。刘，指刘汝明，当时任国民党军第四绥靖区司令官，后任国民党军第八兵团司令官。

〔5〕白崇禧，当时任国民党军华中"剿匪"总司令部总司令。

〔6〕黄维，当时任国民党军第十二兵团司令官。

〔7〕张淦，当时任国民党军第三兵团司令官。

〔8〕邱兵团，指国民党军第二兵团，兵团司令官邱清泉。

〔9〕邱，指邱清泉。李，指李弥，当时任国民党军第十三兵团司令官。

〔10〕刘李，指刘伯承、李达，当时分别任中原野战军司令员、参谋长。

〔11〕有三时电，指一九四八年十月二十五日三时中共中央军委给陈毅和邓小平，并告饶漱石、粟裕、谭震林及刘伯承、邓子恢、李达的电报。

〔12〕宿蚌线，指当时的安徽宿县至蚌埠的铁路。

〔13〕定、合、六、寿、凤、霍、颍，指安徽定远、合肥、六安、寿阳（今寿县）、凤台、霍邱、颍上。

〔14〕陷电，指一九四八年十月三十日寅时中共中央军委给饶漱石、粟裕、

谭震林并告刘伯承、陈毅、邓小平的电报。

〔15〕俭电，指一九四八年十月二十八日戌时饶漱石、粟裕和谭震林给中共中央军委的电报。

〔16〕一九四八年十月三十一日，粟裕致电中共中央军委并报告陈毅、邓小平，华东局、中原局："淮海战役，当遵令于齐晚同时发起战斗，但不知陈军长、邓政委所部能否于齐晚发起战斗，请陈邓示复。""此次战役规模很大，请陈军长、邓政委统一指挥。"十一月一日，中央军委电告陈毅、邓小平、粟裕并华东局、中原局："整个战役统一受陈邓指挥。""同意陈邓世亥电，徐州西南方面我军之动作，依情况在三个方案中选择一个，由陈邓临机决定。"

〔17〕徐蚌段，指江苏徐州至安徽蚌埠的铁路。

〔18〕赵健民，当时任冀鲁豫军区司令员。

〔19〕刘邓李，指刘伯承、邓子恢、李达。

〔20〕宋张，指宋任穷、张国华，当时分别任豫皖苏军区政治委员、司令员。

〔21〕亳，指当时的安徽亳州。

〔22〕徐黄段，指江苏徐州至安徽黄口的铁路。

〔23〕孙丁，指孙继先、丁秋生，当时分别任华东野战军第三纵队司令员、政治委员。

〔24〕谢富治，当时任中原野战军第四纵队政治委员。

〔25〕黄李冯，指黄百韬、李弥、冯治安。黄百韬，当时任国民党军第七兵团司令官。冯治安，当时任国民党军第三绥靖区司令官。

〔26〕淮南路东，指安徽省内淮河以南、津浦路以东地区。

〔27〕孙丁马，指孙继先、丁秋生、马冠三。马冠三，当时任华东野战军第三纵队副参谋长。

〔28〕阜太，指当时的安徽阜阳和太和。

〔29〕刘金轩，当时任陕南军区司令员。

〔30〕陈谢，指陈赓、谢富治。

〔31〕陈张，指陈士榘、张震，当时分别任华东野战军参谋长、副参谋长。

〔32〕李延年，当时任国民党军徐州"剿匪"总司令部副总司令兼第六兵团司令官。

〔33〕巧二十四时电，指一九四八年十一月十八日二十四时中共中央军委给刘伯承、陈毅、邓小平并粟裕、谭震林的电报。

〔34〕巧二十一时电，指一九四八年十一月十八日二十一时粟裕、陈士榘、张震给谭震林、王建安、李迎希并报刘伯承、陈毅、邓小平及中共中央军委的电报。

〔35〕王张，指王秉璋、张霖之，当时分别任中原野战军第十一纵队司令员、政治委员。

〔36〕黄兵团，指国民党军第十二兵团，兵团司令官黄维。

〔37〕廖运周，中共地下党员，原任国民党军第八十五军第一一〇师师长。在淮海战役第二阶段中，于一九四八年十一月二十七日率该师师部和两个整团共五千五百人，在安徽宿县西南罗集起义。

〔38〕苏十一纵，指华东野战军苏北兵团第十一纵队。七纵，指华东野战军第七纵队。

〔39〕韦吉，指韦国清、吉洛（姬鹏飞），当时分别任华东野战军苏北兵团司令员、副政治委员。

〔40〕马丑电，指一九四八年十二月二十一日丑时中共中央军委给刘伯承、陈毅、邓小平并告粟裕、谭震林的电报。

〔41〕俭午电，指一九四八年十二月二十八日午时粟裕、陈士榘、张震给中共中央军委并邓小平、张际春的电报。

# 歼灭黄维兵团的作战总结*

（一九四九年一月三日）

军委，并华野：

对黄维兵团之作战，从十一月十八日阻击作战开始，至十二月十五日全歼黄维兵团止，共经二十八天。整个战役过程概分三段：从十一月十八日至二十四日为阻击作战的第一段；从二十四日夜我全线出击到十二月二日止为完成包围，紧缩包围，准备攻击，及对付敌人攻击的第二段；从三日夜起至十五日夜为对敌攻击并全歼敌人的第三段。

甲、第一段：敌十二兵团（黄维）为驰援徐[1]敌邱孙李三个兵团之作战，于十一月上旬由平汉线经阜阳企图向宿县进犯，十一月十八日黄昏该敌即抵近蒙城。当时我只有一纵到达蒙城，其余各部均未赶上。因此即以一纵首先在蒙城进行阻击作战，掩护后续部队到达。然因敌攻击正面很宽，我防御兵力过于薄弱，敌十九日突过涡河，十九日夜我一纵即移浍河沿岸，以板桥集为核心阵地布置防线，曾给敌以较大杀伤。我原拟在浍河、涡河之间出击，因地区过于狭窄，故决心收缩一线，在浍河与浍河之间歼灭敌人。部署上除将四纵、九纵和三纵一部位于正面防御外，以一纵、二纵、六

---

纵及三纵主力位于敌之西侧，并以十一纵位于敌之东侧。经过二十三日南平集东西地区顽强抗击的结果，敌伤亡颇大。二十三日夜，我们决心放弃南平集，以四九两纵在浍河以北布置一囊形阵势，企图诱敌十八军主力进入浍河以北我囊形阵势以内，利用浍河隔绝敌人，以便于我以四九两纵钳制十八军，而以一、二、三、六、十一等五个纵队由敌之东西两侧出击敌人，求得首先歼击较弱之十四军、十军和八十五军。这个目的，二十四日是达到了。但敌人进入我囊形阵地后，很快发觉其处于不利地位，二十四日午后即开始向浍河以南收缩；我们亦于同日夜全线向敌人出击，并乘敌混乱之际，压缩敌人于以双堆集为中心的纵横十五华里地区以内，完成了对敌人的包围。

这六天作战达到了下列目的：（一）由于我阻击部队的顽强，给了敌人以较大的杀伤。（二）引诱敌人进入我浍河以北囊形阵地以内，造成了敌人在收缩时极大之混乱。（三）利用了敌轻视我军，翼侧搜索不严的弱点，使我翼侧部队很顺利地实现了出击的计划。（四）由于我出击的猛勇，加深了敌人之混乱，并杀伤敌人达数千之众，使十四军基本上丧失了战斗能力。但是，我左翼部队六纵、十一纵，因完全用于担负防止敌人向东南逃跑的任务，没有力量先出击，所以敌人利用了这个弱点，很快地稳住了阵脚。

乙、第二段：从十一月二十五日至十二月二日，这七天，一方面是我们逐步压缩敌人，完成了严密的封锁包围阵地；一方面是敌人调整部署，收缩成了纵横十华里地区极坚固的防御阵势。在最初两天，我们对敌人战斗力的消耗和混乱的状态估计过高，对敌人防御坚强能力估计不够，故在作战上实行了过于猛勇的突击，我们的伤亡也在这两天最大，而收效则甚小。接着我们改掉了这个毛病，采取了稳重的攻击作战，并利用敌之突围或出击，给了敌人以极大的消耗。在这七天中，敌人曾多次向我阵地猛攻，而以二十七、二十八两天最为猛烈。二十七日敌曾以四个主力师向东南方向我六纵阵地猛攻，均被我击退，廖运周师亦乘敌出击时就势起义。此后，敌每天或以三四个团，或以一两个团，或以两三个营，在大量飞机坦克掩护下，向我四周阵地冲击，但均未得逞。敌人的战斗能力也就在这些出击中消耗过半（主要是战斗伤亡大），使我具备了转入进攻逐步歼灭敌人的条件。

这七天的作战经验是：（一）对于完成了坚强防御配系的敌人，只能采取稳步的有充分准备的攻击作战，轻率的没有充分准备的或只靠猛勇的攻击作战，不能收到任何效果，徒增自己伤亡。（二）充分利用敌人出击的机会，大量地杀伤敌人，消耗其战斗能力，打击其斗志，非常重要。只要我们有意地这样做，而且极顽强地对付敌人每一次的出击，就可以造成全歼敌人极有利的条件。因为对付敌人每一次的出击，我们都要付相当的代价，对付敌步、炮、空、坦克的联合进攻实属艰苦，故必须对此种作战方式的意义使上下有一致的了解。（三）我们曾考虑放开一个缺口，让敌突进我预想的袋形阵地，以便于我割裂钳击敌人。但因判断敌人必采取进占一村、巩固一村、逐步滚进的战法，而敌人多占一村，不但可利用我原有之工事组织防御，且可获得较多的民间粮食，于我不利，所以我们放弃了这样的想法，坚持缩紧敌人于狭小范围以困饿之办法，证明是对的。（四）为了紧缩敌人，并对付敌之突围或攻击，我必须构筑纵深的严密的坚强防御体系，每个村与村之间、阵地与阵地之间，均须有蜘蛛网式的交通壕以联系之。为了给下一步的攻击做准备，必须逐步地向敌人延伸工事（交通壕和地堡），每延伸一步，均须对付敌人的破坏和反击。（五）我利用了原有的关系，争取了廖师之起义，而起义的时间选择在敌人以四个主力师（包括廖师）平行地向我出击及敌人攻击最高峰的时候，收效颇大，给敌人在精神上打击不小。

丙、第三段：截至二日止，我们判断敌人仅伤亡和廖师的起义减员达三万左右，故决心于三日起使用预备队（华野七纵、十三纵）开始进攻。我们根据敌人防御态势，组成三个集团。以四、九、十一等三个纵队为东集团，对沈庄、李围子、杨围子及四个杨庄之十四军残部及十军之七十五师、一一四师进攻；以一纵、三纵、华野十三纵为西集团，对马围子、北玉皇庙地区之十军十八师及十八军、八十五军各一部阵地进攻；以六纵、华野七纵为南集团，向双堆集及其以南之敌进攻，而置重点于东集团。因为攻占沈庄、杨围子、杨庄等地后，就可以使敌人的防御体系残缺不全，就可以将敌兵团部的核心阵地完全暴露，并使敌人处在东西不过三里的狭长地区，便于我之割裂。俟东集团已有显著成效之后，我们又以华野三纵之一部加入战斗，并以陈士榘同志统一指挥华野七纵、十三纵、三纵、苏北[2]及中野六纵等五个纵队，置重点于南面，直攻双堆集。从三日起，每天都有进展，或四点攻击，两点成功；或三点攻击，一点成功；或两点攻击，一点成功，直至十五日夜间敌人突围全被歼灭为止。

其经验是：（一）攻击阵地之编成是极端重要的。中野各部或很少这样攻坚作战经验，或一年以来没有进行大的战斗而感到生疏，故在开始时很不熟练，组织不够精密。比较完满的经验是在战斗中逐步学习而来，信心一步一步地提高，伤亡亦越打越少。对这样的敌人进行攻击，决定于阵地的编成及火力的组织。阵地的编成必须是无数的交通壕和地堡网，或单人的散兵坑（为防止敌炮火及坦克的摧毁，单人散兵坑比地堡更为适用），平行和纵横交织地从四面八方向敌人阵地前进，我们的工事迫近敌人愈近，就愈易奏效和减少伤亡。曾有两个团，一个团的工事距离敌六十公尺，完成了突击敌人的任务；一个团工事距敌一百公尺，结果在攻击时，我突击队尚未到达敌第一线工事即伤亡殆尽，没有完成任务。此后，一般的对敌攻击工事，都距敌人极近，有的挖到敌人第一道鹿砦以内，所以易于奏效。敌人最怕的是我们的交通壕和地堡群（或单人坑）向其逐步逼近，所以敌人每天都在破坏我们的攻击准备。一般是以几辆或十辆左右的坦克，配合一两个营或一两个团的步兵，向我最迫近的工事反击，主要以坦克的炮火摧毁我们的地堡，或直接以坦克压毁我们的地堡、沟壕，这是各部队最感苦恼的事情。有效的办法是，各部队从四面八方同时逼进，可使敌应付不及，一点被破坏，其他各点仍可攻击。在开始时，我们有些部队只以一两条沟壕向敌前进，遭到敌人破坏，后改以多路沟壕同时并进，互相支援，获得成功。（二）火力组织。攻击的火力，必须集中和有严密的分工。中野各部火力比较薄弱，如一三两纵的火力，只有集中一点，方能成功，分散即无力量。凡使用于攻击的火力必须紧随突击队之后，预先进入阵地。一般平射炮火配置第一线，对敌前沿及突破口两侧，实行摧毁

射击，为步兵开辟冲锋道路。曲射炮火和重炮则配置第二
线、第三线，摧毁敌纵深主要地堡工事，压制敌火力和封锁
敌预备队反击的拦阻射击。一般我们的突击队和各火器为避
免敌空军的扰乱及地面炮兵的威胁，必须在先一天晚进入阵
地，步兵都须准备第二天整个白天对付敌人的攻击，而尤应
以防坦克武器随步兵进入阵地，以加强对敌坦克作战。因我
炮火较弱，我们曾大量地使用了土造的炸药抛射筒，收效极
大。这种武器须要制式化起来，大量制造，携带亦极便利。
在全战斗过程中，敌人浓密的炮火对我威胁颇大，我们采用
指定若干炮火（主要是迫击炮），专门对付敌人炮兵，以压
制其炮火，收效良好。火力的指挥亦属重要，一般配属于突
击队的全部火力（第一、第二线）由担任突击的部队首长直
接指挥之。第三线炮火则由本战斗高级指挥员指挥之。（三）
该地区村庄多为互不连接的独立家屋，且多沟渠，敌即利用
此特点组成防御配系，即以大量的地堡群、掩蔽部和交通壕
构成互相贯通联系的、一般是两三层鹿砦和三层地堡群的纵
深配系，且工事越到纵深越坚固，兵力亦愈到纵深愈雄厚。
所以我每攻击一点，都必须有纵深破坏、连续突击的充分准
备和步兵组织，其中最重要的是要求步兵在突破敌第一线阵
地之后，不要混乱，能继续攻击，炮兵能按预定计划及时而
准确地延伸火力，支援步兵。这点在全战斗过程中是我们最
大弱点。几次攻击未能奏效的原因，都是由于步兵队形混乱
及步炮协同不好而被敌反击出来。步炮协同的问题，还须要
在今后练兵中统一加以解决。敌军俘官反映我们在突击敌人
第一线阵地时，步兵的组织及炮兵的火力统一良好，到纵深
后则队形混乱，炮火无力，这是很真实的。（四）攻击一点

时，突击点应该多选几个，其中有主要的、有辅助的，否则敌集中兵力和炮火反击，我易被敌反击出来。同时必须有迂回的沟壕截断敌之退路和后方联络线，这对敌威胁极大，且便于对付敌之增援。（五）敌人阵地组成极为纵深与复杂，故事先确实严密的侦察，乃攻击成功的决定条件。几次不成功的战斗，都是由于没有精密的侦察，致使各种攻击准备均不切实。我们不少旅、团干部对这样的攻坚战缺乏经验，吃亏不少。许多成功的战斗，都是各纵队和得力的旅、团首长亲赴前线侦察和组织获得的。每当攻击之前，担任突击的各级指挥员及炮兵干部，乃至班长战士，都应迫近敌方，多方面地观察（即不能只观察自己的一面），侦察工作必须能切实查明敌主力（屯兵场所）所在，全阵地编成的概况，大炮位置，指挥位置等，而有明确的分工，才易奏效。（六）我们的指战员都是极其英勇的，但要保持他们的信心，必须要我们的上级指挥员有精密的战斗组织。我们的经验是：每一个胜利的战斗，都增加了全体指战员的信心。但是，在连续几个胜利之后，又容易造成疏忽，必须了解敌人困兽犹斗的特点。即是我们认为战斗力最弱的十四军，在防御方面亦是非常顽强的，对于任何一点的攻击，都不可存侥幸取胜的心理，或在胜利中产生轻敌的心理。（七）对付敌人新式的或接触较少的武器，应预先教育和讲求预防之办法。敌人的坦克此次发挥作用较大，直到最后我们的办法还不够多。我们的防坦克武器很少，且无弹药，敌人使用的多系十五吨或三十吨美式坦克，一般战防枪和日式战防炮都对之无效。火箭筒有效射程在百米以内，而敌坦克则在二百米左右开火。而主要的还是我们的办法太少，火箭筒射击亦不够沉着和准确，但有的用火烧坦克，有的在工事前面挖掘阻绝阵地，都曾收到良好效果，而用榴弹炮、野炮、炸药等对付坦克的办法，尚无经验。对付坦克的甲雷部队没有。敌人的火焰喷射器，在其初用时曾引起个别部队的混乱，以后就好了。敌人曾多次使用催泪性瓦斯弹，因为我们曾事先教育部队防毒，使战士在精神上产生了紧张状态。某部在攻击杨庄时，就因为敌人放毒发生混乱，直到明了其作用不大时才安定下来。（八）由于我们从敌人投降的士兵中及时了解敌人内部的情绪，以及有良好的观察，对敌突围行动能迅速发觉，前线部队处置亦属及时，特别是我军纵深很大，故突围之敌除少数人员外，全部就歼。（九）通信联络上下左右经常通畅，保障协同动作和命令及时下达，极为重要。这次我们围绕双堆集四周构成长达一百三四十里的环形电话网，始终保持顺畅通话，有的纵队到前线部队，或到友邻部队，均架有双线。在敌人突围兵慌马乱的情况下，亦还保持了电话联络，对及时调动部队、通报情况，保障甚好。即远在蚌埠、怀远以北阻止李延年兵团之部队，亦和攻击黄维的部队沟通了电话，在指挥上甚属便利。（十）不断地对敌进行政治攻势，收到相当效果，不断地有成班成排的敌人向我投降。二十三师三千余人在师长率领下的投降，十一师三十三团残部在副团长率领下向我接洽投降，尤为显著的例子。（十一）此次歼黄维作战，事先进行了充分的动员，每个指战员都下了最大的决心和具有充分的信心，在转入全面攻击之前，野战军司令部首长曾公布命令，严申战场纪律，规定纵队首长有执行最高军纪之权，重复宣布不惜最大伤亡，实行火线编队的决心。所以各部这次的作战，都是极其坚决和顽强的。多数部队都经过两三次的火线编队，继续作战，故能最后地达成任务。从十一月二十五日起到十二月十五日止，整个二十二天，所有部队都在野外战壕中生活（敌大量空军轰炸，有村庄也不能住），有的部队终日在有水的战壕里生活，且极度疲劳。所以不间断的战时政治工作和管理教育，特别是改善部队生活，极端重要。这些方面，各部队做得是比较好的，部队的情绪一直是高的。（十二）后方勤务的保障做得很好，支前司令部及支前办公室尽到极大的努力。粮食、油、盐、担架等做到源源供给，没有困难。弹药的供应，在极端困难的条件下，保障了迅速准确的供应，前线部队极感满意。

丁、歼灭敌人后，十五日夜间及十六日整日，战场极为混乱，抢缴武器、汽车、大车，乱放枪炮的现象，极端严重，为中野以往历次作战所未有。我们高级指挥机关未做预防处置实为主要原因。但亦暴露了中野各部存在着极严重的无政府无纪律状态，应引起最大警惕，予以克服。同时必须指出，四纵二十二旅担任战场警戒，在旅首长模范领导下，纪律良好。如本旅缺炮，而所得炮全部上缴等，均属难得。此种为人民解放军所应有的风气，应予表扬和提倡。

邓小平　张际春<br>子江

## 注　释

〔1〕徐，指江苏徐州。

〔2〕苏北，指华东野战军苏北兵团第十一纵队。

# 从军队的正规化着眼，
# 克服无组织无纪律状态 *

（一九四九年一月十一日）

毛主席：

　　近两月我们在前方的工作，已商由子恢[1]同志报告，我这次只谈军队的问题。

　　中野自十月下旬至歼黄维兵团五十多天的加油作战，一般部队都很积极，问题很少。其原因是经过去年八、九月的整党，对各级干部教育均大，官僚主义大大减少，干部责任心大大提高。有一批过去专抱不满情绪的人，消极怠工的人，思想上不纯的人，一般均有进步，多数转变甚好。因为干部负责，战士逃亡的也大为减少，在战斗中从上到下均颇顽强。一纵歼一八一师，三纵攻宿县，均能迅速解决战斗。歼黄维兵团时各部均下了最大决心，不顾任何代价，坚决消灭黄维兵团的意志一直贯彻到下面。故在整个作战过程中，各纵队虽经过三次到四次的火线编队，没有叫苦的。但是在总攻的时候，中原各纵伤亡达二万余人，气已不足，结果使用了华野两个纵队才解决了战斗。而在中野各纵中，四纵、九纵及六纵比较充实，伤亡虽大（四纵九千余，连同淮海战

---

　　* 这是邓小平给毛泽东的电报。

役第一阶段约一万一千余。九纵六千余，六纵五千余），尚能一直攻到底，战功亦较大。三纵在淮海战役前仅一万六千人，攻宿县伤亡一千五百人，打黄维兵团又伤亡四千五百余人。一纵战前三个旅九个团仅一万七千人，打一八一师伤亡一千五百人，打黄维兵团又伤亡三千人。故在最后，均已丧失攻击能力。二纵及十一纵在战前均仅一万二三千人（所有人员在内），就更难担负艰巨任务。战后各纵一致感觉，中野不充实之，业以不能独歼黄维兵团，增加华野过大负担为憾。同时，这次还暴露了以中野现有火力打这样的仗实嫌太弱，幸弹药充足，补给及时。特别是战场范围不大，我能交换集中使用，且有华野一部分火器加入，才勉强应付过去。歼灭黄维兵团后，部队虽伤亡较大，干部伤亡比例更大，但士气甚好，特别是在大规模的攻坚作战方面，过了一个重要的关。这是一个极大的收获。大家历来最关心的补充问题，已决定由豫西的七万地方武装（包括机关学校）中抽补三万人，由豫皖苏的七万余人中抽补三万五千人。加上中央军委允从华北及平津俘兵中补充的七万人，则中野补足三个兵团九个军，每军三个师，还属可能。不过大批新兵、俘兵补入，武器缺数很大。如军委能从平津缴获的武器中调剂一批步枪、轻重机枪和炮，由俘兵带来更好。

关于部队的思想情况。一般说来，打过长江虽都知道一定要去，而且很快要去，也知道惟有打过长江才是正确的。但北方人到南方确实具有恐惧心理。过去每次向南行动，总要逃亡几百人。所以过江动员仍是一个艰苦工作。

关于部队中的无政府无纪律状态，严格说来，过去尚未作根本的清算，仅仅一般地提出了问题，收效不大。自定章程法规的事仍时常发生。多报人数、多领粮食衣物的事更属普遍。在军队管理方面，极端松懈和散漫，很少部队注意军风纪律，部队装备随补随丢，对公物极不爱惜，军容不整，以滥为光荣。名义上是正规军，而在组织和习惯上则仍是游击状态。至于其他不守纪律的事，随时均有发现，不能一一列举。

　　中野这些无政府无纪律状态，有其较长的历史原因。如过去长期部队极不充实，组织机构及装备亦甚简陋，供给向来以节约为第一，很难讲求军容。而到大别山后，则更讲不上统一的制度，各部机动性极大，上面的要求亦无法严格。一直到去年十月，才开始恢复了正常的供给。加以两年多来，部队一直忙于行军作战。有短时休整，又多忙于战后工作和新的战斗准备，故学习生活极不正规。这些都是客观原因。但更重要的是，我们领导上历来多注意于作战、群众纪律、部队的团结和朴素的风气，对其他方面的要求多不严格。所以要克服中野的无政府无纪律状态，必须从造成干部学习党的理论和政策的空气着眼，从军队的正规化着眼，从领导上贯彻到底着眼。我们已在这次两个月的整训中提出了这样的方针，并使之贯彻到底。

邓小平

一月十一日

## 注　释

〔1〕子恢，即邓子恢。

# 为晋冀鲁豫烈士陵园题词

### （一九四九年一月）

　　人民解放事业的胜利是无数先烈用自己的鲜血换得，追念我们的先烈，不但要我们珍贵这个事业，巩固这个胜利，更重要的是发扬他们艰苦卓绝、英勇奋斗和自我牺牲的精神，继承他们的遗志，为达成中华民族和中国人民的最后地最彻底地解放而奋斗。

晋冀鲁豫烈士陵园纪念

邓小平　敬题
一九四九年一月于中原前线

# 关于渡江战役的二十三份电报 *

（一九四九年二月四日——五月十七日）

一

丑江电[1]奉悉。经初步研究，为适应形势发展，我军提前于三月初行动，向南进军。虽然整补略嫌不够，但仍然是能胜任执行作战任务的。因此，我们对一切渡江准备工作当加紧进行，以便三月初待命行动。惟照丑江电部署计算，林罗[2]部整训至三月上旬为止，于三月十号以后行动，则与中野、华野出动距离会相距一月以上。如此会给敌人以抽调武汉兵力转用于京[3]沪的机会。如果发生此种情况，对

---

* 这里收入的是邓小平和总前委指挥渡江战役的二十三份电报。淮海战役结束后，一九四九年二月，中共中央军委决定，总前委照旧行使领导军事及作战的职权。三月，中共中央决定邓小平为华东局第一书记。根据中共中央向长江以南进军的方针和指示，在中共中央军委和总前委的统一指挥下，一九四九年四月二十日，中国人民解放军第二、第三野战军从江西湖口至江苏江阴段横渡长江，发起京沪杭战役。与此同时，第四野战军先遣兵团亦进至武汉正面，策应第二、第三野战军渡江作战。至六月二日，战役结束，共歼灭国民党军汤恩伯集团及白崇禧集团四十三万余人，解放了苏南、皖南、浙江广大地区和江西、福建、湖北部分地区及南京、上海、杭州、武汉等重要城市，宣告了国民党政府二十二年反动统治的灭亡，为中国人民解放军继续向福建、华南、西南地区进军奠定了胜利基础。

中野、华野的渡江作战是不利的。据现有材料，敌方除武汉兵力外，现在苏南、皖南可集结五十五个师。我们考虑为求渡江作战更加稳妥，且不妨害林罗休整及改编伪军，建议先抽派林罗部五个军、六个纵队，计四十万人，目前即开至安阳、新乡休整，提前南下，担任于华野、中野渡江时即行包围汉口，钳制白崇禧使其不敢他调，似更有助于我们渡江和夺取京沪。预计林罗部抽调五个军、六个纵队提前南下，部队必然略带疲困，但其目的只在迫近武汉及长江中段，初步起钳制作用。当地如鄂豫、江汉、桐柏均有地方党政及群众作依靠，仍可进行休整，俟林罗大部南下到齐再转入大举进攻仍属有利，而于下游夺取京沪则更加稳妥。以上意见是否妥当，请考虑见示。

> （一九四九年二月四日和陈毅给中共中央的电报。二月八日毛泽东为中共中央军委起草了给邓小平、陈毅等的电报，指出："四日电悉。你们加紧整训，准备提前一个月出动，甚好。望照此去做，不要放松。但在实际上，三月仍须整训，并须着重学习政策，准备接收并管理大城市。"）

## 二

我们于丑佳（二月九日）召开总前委会议，中原局负责同志均参加，具体讨论了渡江作战问题。

一、关于渡江时间。我们一致认为，以在三月半出动，三月底开始渡江作战为最好。因为在政治上，以乘敌内部尚未求得一致，对军事部署尚在守沿江南岸和京、沪、杭诸点或将主力撤至浙赣路沿线两策之间徘徊的时候，实行渡江较为有利。在季节上，四月初水小雨少，更便于作战。在准备工作上，确较仓促。只要前后方加紧努力，当可成行。有些准备工作（如雨具、纱布等），即再推迟一个月，亦难办到。如推迟到四月出动，四月底五月初渡江，则敌在政治上和军事上有更多准备。特别在季节上，已届春雨桃汛时间，困难增多，仅在准备方面略较充分。如提早在三月初出动，三月中旬过江，虽在政治、季节诸方面更属有利，但许多切要的准备工作，都来不及。

二、关于战役部署。依现态势及华野、中野[4]具体准备情况，确定以华野四个兵团，中野一个兵团为第一梯队。华野之四个兵团，一个任江阴、扬州段，一个任南京东西段，一个任芜湖东西段，一个任铜陵、贵池段。中野一个兵团则任安庆东西段。中野另两个兵团，除以一个军进至黄梅、宿松、望江段佯动外，其余五个军作为总预备队，以便紧随首先突破的部队之后，适机渡江钳制。而我们预定的突破重点位置，拟在芜湖、安庆地段。至于突破江防之后的作战，则视当时情况决定。

三、关于开进。华野两个兵团，已在两淮[5]及蚌埠以南。其余两个兵团，当在宿县东西地区。拟先移一个兵团至合肥，另一兵团则于三月半移动，以半月行程到达江边。中野各部路程较远，拟于三月初旬移至潢川、固始、六安之线休息，待机即向指定位置开进。

四、华野、中野指挥机关拟于三月初移至合肥及六安，并各派先遣部队迫近江边了解情况，并作准备。

五、为适应紧迫的作战要求，安徽省委必须立即建立。宋任穷、曾希圣[6]等应即到职，使有所依托。否则，江淮、皖西不能统一，妨害极大。对建立皖豫鄂三省委事，前曾数次电报，究应如何，恳早示复。如中央认为此时尚非建立省委时机，而为作战需要，我们建议，豫皖苏分局移至合肥，统一领导皖西、江淮两区及豫皖苏之安徽部分，而将豫皖苏之河南部分，交由中原局另组区党委管辖（但困难很多）。究应如何，请早示复。

六、关于出动准备。部队思想渡江无大问题，具体准备则有许多事项尚无着落，务请军委、华东局予以解决。其最重要者有：

（甲）弹药，华野仅有携行基数，中野则连携行基数均无，所缺详数前已电报，务恳赶运。

（乙）华野、中野药品及电讯材料均未解决。中野已派齐仲桓部长、叶云章副局长[7]来军委请示，亦恳迅速批发赶运。

（丙）现洋及人民钞票[8]，三月初就要用，应携带数亦应赶运。

（丁）地图，华野已有者不足自用，中野一份没有，应到何处领取，请示。

（戊）华野、中野现共有汽车约千辆，汽油很少（中野已经没有），而汽车又是我们的主要运输工具，务恳从速批发足够量（前已报告），否则一切辎重都动不了。

七、粮食是最困难的问题。主要是就地筹集，但仍须后方准备大量接济。除华东外，我们意见，中原局亦应予准备，以豫皖苏及鄂豫力量支持中野一个时期，直到过江为止。

八、为保障华野、中野行动，建议东北野战军即以三个军约二十万人迅速南下，于三月底运至武汉附近，牵制白崇禧。

九、以上八项，均带有时间性，请考虑电示。

（一九四九年二月九日和刘伯承、陈毅、粟裕、谭震林给中共中央军委并中共中央华东局的电报）

三

渡江作战之研究与山地河川战术两集，其中有前年渡河战术指导，前已发作教材。兹据最近情况提出渡江战术注意事项如次，望各干部结合实际研究实施：

其一，敌人在长江北岸，以桥头堡要塞及江洲支点等构成的掩护阵地，其企图是及早查明我渡江部署，堵我渡江出口，配合其舰队飞机迟阻我渡江行动，以掩护江南主阵地的防御实施。

其二，我们从事于渡江的战术训练船筏及其它器材的搜集，特别是侦察的实施等，首先要把敌人在江北的掩护阵地扫除，直达江边，才能进一步作切实的准备，此时各部队应派出干部观察所，携带望远镜（炮兵更易），察明江幅流速、江洲，尤其是南岸地形工事，敌人如何配置。对于所发现目标在何时何处如何动作都应登记下来，作为判断决心之基础。这种观察与实际中的侦察结合起来作用更大。渡江的炮兵、工兵等协同动作的组织也与行动相关，干部在实地侦察中实施之。

其三，在扫除敌人江北桥头堡支点时，特别对妨害我主要渡河点之敌，力求截断其退路，割裂其部署，予以速歼，不使其退守江南，增加以后的抵抗力。如敌人所守备的地点不妨我主要的渡江作战或其重兵固守难攻之时，则当以一部兵力封锁之。如其中与我建立有可靠关系之敌，则劝其撤到南岸，为我控制船只，接应渡江，同时我应派人去掌握其行动，并进行江南侦察。

其四，在夺取与控制江北渡口桥头堡后，即应开始组织我渡江的突击部队与掩护部队，并在实地侦察训练，不但组织防空，并以炮兵射击敌舰，封锁江面。

其五，对敌人堵塞我船筏出口的障碍物，或直接排除之，或另开水沟驶出船筏，或推船筏翻过坝头出江，均须依据具体情况而决定之。但船筏应排列于隐蔽的船坞，以便防空而容易出航。

其六，因长江及其两岸地形经常变迁，故不能专靠地图，必须实地侦察，进行判断而善于利用之。

（一）江幅狭窄部容易漕渡，且便于我岸的火力掩护，但一般流速大。

（二）江幅过宽，则与上项相反，如江中有浅底，特别是有错综罗列的江洲，则敌人舰队受到一定航路的限制，易遭我炮击，只能以小船游击，这些江洲我应分别夺取之，而以火力互相掩护，集体跃渡长江，或据江洲作掩护渡江的阵地。

（三）湾曲部向我岸鼓出者，可以组织交叉火力，掩护渡江。

（四）南岸常有游泥，特别在敌短兵火力下不易登岸，这要我们善于组织战斗，并铺上芦苇或木板通过之。

（五）南岸湖沼限制我登陆机动，我只能用之为掩护阵地，我在登陆后，必须向无障碍地带机动。

（六）如登岸处急峻，则先头部队须带梯子攀登之，尔后即修筑码头与通路。

其七，当我占领南岸掩护阵地时，我炮兵应先以一部转到南岸阵地，支援部队向前进展，压制坦克活动，拦阻敌人进入，控制或炮击敌舰，掩护渡江。此时两岸的对空射击，应能确实掩护渡江。

其八，各路渡江军队，应以宽正面而有重点地（对敌弱点）同时渡江，一达南岸，首先是以足够兵力横扫敌人，扩大突破地段，接应友部登陆，接着（即主要地）放胆向指定地点透入挺进，贯穿敌人纵深截敌退路而兜歼之。不可为途中残敌（或掩护队）所抑留。这些残敌，只能由后梯队派一部兵力肃清或封锁之，各部队在挺进攻击中，应有随伴炮兵发挥威力。

其九，我军一达江南岸，应向主要方向派出先遣支队，察明敌人纵深部署与我军前进道路之状况，最好以工兵（带器材）附与该支部队扫除地雷与修复道路。

其十，在渡江作战向江南进军中，对敌人的政治攻势必须与战斗配合实施。

（一九四九年三月二十三日和刘伯承、李达关于准备渡江作战给第二野战军各兵团首长并报中共中央军委和第三野战军的电报）

# 四

甲、蒋军集结于上海至安庆段之兵力，计有二十四个军七十二个师，共约四十四万人左右。其中直接担任江防者，计十八个军四十九个师；控制于浙赣线上杭、金、衢、徽〔9〕地区者计有六个军二十三个师。可作机动使用者，大约有四个到五个军。

乙、我第二、第三两野战军全部，以歼灭上述全部或大部蒋军，占领苏南、皖南及浙江全省，夺取京、沪、杭，彻底摧毁国民党反动政府的政治经济中心为目的，决于四月十五日十八时，以全线渡江作战，开始进行本战役〔10〕。

丙、判断于我渡江成功之后，可能产生的敌军变化是：

（一）收缩兵力于京、沪、杭三角地区和南京、芜湖地区，控制南京、上海、杭州、芜湖、镇江、无锡诸要点，并图于我东西两军相距尚远之际，集结兵力与我突进至京沪线上之东线兵团实行决战，而以芜湖以西各部退至浙赣线上，以保障其退路。

（二）向后撤收，一线在无锡、南京、芜湖及其以南地带布置防线，利用浙赣铁路迅速转运兵力控制浙赣沿线，确保南京、芜湖两要点，并求得割断我东西两军之联系，然后再视情况，或在京、沪、杭三角地区与我决战，或退在浙赣线上与我决战，或沿浙赣线作战略之撤退。

（三）主动放弃武进、镇江、南京、芜湖地段，沿江各敌全线向南退集浙赣线上和无锡、上海、杭州沿海地带，以便利用铁道和海口作顽强之抵抗，或作有秩序之撤退。

（四）在情况不利于撤退的时候，分别固守京、沪、杭诸点，以图顽抗。

（五）只要我军渡江成功，无论敌人采取何种处置，战局的发展均将发生于我有利之变化，并有可能演成敌人全部混乱的局面。

丁、我军的作战纲领：

（一）战役第一阶段，达成渡江任务，并依据下一阶段之要求，实行战役的展开；第二阶段，达成割裂和包围敌人之任务，并确实控制浙赣线一段，断敌退路；第三阶段，分别歼灭包围之敌，完成全战役。

（二）战役的准备，应以能够应付丙项第一、第二两种情况为出发点，要计算到我东线兵团渡江成功之后，可能遇到严重的战斗，故西线兵团应给以及时有力之支援。

（三）无论敌人采取何种处置，情况发生何种变化，西线之三野第七、第九两个兵团，除留必需兵力协同二野歼灭当面之敌外，主力应与东线三野之第八、第十两兵团实行东西对进，力求迅速会合。此着成功，既可使东线兵团不致孤立，使东线主力作战有必胜之把握，又可做到打乱敌人作战体系，达成割裂包围敌人之目的。故此着实为全战役之关键。

（四）如敌实行第一方案，则应集结三野四个兵团的主力甚至全力于京沪线上的决战方面，而以二野之一个兵团进至衢州及其以北以西地区，截断浙赣线，二野主力应沿江东下担任攻占芜湖及准备攻取南京之任务；如敌实行第二方案，则可改以二野主力出浙赣线，余同第一方案。

（五）如敌实行第三方案，则以二野一部接替南京警备，主力解决浙赣线上之敌，三野全力负责解决沪、杭、无锡地带之敌。

（六）如敌实行第四方案，则以二野解决南京，三野解决沪、杭。在步骤上，宜将上海放在最后解决较为有利。

（七）如敌完全混乱，则依实际情况临机处置。

戊、战役第一阶段——渡江作战的部署：

（一）由粟裕、张震[11]两同志率三野统率机构，直接指挥三野第八、第十两兵团之主力，共六个军及三个独立旅，由张黄港至龙稍港段及由口岸、三江营、京口段实行渡江，另以第八兵团之三十四、三十五两个军，于战役发起同时，以积极佯攻的手段，吸引和钳制两浦[12]之敌。渡江成功后，除留部队歼灭沿江当面之敌外，应以主力迅速向京沪线上挺进，控制铁路一段，力求首先立稳脚跟，调整态势，巩固阵地，巩固后方联络线，然后扩张战果，对敌人作有后方的、有秩序的进攻。如条件许可，则应派队向西发展，截断京杭公路，如敌进攻，则求得在野战中逐步地予以歼灭，如力量不足，则继续巩固阵地，以待第七、第九兵团赶到时协同歼灭之。

（二）由谭震林[13]同志指挥三野第七、第九两兵团，由裕溪口至姚沟段及由姚沟至枞阳镇（不含）段实行渡江。渡江成功后，除留足够兵力歼灭沿江当面之敌，并监视芜湖之敌外，主力应迅速东进，与第八、第十两兵团会合，截断京杭公路，完成对京、沪、杭地区敌人之割裂，并协同第八、第十两兵团各个歼灭之。

以上两路（四个兵团），归粟、张统一指挥。两路之具体作战部署，第七、第九两兵团之东进路线，均由三野首长另以详细命令规定之。

（三）二野由枞阳镇（含）至望江段实行渡江。渡江后除歼灭当面之敌外，应以一个兵团以最快速度迅速挺进至浙赣线衢州及其以西以北地区，确实控制浙赣铁路一段及屯溪南北公路，断敌退路。二野主力则应迅速东进，接替三野留置部队的任务，担任歼灭芜湖地区之敌，并准备攻取南京[14]。二野各兵团之具体作战部署，由二野首长另以详细命令规定之。

（四）各部队于渡江成功后，应派队接引左右友邻兵团渡江，各部队应与友邻部队切取联络，互通情报，密切配合，并积极主动地支援友邻作战。

己、总前委使用华东局电台，与两个野战军及三野四个兵团联络。三野各兵团，凡有关作战事宜的电报，除发给粟、张外，应同时发给总前委。

庚、有关作战的战术、技术、通信联络、后勤工作诸事宜，由两野战军自行命令规定之。

辛、这是战役的基本纲要，所有规定执行事宜，及随着战役发展之各项处置，随时由总前委以单个命令规定之。

> （一九四九年三月三十一日为总前委起草的《京沪杭战役实施纲要》，于四月一日上报中共中央军委并告刘伯承、李达、张际春。四月三日中央军委批复同意。）

# 五

灰丑电[15]悉。前接虞电[16]后即令部队调查江水情况，尚未获答复。顷据曾希圣等说：他们在长江边驻数年，每年阳历五月初开始涨大水，而且五月的水比七八月还大，两岸湖区均被淹，长江水面极宽，届时渡江作战将发生极大困难。同时现我百万大军拥挤江边，粮食、柴草均极困难，如过久推迟，则必须将部队后撤就粮、就柴草。所以我们意见，只有在能保证和平渡江的条件下，才好推迟时间，否则亦应设想敌人翻脸，大江不易克服时，准备推延至秋后过江。果如此，则从五月起的大军供应必须由老解放区重新准备，此点亦甚重要。按目前部队准备情况，立即渡江把握颇大。先打过江，然后争取和平接收为更有利。究应如何，请核夺。

（一九四九年四月十日为总前委起草的给中共中央军委的电报）

六

我十五军在渡江准备工作中征集船只及使用的经验介绍如下，供参考。

（甲）沿江各湖船主，为避免敌人抓船兵，事先将较大船只沉没湖中。我们仅靠部队从湖面收集船只，收效甚小。如能预先调查各湖原有船只及水手数目，命令就近保甲人员限期如数征调，收效较大。

（乙）对船工，依其原有之政治进行训练，启发其自觉性。最好由负责人亲自动员，说明只要送我过江，绝不叫当兵。使用时，应根据其地区性及船只数量，分配给部队连营演习，使战士同船工互相熟悉，建立感情。事实上，战士对船工非常尊重爱惜（有的连队自动给船工送肉）。而船工认识到一船人如一命，责任心提高，并告诉战士如何坐船，防止危险，教战士如何划船，以及介绍长江水性等办法要点，战士信心大为提高。

（一九四九年四月十日和刘伯承、李达给总前委、第三野战军并报中共中央军委的电报）

# 七

十一日六时电[17]奉悉。

（一）设想江水大发，即推迟一个月后用战斗渡江困难甚多。粟张电[18]所称各项困难在安庆、芜湖段亦相同。故就水势一点来说，推迟半月即在二十九日以前渡江，估计尚无大碍，但粮食柴草困难；如在二十二日前渡江尚无大问题；如再推迟一礼拜到二十九日则困难不少。我们拟于日内召集粮食会议，准备由徐州赶运粮食至合肥，再由合肥用汽车运至前方。因此，请军委再帮助我们解决一批汽油，以利运输。至于柴草则更难解决。

（二）我们完全同意第一步提出将当涂至彭泽段及下游江阴、常熟两城让给我们的方案，做到这一步就可以应付任何变化。

（三）从军事上说，以二十二日渡江不再推迟为好，即使政治上必需，也以不要推迟至二十九日以后为好。

（四）已令各部于十一日至十六日不作任何战斗。

（一九四九年四月十一日为总前委起草的给中共中央军委并告刘伯承、张际春、李达，粟裕、张震的电报）

# 八

（一）电示[19]悉（只收到一、二、三段）。我们同意推迟一星期，即推迟至二十二日渡江。但我们意见切不宜再推迟，否则困难甚多（部队无粮草、群众无时间填补堤坝等）。如能比二十二日提前三、两天更好。

（二）推迟一星期事，请二野、三野即下达。

　　　　　（一九四九年四月十一日为总前委起草的给中共
　　　　　中央军委并告刘伯承、张际春、李达，粟裕、
　　　　　张震的电报）

# 九

为配合谈判[20]，我渡江时间已奉军委电令推迟一星期，即推迟于二十二日发起。又为配合谈判之需要，确定安庆不攻，确定对芜湖对岸、镇江对岸之桥头堡（其他江北据点不受此项限制）及各江心洲之攻占时间，一律照原定计划推迟一星期，例如原定寒（十四日）者推至马（二十一日）施行。望遵照为要。

　　　　　（一九四九年四月十一日为总前委起草的给刘伯
　　　　　承、张际春、李达，粟裕、张震，谭启龙、王
　　　　　建安、吉洛（姬鹏飞），宋时轮、郭化若并报
　　　　　中共中央军委的电报）

# 十

此次我军推迟一星期渡江，完全是在政治上和军事上所必须采取的步骤。但因此也容易产生松懈战斗意志和迷失方向的危险。因此，你们必须在师以上干部中说明下列诸点：

（一）和平谈判颇有进展，有可能在最近签订协定。此种协定实际上就是国民党的投降，故于全局和人民有利。

（二）我们渡江应站在政治上最有利的地位的基础上进行，即是说如果谈判破裂，责任在对方。如果协定签字后对方不实行或拖延执行时间，其责任亦在对方。我们在谈判结束（破裂或成立协定）之后渡江，则是理直气壮的。而且当我们在政治上做到这一步时，敌人内部将更加瓦解，好战分子内部将更加孤立混乱，不仅争取了主和派，还可能分化一部分主战派，全国人民必更拥护我们。届时，无论和平渡江或者战斗渡江都更有利。

（三）要估计到现在国民党军队大部分还握在蒋介石死党手上，即使签了协定，他们都还有继续抵抗的可能。所以，我们一切应从战斗渡江出发，而且因为敌人必然利用此时间加强其沿江军事准备，故我们亦应利用此时间更充分地进行军事准备。如果放弃了自己的战斗准备，那不仅是错误的，而且是危险的。

（四）如果政治上需要，时间还可能再一次推迟几天。所以，在部队中要一面防止急性病，一面防止战斗意志的松懈。

（五）大家最担心的季节和江水问题，中央对此亦极重视。计算时间，本（四）月底以前，江水尚不致有大变化。

（六）时间推迟的另一大问题是粮食、柴草、油盐，各兵团必须具体计算，拟出办法报告我们，以凭解决。

（七）在延长渡江的时间内，中心工作仍应放在加强战斗准备。但亦可利用此时间传达二中全会决议[21]，此点请各党委自行斟酌决定。

> （一九四九年四月十二日为总前委起草的给第二、第三野战军前委和各兵团党委并报中共中央军委的电报。四月十四日中央军委复电：总前委指示电甚好。请二野、三野即照此指示向师以上干部着重说明推迟渡江时间的理由，加强战斗准备工作，并多筹粮草油盐。渡江时间仍按四月二十二日实施，不要改变。）

# 十一

据四分区反映，由于我之翻坝、堵口、开河，已引起群众极大忧虑，一为我已疏通入江河口（如临江坝神塘河等），担心江泛水淹，尤其担心将来堵塞不及，江水决堤，则沿江七县均将被淹没；一为我堵坝口翻坝之处（如凤凰县），因水田日益干涸，我们开坝引江水入田，但又有妨我军行动。其次春耕农忙开始，民工急须复员。为此请你们切实了解，协同地方党委和群众仔细研究下列问题：

一、现我疏河开坝及筑堤填坝之处共有多少？如果要恢复原状，需要多少人工及多少材料？届时地方民力是否够用？还要派多少部队协助？材料有无准备？应如何准备？

二、凡是有危险的地方，要在什么时候以前恢复原状才不致出危险，如果渡江时间延长至四月底，其影响如何，你们拟采取什么补救办法？

三、凡是现在对军事准备已无妨碍或无大妨碍的地方，应以部队力量为主迅速恢复。

四、民工尽可能减少，使之进行生产。这个问题关系数百万人民的生命财产，务请你们专门讨论，指定负责同志专门指导这个工作，并随时报告我们及野战军前委，至要。

（一九四九年四月十三日为总前委起草的给第三
野战军第七、第九兵团党委及首长并告第二、
第三野战军并报中共中央军委的电报）

# 十二

（一）十四日两电均奉悉。已令七、九兵团即作部署准备，二野、三野当面部署如何，望即电告军委及本部。

（二）现就七、九兵团当面之实况来看，有些据点（长生洲、黑沙洲、鲫鱼洲等）可于卯号（四月二十日）一夜夺取；另有些据点，则尚无完全把握于卯号（四月二十日）一夜夺取，如西梁山、裕溪口等则需二至三天时间。如东面扬中地区，一夜恐亦难夺取此点。应考虑发起战斗后拖长时间是否有妨害。同时我夺取各江心洲及北岸桥头堡后，则我军即暴露在敌兵舰迫近射击之下和变成空炮良好目标，如在此经日持久，则军事上损害较大。

（三）我们意见，能争取在谈判上有政治收获，即令军事方面稍有不便，亦是值得的，故主张卯号（四月二十日）行动，凡能一夜夺取者则夺取之，不能一夜夺取者应留置

之。照目前前线实况，今后军事行动，以能于开动后持续进行为更有利。以上意见当否，请示。

（一九四九年四月十五日为总前委起草的给中共中央军委并告刘伯承、张际春、李达，粟裕、张震、谭震林的电报。四月十六日，毛泽东为中央军委起草给总前委并告粟裕、张震，刘伯承、张际春、李达的电报，指出：和平协定最后方案已于昨夜提交张治中代表团，南京是否同意签字，将取决于美国政府及蒋介石的态度。"你们的立脚点应放在谈判破裂用战斗方法渡江上面，并保证于二十二日（卯养）一举渡江成功。"）

## 十三

铣八时电[22]奉悉。我们找谭震林、王建安、宋时轮三同志来，商谈结果：

（一）我们一致认为，以确定养（二十二日）夜开始，不再推迟为好。而且夺取北岸敌桥头堡及江心洲，必须与正式渡江紧密衔接，不宜停顿，否则将给敌人以调整部署时间，增加我们的困难。而在政治上我们估计敌可能采取拖延政策，以便团结内部作最后抵抗，此种征候，似已日益明显。今天南京广播，在汤恩伯[23]总部之下组织京沪杭政务委员会，汤兼主任，谷正纲、邓文仪[24]等为常委，即其具体步骤之一。故真正解决问题，只有在我们渡江成功之后才有可能。所以在政治上无绝对必需的条件下，务请不再推迟至有（二十五日），因为前方困难甚多，延长一天时间增加一分困难，不但影响士气，人民不安，特别是把我们各个有利渡江的地点都暴露了。

（二）我们审慎研究渡江有把握。现芜湖、安庆段九七三等三个兵团准备均属充分，至少有一处必能首先成功。只要一处成功且能立稳脚步，其他各处即可随之成功。

（三）过江后的部署，我们拟作一些改变，即将陈谢[25]三兵团直出徽州，然后沿浙赣公路向东前进。宋郭[26]九兵团担任芜湖、南京的监视任务，而将主力置于南京以南地区。陈赓[27]第四兵团仍沿江东下，首先接替九兵团在芜湖的任务，并准备加入攻取南京。其余王谭[28]七兵团、杨苏[29]五兵团之任务不变。这种处置的好处是部队便于展开就粮，并可避免部队过于拥挤，而对支援东线亦未减少力量。特别是我三五两兵团一沿浙赣铁路、一沿浙赣公路平行东进，对敌震撼更大。此种改变是否恰当，请军委核示，请二野、三野提出意见。

（一九四九年四月十七日为总前委起草的给中共
中央军委并告第二、第三野战军的电报）

# 十四

七、九兵团首长关于渡江的意见已详筱（十七日）子电。本晨又与谭、王、宋[30]共同拟定渡江作战具体部署如下：

一、宋郭兵团以三十军于哿（二十日）黄昏开始攻击裕溪口、西梁山两地，西梁山可于二日至三日内夺取，裕溪口不拟迅速夺取，仅迫近包围与钳制；芜湖对岸之中路码头，由二十五军（七纵）一部夺取之。以上均为对芜湖、当涂之敌二十军、六十六军起吸引钳制作用。该兵团九纵全部、七纵主力、后续张克侠[31]部则于鲁港到荻港间举行正式渡江作战。预定步骤是，我于二十日晚开始夺取鲫鱼洲、黑沙洲等江心据点，马（二十一日）夜正式向鲁港、荻港间以偷渡和强攻相结合，做到完全夺取南岸之阵地，继续向南发展。二十二日做到该兵团大部登陆完毕，完成对繁昌、南陵之包围，并继续攻占之。

二、王吉[32]兵团哿（二十日）黄昏开始，以二十四军夺取江家洲、太平街以北之江心大沙洲（在铜陵以北），努力做到突破江家洲、太平街防线，马（二十一日）继续向南发展；二十一军于哿（二十日）黄昏选择在贵池、大通之间夺取长生洲、凤凰洲，马（二十一日）开始登陆作战，求得登陆后向东发展，养（二十二日）该两军完成贵池、青阳之包围。

以上统归谭震林指挥之。

三、中野各兵团，即照与小平同志在桐城谈定之计划，于马（二十一日）夜黄昏开始渡江作战，养（二十二日）接替包围贵池任务，向南发展，以与谭集团广泛配合。

四、三野指挥八十两兵团，其渡江攻击计划及何以祥[33]部对浦口之钳制行动望三野自行规定。统望于二十一日至二十二日为我军正式发起渡江作战的时间（二十日以前的先期准备行动自定）。

五、各集团于二十日至马（二十一日）夜发起渡江作战后，必须准备克服敌之层层抵抗，以达到占领南岸，尔后更须有准备突破敌之无数反击和增援，以达成渡江作战任务。故二十日开始之后，不可能也不应该再作停顿，只有在我军完成渡江，攻占或完全展开包围了贵池、铜陵、南陵、繁昌、青阳五县地区之后，方需要略加停顿，整顿态势，再行东进，或命令南京反动政府执行我方的和平条件。

六、我们两周来经过反复研究，并设想种种困难之后，均一致认为，二十日后开始渡江作战，到二十二日全部投入夺取南岸的总行动，以后完全占皖南五个县，均有把握胜利完成。三野苏中方面，虽是敌人主力所在，可能困难多些，但亦认为可以胜利完成。故一致请军委考虑，如在全局上二十日可以开始，二十二日实行总攻，则一气打到底，完成渡江后再考虑停顿；如认为二十日开始太早，则请于十八日先期通知延期。因二十日开始到二十二日总攻不能再停，主要原因是我军届时已处于半渡状态，全军均已投入战斗，如加停顿必陷于非常不利。

以上请决示。

（一九四九年四月十七日为总前委起草的给中共中央军委并告第二、第三野战军的电报。同日，毛泽东为中央军委起草给总前委并告粟裕、张震，刘伯承、张际春、李达的电报，指出：谈判至十五日已告一段落。十六日至二十日是给南京考虑决策时间。在此时间内，我军应将一切必须攻占的北岸及江心敌据点全部攻占。二十日以后我军何日渡江，完全由我方选择，不受任何约束。你们应按原计划，确定于二十二日渡江不要改变，并必须争取一举成功，是为至要。四月十八日，毛泽东为中央军委起草给总前委并告粟裕、张震，刘伯承、张际春、李达的电报，指出："完全同意总前委的整个部署"。）

# 十五

一、奉总前委指示，我军决于二十日攻夺各江心洲，二十一日开始渡江突击作战，并确定三兵团于渡江后改出歙县（徽州），尔后沿杭徽公路东向杭州与沿浙赣铁路东出之五兵团并列策应作战（基本命令）。

二、各部应即遵照于二十一日十八时开始火力准备，随即正式突击渡江，争取各先头军当夜各渡过三个团以上之部队。至少应能控制要点，并击退敌人之逆击，尔后并不失时机继续强渡（十五军天亮以小船分散继渡，我们认为可行）。

三、三兵团渡江后，除接应七兵团外，应即以主力歼击当前敌九十六军之部队（着重于殷家汇地区之机动部队），借此接应五兵团，尔后以一部接替七兵团监视贵池敌人之任务，待兵团主力东向时歼击之。再后，三兵团则准备以一路经贵池、青阳，另一路经殷家汇、钓鱼台向歙县地区开进。

四、五兵团战役任务同前，惟该兵团攻占衢县[34]及并准备必要时沿铁路东向与三兵团会攻杭州方面之敌，在渡江成功时以一部占领过路湖、黄矶要点，主力则封锁至德、东流[35]之敌（如不易攻则待交四兵团歼击之），先着重于接应十五军由香口、毛林洲登陆，其十八军则在桐城伺机跟三兵团或本兵团续渡。

五、四兵团之十五军由华阳镇向香口、毛林洲登陆，十三军由八保洲向彭泽、马当段登陆（在其本兵团间与五兵团间均须互相接应），并围歼彭泽、马当之敌。如必要时则歼至德、东流之敌。十四军仍以一部进出坝头佯渡和阻敌之舰队，主力则随十三、十五两军之后续渡。尔后则全兵团集结于彭泽、至德地区待命沿江东下，接替九兵团监视芜湖之敌，并准备参加攻取南京。

六、各兵团应即准此任务，确定具体部署，并复我们。

（一九四九年四月十七日和刘伯承、张际春、李<br>达给陈锡联、谢富治，杨勇、苏振华，陈赓、<br>刘志坚[36]并报总前委和中共中央军委的电报）

# 十六

昨夜七九两兵团渡江任务顺利完成，刻正向繁昌、铜陵地区扩张。今夜二野三个兵团渡江，估计亦无问题。兹规定二野及七九两兵团渡江后之动作如次：

甲、九兵团第一步在有（二十五日）以前，完成消灭繁昌、荻港、鲁港地区之敌；第二步宥（二十六日）起遂行控制南陵、青弋江、湾沚地区，并包围宣城[37]，准备继续向东挺进之任务。

乙、七兵团第一步有（二十五日）前完成消灭铜陵、青阳地区之敌；第二步宥（二十六日）起遂行控制泾县及其以东地区，并准备继续以主力向东挺进之任务。

丙、三五两兵团第一步有（二十五日）前完成消灭贵池、东流、至德地区之敌；第二步宥（二十六日）起，准备以三兵团出徽州、屯溪，以五兵团出上饶、衢州。

丁、四兵团第一步有（二十五日）前完成消灭湖口、彭泽、至德（不含）地区之敌；第二步宥（二十六日）起准备沿江东下，接替九兵团对芜湖之任务。

戊、各部队于完成第一步任务后，即应紧接实行第二步，不必机械等到宥（二十六日）开始。七九两兵团尽可能各以一个军以上兵力，争取提前向东支援东兵团。

己、在战术上仍应稳扎稳打，有组织有准备地进行战斗，防止轻敌乱碰。

庚、军委有何指示，请告。

（一九四九年四月二十一日为总前委起草的给中<br>共中央军委并告粟裕、张震，刘伯承、张际<br>春、李达及谭震林的电报）

# 十七

一、刻据谭震林电话，铜陵、青阳之敌均向东南撤退，繁昌、南陵之敌是否已撤退尚不详。从大情况估计，敌长江防线被突破，迅速集结青弋江，阻我东进，调向徽、屯[38]逃逸，均有可能。

二、谭决定令二十四军、二十五军、二十七军、三十三军四个军迅速东进，限于敬（二十四日）到达宣城地区（略整顿态势，等齐骡马炮兵，据报骡马炮兵过江确有困难，且甚迟慢）。预计俭（二十八日）可抵达郎溪、溧阳地区，以策应东集团。

三、我们同意谭震林此部署，并令其在皖南沿江敌后撤条件下，我七九两兵团应迅速向东挺进，不为沿途敌据点所抑留。

四、从即日起，谭震林率七九两兵团直归粟指挥，特告。

（一九四九年四月二十二日总前委给粟裕、张震

并报中共中央军委，告第二野战军和第七、第

九兵团的电报）

## 十八

七、九兵团大部过江，二野主力亦已过江，粟、张东集团估计有三个军已过江，至此渡江任务业已完成。我军今后力争迅速完成东西打通联系，割裂敌人，截断浙赣路。

（一九四九年四月二十二日总前委给中共中央军

委的电报）

## 十九

顷悉南京敌已全撤，仅由民团维持秩序，判断芜湖敌亦已撤至宣城及其以南地区。我东路军及七、九兵团均在东西对进，能否截获一部尚不可知。二野三五两兵团刻正向石埭、浮梁[39]方向挺进。而原定接收芜湖、南京之四兵团，则尚在望江、湖口地段之江南岸。该兵团如向芜、京转进，至少需时半月，且与三、五兵团交叉运动较不便利。故我们已与刘张李[40]商定，作如下处置：

（一）陈赓四兵团取消接管南京任务，改沿杨苏五兵团之右侧出浙赣线上饶东西地区，协同三五两兵团歼灭浙赣线上之敌，并视情况向东发展。

（二）南京城防改由陈袁八兵团[41]以两个军担任之，陈

袁任警备司令和政委。

（三）芜湖城防暂由九兵团之三十军负责，尔后由二野派第十军（刻在安庆）主力接替。

（四）宋任穷率接管南京干部今夜可到全椒。

（五）我们及二野刘张李和直属队，于部署大定后，准备移驻南京。

（六）以上请军委追认。

> （一九四九年四月二十三日为总前委起草的给中
> 共中央军委并告第二、第三野战军和谭震林的
> 电报）

# 二十

此次渡江已取得了伟大胜利，但迄今为止，敌人被歼不多。我军一面应派队追歼敌人，一面应整顿态势，克服并停止渡江追击所形成的紊乱。现蒋介石已亲到上海组织防御，可能乘我混乱组织反击，我们在领导上应估计到此一点，方不至于发生上述情况时使自己吃亏。设想到这一点并无坏处。我们除决定中野南下浙赣线并同意你们以王建安兵团入浙外，俟情况清楚后再考虑发出停止该方面的追击，争取一礼拜到十天的休息，然后再作沪杭作战。因此，请三野采取下列步骤：

一、东西追击部队到达宜兴、长兴、吴兴、广德地区后，主力即应暂时停止，但应派有力部队向南向东迫进搜索敌人。

二、由士榘[42]率一个军至两个军或四个师入驻南京、

镇江线。

三、应掌握八九十三个兵团的主力加以整顿，选择适当地点，形成对上海之战略包围。上海可能和平接收，亦可能经过战斗，故应作各种准备。

四、请本此方针处理并随告情况。

（一九四九年四月二十四日总前委给粟裕、张震<br>的电报）

# 二十一

我们感（二十七日）夜到南京，初步了解情况如下：

（一）有（二十五日）夜陈士榘及八兵团部到达，宥（二十六日）夜宋任穷率二百余干部到达。因南京解放太快，干部尚在途中，故现仅设立军管会及警备司令部两机构开始工作。

（二）此次南京破坏不大，房屋一般完好，仅国民党部、特务机关、司法行政部、国防部等机关为反动派撤退时自行破坏。

（三）最初两三天发生一些抢案，从感（二十七日）起市区已无抢案，但因我军队尚未能分散到四郊，故四郊尚有不少抢案。

（四）此次各机关保护尚好，秩序尚未大乱，主要得力于秘密市委。他们工作做得很好。

（五）刘张李今日已到，黄华、周兴[43]等一批人昨夜已随漱石[44]同志同到。接管南京干部亦正陆续到达，大约三天后即可弄出头绪来。

（六）南京出了乱子[45]的就是一个外交问题。从梗（二

十三日）到宥（二十六日）四天内共发生我军队人员与外国
人的争执事件有六起，而以到司徒雷登[46]住宅一事为较严
重。其原因是我党外交政策没有在部队教育，我派到各大使
馆门口警卫的哨兵禁止外国人出入。有的管理人员号房子跑
到外国人住宅，争执即由此起。我们到后，中央几个指示亦
已转到陈士榘等处，已引起严重注意。昨今两天已未发生问
题。我们已同市委商定于明夜召集几千人的干部大会，我们
均到场讲话，统一思想与行动。

（七）其余情形当陆续报告。

（一九四九年四月二十九日为总前委起草的给中<br>共中央军委的电报）

# 二十二

根据南京经验，在我党我军未做适当准备，仓卒进入大
城市，必然陷于非常被动地位。就军事上说，杭州、上海很
快即可拿下；就政治上说，我们许多重要准备都未做好，加
以上海、杭州干部尚在长江北岸，人民币[47]因火车拥挤
（据说薛暮桥[48]处很难交涉到车厢）不能及时运到，煤的问
题因缺运输工具则更难克服，粮食在南京无大问题，估计杭
州无多大问题，上海还不知道有无存粮。而在部队本身困难
亦多，政策及入城守则尚未深入教育，连续行军作战尚未整
理，大批俘虏尚未处置，如不经过十天左右的整训，进城之
后一定发生许多问题。三十五军因非主力兵团骄气较少，故
该军在南京虽然出了不少乱子，但纪律还算比较好的。其他
主力军如不训练，不会比三十五军的情况更好。我们考虑以

尽可能推迟半月到一月入上海为好，杭州亦以迟一点进为好，因为一占杭州，就会迫使我们迅速进驻上海。因此建议：

（一）七兵团应照粟、张命令迫近杭州，先以有力部队截断敌之退路，而后派人与守敌谈判投降，拖延一点时间，以便自己做入城准备。

（二）推迟进占浏河时间。

（三）华东局、三野前委及七兵团加紧进入上海、杭州准备，限期完成，以免仓卒被动。这种处置的好处是我们自己来得及，缺点是在此时间内，敌人将加强破坏。

是否妥当，请军委核示。

（一九四九年四月三十日总前委给中共中央军委
并告粟裕、张震的电报）

# 二十三

在敌固守上海的情况下：

（一）在部署上，似应同时由南向北实行攻击，因苏州河南为敌防御配备较弱的部分，且多面攻击才能分敌之势，使我易于奏效。

（二）如果这样做，现有兵力是否够用？还须增调兵力多少？以抽调哪些部队为宜？

（三）大军集结上海作战的支前供应问题，亦应加以全盘考虑和组织。

以上请考虑答复。

（一九四九年五月十七日总前委给粟裕、张震并
报中共中央军委及第二野战军的电报）

## 注　释

〔1〕丑江电，指一九四九年二月三日中共中央给华东局、刘伯承、陈毅、邓小平和粟裕、谭震林等的电报。

〔2〕林罗，指林彪、罗荣桓，当时分别任东北野战军司令员、政治委员。

〔3〕京，指江苏南京。

〔4〕一九四九年一月十五日，中共中央军委发布《关于各野战军改按番号顺序排列的指示》，决定：华东野战军改为第三野战军，中原野战军改为第二野战军。一九四九年二月九日，华东野战军改称第三野战军。同年二月五日，中原野战军改称第二野战军。

〔5〕两淮，指江苏淮阴、淮安。

〔6〕宋任穷，当时任中共中央豫皖苏分局书记。曾希圣，当时任皖北军区司令员兼政治委员。

〔7〕齐仲桓，当时任第二野战军后勤部卫生部部长。叶云章，当时任第二野战军司令部通信处副处长。

〔8〕人民钞票，即人民币，指中国人民银行于一九四八年十二月一日开始发行的流通货币，开始时称人民券、新币。随着全国解放战争的胜利发展，一九四八年十二月一日，在华北银行、北海银行、西北农民银行的基础上，成立了中国人民银行，发行中国人民银行券（简称人民币），作为华北、华东、西北三大解放区的流通货币。

〔9〕杭、金、衢、徽，指浙江杭州、金华、衢州和安徽徽州。

〔10〕一九四九年四月三日，中共中央军委批准了《京沪杭战役实施纲要》。当时，中国共产党代表团和南京国民党政府代表团已开始进行谈判。中国人民解放军在完成渡江作战的一切准备之后，为争取这次谈判达成有利于人民的协定，曾数度推迟渡江的时间。四月二十日，南京国民党政府拒绝在双方代表拟就的《国内和平协定（最后修正案）》上签字。当夜，人民解放军按预定计划发起渡江作战。

〔11〕粟裕、张震，当时分别任第三野战军副司令员兼第二副政治委员、参谋长。

〔12〕两浦，指江苏浦口、浦镇。

〔13〕谭震林，当时任第三野战军第一副政治委员。

〔14〕京沪杭战役第一阶段中关于第二野战军三个兵团的使用方向，渡江战役总前委于一九四九年四月十七日，曾提议以第四兵团东进芜湖地区接替第三野战军第九兵团留置部队的任务，歼灭芜湖地区之敌，并准备加入攻取南京的作战，第三、第五兵团主力挺进浙赣线。中共中央军委同意了上述建议。在战役实施过程中，由于敌情变化，第二野战军三个兵团的主力全部进至浙赣铁路及以南地区。

〔15〕灰丑电，指一九四九年四月十日丑时中共中央军委给渡江战役总前委并告刘伯承、张际春、李达和粟裕的电报。

〔16〕虞电，指一九四九年四月七日中共中央军委给渡江战役总前委的电报。

〔17〕六时电，指一九四九年四月十一日六时中共中央军委给渡江战役总前委和刘伯承、张际春、李达、粟裕和张震的电报。

〔18〕粟张电，指一九四九年四月十日粟裕、张震以第三野战军前委的名义关于江水情形和推迟渡江的不利因素给中共中央军委的电报。

〔19〕指一九四九年四月十一日晨，毛泽东为中共中央军委起草的复渡江战役总前委的电报。该电指出："依谈判情况我军须决定推迟一星期渡江，即由十五日渡江推迟至二十二日渡江，此点请即下达命令。"

〔20〕指一九四九年四月一日，以周恩来为首席代表的中国共产党代表团开始和以张治中为首席代表的国民党政府代表团在北平（今北京）进行的和平谈判。经过半个月谈判，拟定了《国内和平协定》。四月十五日，中国共产党代表团将《国内和平协定（最后修正案）》提交南京政府代表团，四月二十日被南京政府拒绝。

〔21〕二中全会决议，指一九四九年三月五日至十三日举行的中国共产党第七届中央委员会第二次全体会议根据毛泽东在会议上的报告所通过的相应决议。毛泽东在报告中，提出了促进革命迅速取得全国胜利和组织这个胜利的各项方针；说明了在全国胜利的局面下，党的工作重心必须由乡村转移到城市，城市工作必须以生产建设为中心；规定了党在全国胜利以后，在政治、经济、外交方面应当采取的基本政策，特别着重地分析了当时中国经济各种成分的状况和党所必须采取的正确政策，指出了中国由农业国转变为工业国、由新民主主义社会转变为社会主义社会的发展方向；估计了中国人民民主革命胜利以后的国内外阶级斗争的新形势，及时地警告资产阶级的"糖衣炮弹"将成为对于无产

阶级的主要危险。

〔22〕铣八时电，指一九四九年四月十六日八时中共中央军委给渡江战役总前委等的电报。

〔23〕汤恩伯，当时任国民党军京沪杭警备总司令部总司令。

〔24〕谷正纲，当时任国民党政府行政院政务委员兼社会部部长。邓文仪，当时任国民党政府国防部新闻局局长。

〔25〕陈谢，指陈锡联、谢富治，当时分别任第二野战军第三兵团司令员、政治委员。

〔26〕宋郭，指宋时轮、郭化若，当时分别任第三野战军第九兵团司令员、政治委员。

〔27〕陈赓，当时任第二野战军第四兵团司令员兼政治委员。

〔28〕王谭，指王建安、谭启龙，当时分别任第三野战军第七兵团司令员、政治委员。

〔29〕杨苏，指杨勇、苏振华，当时分别任第二野战军第五兵团司令员、政治委员。

〔30〕谭、王、宋，指谭震林、王建安、宋时轮。

〔31〕张克侠，当时任第三野战军第九兵团第三十三军军长。

〔32〕王吉，指王建安、吉洛（姬鹏飞）。吉洛，当时任第三野战军第七兵团副政治委员兼政治部主任。

〔33〕何以祥，当时任第三野战军第八兵团参谋长。

〔34〕衢县，今浙江衢州衢江区。

〔35〕至德、东流，今安徽东至。

〔36〕刘志坚，当时任第二野战军第四兵团副政治委员兼政治部主任。

〔37〕宣城，今安徽宣城宣州区。

〔38〕屯，指安徽屯溪。

〔39〕石埭，所辖地区划归今安徽石台。浮梁，今江西景德镇。

〔40〕刘张李，指刘伯承、张际春、李达，当时分别任第二野战军司令员、副政治委员兼政治部主任、参谋长。

〔41〕陈袁八兵团，指第三野战军第八兵团，司令员陈士榘、政治委员袁仲贤。

〔42〕士榘，即陈士榘。

〔43〕黄华，当时任南京市军事管制委员会外侨事务处处长。周兴，当时任南京市公安局局长。

〔44〕漱石，即饶漱石，当时任中共中央华东局第二书记、华东军区政治委员。

〔45〕指一九四九年四月二十五日，中国人民解放军某部个别官兵擅自进入美国驻华大使司徒雷登住宅的事件。

〔46〕司徒雷登，美国人。一九四六年七月，出任美国驻华大使。一九四九年四月南京解放后，仍然留在南京观望。同年八月离开中国。

〔47〕人民币，见本篇注〔8〕。

〔48〕薛暮桥，当时任中共中央财政经济部秘书长。

# 关于中原局工作的综合报告*

（一九四九年二月六日）

中央：

　　兹将在华野会议上纵队干部百余人参加，在中原局高干会上各区党委负责干部、各纵队干部、开封、郑州市干部百余人参加，两次会议传达一月八日中央政治局决议〔1〕的经过，报告如下。

　　（一）经过听报告，阅读文件，分组讨论和会终作结论后，一致拥护政治局决议和毛主席的指示。特别对毛主席指示：坚持人民革命立场，揭露种种类型的丧失阶级立场，迁就资产阶级，羡慕并俯就帝国主义外国等奴性倾向，以及因胜利到来而轻敌骄傲，对现在未来不懂得比较，无预见，无分析等表现。这些指示，对到会同志，均有极大启示和警惕的作用，均能联系部队和地方工作的实际，作了有原则的检讨。我们认为，经过此次会议，必然在思想斗争上，政策掌握上，工作部署上，可获得改善和提高。

　　（二）在形势讨论上，有干部发言证明，在我党高级干

---

* 这是邓小平和陈毅代表中共中央中原局给中共中央的综合报告。一九四九年二月十三日，中共中央将此报告转发给东北局、华北局、北平市委、天津市委、华东局、西北局，指出："此报告中所提纠正右倾偏向问题极为重要"。

部中，对帝国主义出兵干涉问题，对把革命进行到底问题，对准备本身力量、主动求得胜利而且快的胜利问题，在认识上偏差仍大。又在一般中、下级干部中，从过去的抗日思想，到现在的反蒋思想，以及一部分人的保命思想、享乐思想，均是正确地了解和执行中央政策的障碍，必须有系统地进行说服。

（三）在部队中，一般对渡江作战情绪很高。对目前形势的解释，不似以前那样困难，其接收亦容易。而应着重防止轻敌。一般干部，对组织决定过江无问题，思想过江仍有问题。例如，大别山有几个旅级干部提出，不愿过江。另一面，又有人不耐心数月整训，要求迅速过江。

（四）在地方工作上，一年来，纠正急性病，停止土改后，又发生右倾的严重表现。例如，豫西某县，在地主够吃原则下减租。不办首恶，而强调宽大。江汉某专署三次农民告地主不理会，多次发生干部打农民事件。江汉纵容一个中学教员放高利贷，他威吓农民说，国共双方他均有人，农民不敢斗，我方亦不理会。桐柏县长俘虏一个伪县长，待以上宾之礼。农民说，这是副县长。这里说明，因反"左"而正生长着右的倾向，即农村阶级调和思想，实际是投降思想。但在豫西，中原局驻地五个县，则用反恶霸方式，办了百余个首恶，发动了广大群众，肃清了土匪，造成适时转入减租息的有利条件。证明中原新区发动群众运动问题，有了具体道路。中原局正利用这次大会后，召集各机关干部开专门会议，解决农村发动群众运动问题。

（五）在城市工作上，大会检讨了开封、郑州等地工作，指出：1. 对依靠谁去掌握城市问题，表现右倾。即对工人冷淡，对工人农民痛苦不反映。对地主、外人叫苦，则立即反映。用大批公款去支持私资，帮助其复业，让其复业，竟反而向我捣乱，以私资复业的繁荣为满足，而无视工农的痛苦。开封办失业公教人员训练班，使国民党专员、县长及差役均享受了我军的供给制度，无选择地任用旧职员，把原封不动理解为永维旧制。2. 对城乡关系问题右倾。例如，开封、郑州两地，每月经费达八千万元，约等于以往每月经常费总数，实际是动员农村极大力量去供应城市。对城市人民的负担，并未提出。干部工作分配，要求涌入城市，不愿留农村工作。郑州市各干部，均要求独住一所洋房。集中住宿、办公问题，至今未解决。这是放弃农村，或牺牲农村以繁荣旧城市的严重右倾倾向。不了解改造旧城市以服务战争、服务工农大多数的革命方针，而是迁就私资，损坏工农的蜕化思想的表现。对各党派民主人士，毫无原则接待（开封）。把反动派内部的争吵，误认是反蒋反美的民主贡献。把保护工商业，曲解为迁就私资等。3. 发生违法事件。郑州分行经理，擅自三次用数百万元，去救济其穷亲戚（实际是地主资本家流氓），而托词为帮助穷人翻身。

中原局经过大会检讨后认为，中原地区右倾危险正在生长。目前虽然是分散的，不集中的，无领袖和代表人物，且带极大盲目性，亦是极其严重的，并正在逐渐生长。决定根据毛主席指示，专门召集汴、郑工作同志开会，作坚决的具体的有步骤的纠正。郑州分行经理违法事，指定人再加调查属实，立即开展斗争，公布全党，执行纪律。中原局估计到党的水平和掌握思想斗争的能力，向大会提出，掌握两条路线斗争，克服右的偏向的生长，不让"左"的偏向在农村、城市复辟。指出，汴郑等地，对接收、建立秩序、支前，仍属很大成绩。在此基础上，加以具体的纠正。

（六）在督促完成中央要求于三个月内完成县与团作反无政府无纪律的决议一事，提出应该是负责地、就具体的思想政策检讨的程度去限期完成决议。反对奉令潦草交卷。我们利用大会空隙，召集了陈再道、曾希圣、吴芝圃、张霖之、郭天民、钟汉华[2]等同志谈话，以简单扼要方式，解决思想问题。一般结果很好。执行了毛主席牛有角的指示。并责令各兵团各区党委，注意此一工作，去调整党内思想。陈毅在华野仅住四天，曾与韦国清[3]、王建安谈话。高干谈话未完，拟回去，于二月完成。以上即作一月份综合报告。请批示。

邓小平、陈毅

二月六日

## 注　释

〔1〕指一九四九年一月八日中共中央政治局会议通过的《目前形势和党在一九四九年的任务》的决议。

〔2〕陈再道，当时任河南军区司令员。曾希圣，当时任第二野战军副参谋长兼豫西军区司令员。吴芝圃，当时任中共开封市委书记和开封市市长。张霖之，当时任第二野战军第五兵团副政治委员。郭天民，当时任第二野战军第四兵团副司令员兼参谋长。钟汉华，当时任第二野战军第三兵团政治部副主任。

〔3〕韦国清，当时任第三野战军第十兵团政治委员。

# 致华东后方党政军民
# 各机关团体同志的感谢信

（一九四九年二月十六日）

华东后方党政军民各机关团体同志：

在过去两年半的人民解放战争中，我们除了不断地得到华北和中原人民的直接支援外，并且不断地得到华东人民的直接支援，所以我们不断地取得胜利。此次你们选派代表组织慰问团，携带礼物，不辞劳苦，远道来到中原慰问中野并带来华东人民对中野的宝贵指示和希望，此种厚意，中野全体指战员无不深深感激并时时记在心里，以为完成目前的整训工作和迅速向江南进军的一种督促。

慰问团的同志们到达此地后即分头到各单位去慰劳，并深入到战士中、伙房里，与炊事员及战士谈话，征求他们对后方的意见，其中还访问了许多华东籍的战士，这种深入下层和对战士的关切，指战员无不深受感动；慰问团的同志们不仅给我们演出了许多富有教育意义的戏剧，还给我们介绍了许多华东人民热烈生产、支前、优军、安置荣誉军人的事迹和经验，也给中原野战军全体同志无限的安慰和鼓励。兹赠送照片刊物一部，作为我们对华东人民的工作报告和纪念，请收。慰问团的同志来此，我们的招待很不周到，并致歉意。

　　此致

　　人民解放的敬礼


　　　　刘伯承　邓小平暨中原野战军全体指战员

　　　　　　　　　　　　　　　二月十六日

# 建议南下兵团设随军银行 *

（一九四九年二月二十六日）

中央并华东局、中原局：

（一）根据前年南下经验，到新区推行我之货币，打击敌之货币，斗争复杂，因多数同志对货币问题无有常识，致犯错误。兹建议设随军银行，最好军部设支行，团设分行。如干部缺乏，军部设支行，师部设分行，我们拟用后一办法。由中原调了十五个银行干部，初步地组织了一个兵团的随军银行，请批准这一计划，并请中央和华东局继续调给两个兵团的随军银行干部。对于人民券[1]与银元比值如何确定，请早日准备。我们对皖西银元市场不明，无具体意见，待有材料再行报告。发行人民券须以野战军或人民解放军总部名义出布告，请中央或华东局统一拟定电告，以便早日印制，此项布告须大量印发方可。

（二）为便于领导部队到新区后屯粮筹款及进行货币斗争，拟在后勤司令部设一财经处，以杨寿山[2]同志为处长。杨曾在冀鲁豫任工商局长，副专员，南下后任鄂豫行署秘书长兼工商局长。可否，请示。

刘邓<br>宥酉

---

## 注　释

〔1〕人民券，即人民币，见本卷第 260 页注〔8〕。

〔2〕杨寿山，当时任第二野战军后勤部供给部副部长。

# 在七届二中全会[1]上的发言

（一九四九年三月七日）

我完全同意毛主席的报告[2]。

七大以来，中央的领导完全是布尔什维克的领导。政治上，由和谈到战争。军事上，由防御到进攻，一直到胜利。经济上，华北、东北、华东根本上完成了土改，支援了战争，开始了建设。革命革对了，胜利基础打定了。但今后做得不好，还可能失败。毛主席在二中全会的报告可以保障胜利。

毛主席和中央书记处的领导，在方式上也很正确，高度集中，又高度民主，值得学习。下面很放手，无顾忌，在此复杂阶段，感受更深刻。有时抓得紧，气都出不得，但是避免了错误。我们与中央在政治上有很大距离，我们太不够，中央替我们解决了许多困难。集中使我们少犯错误，民主使我们发挥积极性。中央对关键问题抓得非常好。什么时候内线，什么时候外线，什么时候决战，有时我们脑中还没想到，或者想得零碎，中央的指示就来了。中央领导的正确，增加了我们的信心，可以保证今后一连串的胜利。需要注意一点的是，中央有的机构与工作方式要改进。

城乡问题。我觉得城乡问题，每一革命时期都提到过。大革命失败以前，不要农村，城市又要得不好。大革命失败以后，依靠农村，目的在拿到城市。现在拿到了城市，我们应站在城市领导乡村，否则会犯错误。重点放在城市，我完全同意。拿到城市，才能实现对农民的领导，实现工农联盟，实行新民主主义，转到社会主义。拿到城市，农民要求不同了，要求改善生活。使农民合作化、集体化，非城市不可能。城乡问题的范围：政治方面，城市领导农民消灭帝国主义、封建主义和官僚资本主义对农民的剥削与压迫；经济方面，城市经济每一步都牵涉到农民，要使农民生活更好，才能巩固与农民的联合；文化方面，城市是文化的集中点，要依靠城市才能使农民文化提高。总之，城市领导乡村。有了城市，工作重点应转到城市，这是关涉到革命胜败的问题，是一个战略问题。

城市领导乡村，不是这样一句话可以解决问题的。首先要解决城市依靠谁和在城市主要做什么的问题。接收城市，我们多少有些经验，但不是够了；管理城市，尚未解决。在城市，我们要做什么？什么要消灭，什么要保存或发展？今天听到富春[3]同志说的，对我们来说，都是新闻。中原还没有管好，我还是个门外汉。二中全会之后，我相信可以慢慢学会的。第一，方针对；第二，稳一点，争主动，抓主要的。加上学习。老师首先是中央、毛主席，还有群众甚至敌人。最后一条，加强纪律性。解决好不好，靠我们的努力。

货币金融问题解决得好，农民可以增加财富。物价大波动，农民就吃亏。城市用钱不适当，增加农民负担。郑州、开封八千万开支，许多不适当。学校是不是都要维持？许多可以合并。如给一个教会学校帮助了四万中州券，结果买花生糖吃了。进入城市头一阶段的积累靠农民，过后应靠自己。用钱的中心应放在生产上。农民这些年负担很多，为了打垮国民党，农民没话说。如果我们在城市钱用得不合理，农民应该不赞成。（毛泽东：不要滥用农民对我们的信任。）我们在城市工作，许多问题牵涉到农民，要有明确的思想，就是无产阶级领导农民，不能孤立起来。乡村工作的内容也增加了，过去反霸双减，今天有变化。商品粮食及技术作物问题，农村对城市要负更多的责任。农民供应城市，换得必需品。（毛泽东：城领导乡，工领导农，城乡互助，工农联盟。）计划问题，比如为了换取外汇，必须在农村生产很多花生油和大豆，又如粮食棉花，都要计划增产。时间可以放长一点。（毛泽东：在不是睡觉的条件下，一步一步地前进。）客观形势发展，会不会迫使我们快一点？农村不解放，是不能设想新国家的。应该有意识地使我们的工作重点快一点由农村转到城市，农村也要不睡觉以适应城市的发展。东欧国家搞土改快，是不是也有的配合城市需要？全国敌人肃清，是否土改可以快，是否一定要经过三个阶段，可以考虑。我们在中原是客观不许、准备毫无、干部没有，假如改变这三条呢？我们应有意识地指导农村快一点，但要条件成熟。全国范围内大势所趋，地主阶级容易征服一点。城市发展一步，推进了农村；农村发展一步，推进了城市，每一步都是为了巩固工农联盟。不要以为农民硬要无产阶级领导，看到了农民，注意了他，叫他拿钱也高兴，否则他还是会反对我们。我说这些话，是想堵塞一个漏洞，就是放松农村、忘记农村。干部的思想都有片面性。分配工作，到大城市第一高兴，到中等城市第二高兴，到农村很不高兴。因为重要，领导机关要在城市，但一定要有专门机关、专门干部搞农村。（刘少奇：农业部或农委。）要巩固阵地，加强阵地。

战斗队和工作队，这个提法非常好。红军初期，我们是做得好的，以后长期脱节了。今后要分这两方面进行教育。但军事也有新的任务，提高技术，正规化、近代化。现在军队有大量俘虏成分，要有计划地动员一批工人和革命知识分子入军队。有一些下级干部是不纯的，打仗时逼着打也可以打，还得注意进一步巩固。

在新的形势下，我们不要骄傲。现在党内蜕化思想是存在的，已有端倪，如进了城就不想出城，农民老婆要"改组"，等等。解决这些问题的办法就是提新任务。当然，有些人是要掉队的，但我们要争取掉得很少，这就是胜利。

## 注　释

〔1〕七届二中全会，指一九四九年三月五日至十三日在河北西柏坡举行的中国共产党第七届中央委员会第二次全体会议。毛泽东向全会作了报告。会议讨论了彻底摧毁国民党统治，夺取全国胜利，把党的工作重心从乡村转移到城市，以生产建设为中心任务的问题；分析了中国经济各种成分的状况和党所必须采取的正确政策；规定了党在全国胜利后，使中国由农业国转变为工业国、由新民主主义社会发展到社会主义社会的总任务和主要途径。

〔2〕毛主席的报告，指一九四九年三月五日毛泽东在中共七届二中全会上的报告。这个报告以《在中国共产党第七届中央委员会第二次全体会议上的报告》为题，收入《毛泽东选集》第四卷。

〔3〕富春，即李富春，当时任中共中央东北局副书记兼沈阳市委书记、东北行政委员会财政经济委员会副主任、东北军区副政治委员。

# 军队进行外交活动的注意事项*

（一九四九年五月三日）

我军进入南京后，连续发生几起外交事件。发生这些事件，是由于我们领导机关没有事先考虑到可能发生的外交问题，并拟出接防处置，严格规定执行。为了在其他所有地区不再重复这类事件，望各部队、各地方保证执行下列各点：

一、立即重新进行党的外交政策的教育。尤其要求我党我军保持高度的严肃性和纪律性，要在组织上严格执行事前请示和事后报告的制度。

二、立即通令所有人员，所有部门，保证执行下列规定：（一）凡属有关外侨的问题，不得擅自处理。（二）除外侨事务处、外侨管理科和被指定与外侨接触的人员外，其他任何人不得与外侨来往，不得与外侨谈话。（三）任何部队机关和人员，不得借住外侨的机关和房屋，不得借住教堂、学校及其他文化教育机关，已借用者立即交还。任何人不得进入外侨机关或住宅检查或参观。（四）各城市应迅速成立

---

* 这是邓小平为中共中央华东局、总前委起草的致第二野战军、第三野战军前委转各兵团及各军党委、各区党委并报中共中央军委的电报。一九四九年五月七日，中共中央军委将这个注意事项转发给第四野战军、第一野战军、华北野战军，中央中原局、西北局、山东分局，指示：请转发所属一体遵行为要。

外国侨民事务处及在公安局内设立外国侨民管理科，并根据中央军委历次指示，规定外侨应守章规，通告外侨遵行。

（五）凡与外侨接触的人员，必须对外侨采取严肃的立场。

（六）任何时候，我各警戒部队或警卫部队，对外侨无权使用武器，严禁开枪。如外侨使用武器向我开枪时，应采取有效办法，将其押送警备司令部，然后会同外侨管理处处理。

（七）各接管部门在接收敌产时，凡遇与外侨有关之部分，如外交部门、国际电讯部门，或经济、文化部门，均须经过党委正式讨论，并须经过中央或上级党委批准，然后协同外侨事务处予以处理。

三、各市委、各区党委应立即将当地的外侨情况和外交事项，向我们做一次报告，以后则应经常报告或请示有关外交工作的问题。各中小城镇对外国教堂、学校及外侨亦应同样注意，采取同样原则，不能视为例外。

# 关于渡江情况的报告*

（一九四九年五月十日）


毛主席：

三四两个月在极度紧张和忙乱中度过。二中全会后，我们三月十八日才回到前方。其时中野各部刚过淮河，华野各部亦多在运动中，天雨路烂，困难甚多。但各部还能按预定计划，于四月五日以前先后赶到江边指定位置，加紧渡江准备工作。到四月十日，除东线八十两兵团外，西线之七九三等三个兵团已有充分准备，渡江把握较大，四五两兵团则略嫌仓促，推迟五天渡江，对他们很有好处。二十日、二十一日两夜，所有部队都按预定计划实现了渡江的作战任务。这是由于敌人抵抗甚弱，更主要的是由于我军在军事准备和政治动员诸方面均属充分。而江北各地党政和人民的努力支前，特别是皖北新区尽到了超过其本身能力的努力，尤属值得赞扬。我军渡江后战局发展太快，敌人拼命溃逃，我军一方面占领南京、芜湖、镇江、常州、无锡、苏州、杭州等数十城镇，一方面追歼逃敌，阵势亦形紊乱。截至辰江为止，由常州迄湖口沿江一线，向南逃窜之敌均已被我基本上歼

---

\* 这是邓小平在渡江战役发起后，从总前委驻地安徽肥东瑶岗村进入南京，再到江苏丹阳时给毛泽东的电报。

灭，已知俘获十二三万人。京沪杭作战[1] 即将完全胜利结束。

　　苏南、皖南、赣东北三区党委及干部均已开始工作。浙江省委已随谭震林同志及七兵团到达杭州，但分配该省之干部尚需时日才能到达。一般说来，各地各县党政机构，有的尚未到达，有的才开始工作。皖南、苏南因敌我大军过境，秩序很乱，具体情况各地尚无报告。而在接管城市方面问题最多，南京的外交问题最为突出，但表现得最普遍和最复杂的则是金融及市场问题，而以煤荒为最严重。据一般反映，我军进入江南各城市，群众纪律均有进步（三十五军在南京亦然）。但干部对政策的了解仍差，特别是无政府无纪律的现象仍然严重，事前不报告、事后不请示的毛病，尚未克服，所以出了一些毛病。总前委对此预防不够为其主要原因。淮海战役结束后，二月初开始整训，三月初开始南进，其间为时约一个月。二野、三野大约都进行了半个月到二十天提高纪律性的教育和政策的学习。从三月初到四月中旬，部队除行军外，全力集中于战斗准备。原来我们估计过江后，总有一点时间来深入政策准备，不料这个打算落空了。战局发展太快，我们的准备赶不上，干部赶不上，陷入了被动的状态。我们部队的情况是，凡做一件事，热炒热卖，非常见效。二月间学的东西，经过一个半月的行军作战之后，大都抛在九霄云外了。而尤其重要的是中央指示的一般原则，对于下级干部和战士说来是很难理解的，他们要求的是具体的规定。在南京检查三十五军所出的外交乱子[2] 时，该军中下级干部和战士反映说："上级要我们灵活，我们就是灵活不来，要求上级规定死一些。"这种反映是真实的、合理的，这是领导上的一个重要教训。事实上，出毛病的往往是领导机关没有预防到的，或者是没有具体规定的事情。中央卯陷电[3]对我们的领导方法的批评和指示很重要，我们已照转各地，学会这种领导方法。一方面严格实行事前请示、事后报告的制度；一方面着重成文的具体的指导。近日我们对外交纪律、入城守则、金融问题等等已有具体规定，对进上海的准备也较为细密。今后毛病可能少出一些，出了毛病也可能纠正得快一些。

此外，在渡江前后，我们感觉到下列问题：（一）山东、皖北灾荒现象颇为严重，我们在江北时，即已注意并已拨出数千万斤粮食作为生产救灾之用。皖北长江堤坝急待修复，亦正抢修中。（二）皖北土匪会门[4]（多带政治性的）甚猖獗。拟于京沪杭战役结束之后，调三兵团一个军到皖北剿匪。（三）已占城市除南京外交问题外，当前最大的困难是煤荒（粮食除上海外尚不困难）。其关键是缺乏运输工具。当前最复杂的问题是金融，估计伪金圆券[5]问题已不严重，人民券之发行尚属顺利，筹码暂时勉强够用。今后主要是对付银元（已有专门指示）和反对敌人、奸商投机捣乱的斗争。至于城市工业生产，因各市尚在初步接管当中，对此还无具体研究。（四）南下干部对城市工作方法和生活习惯极不熟习，一般的表现是忙乱无头绪。如果这个问题解决得不好，必将大大地妨害工作和领导。（五）南下干部和军队与地下党的会师，在南京发生一些格格不入的现象。据三兵团报告，皖南也有一些问题，已引起注意。总之，江南将有许多复杂的、尚难预料到的困难问题摆在我们面前，我们当从注意集体领导和注意向中央军委报告请示的方法中，予以逐渐地解决。

邓小平
辰灰

## 注　释

〔1〕京沪杭作战，指京沪杭战役，又称渡江战役。

〔2〕见本卷第263页注〔45〕。

〔3〕卯陷电，指一九四九年四月三十日，毛泽东为中共中央军委起草的给中共中央华东局、总前委并告粟裕、张震，刘伯承、张际春、李达等的电报。电报针对人民解放军进驻南京以来接连发生的士兵擅入外国大使住宅和南京电报局不得中央同意，擅自停止外国记者发新闻电等情况，指出：关于政策及工作方法的指示，在你们高级领导机关方面来说，主要地是依靠写电报、发通令，而不是依靠开干部会，不是依靠口讲。这种出乱子的责任，主要地不是在下面，而是在领导方面，事前告诫处理得不适当，或者没有去告诫和处理。

〔4〕会门，是旧中国的民间结社，有三合会、哥老会、大刀会、在理会、洪门等。这些组织的成分主要是破产农民、失业手工业者、流氓无产者等。这类组织由于普遍存在着封建性、落后性，往往容易被反动统治阶级和帝国主义势力所利用。

〔5〕金圆券，指一九四八年八月十九日国民党政府开始发行的一种纸币。一九四九年七月，金圆券被宣告作废。

# 清剿皖北会门暴动的意见<sup>*</sup>

（一九四九年五月二十日）

山东军区，并皖北区党委，南京市委，徐州市委（山东军区转）：

　　巧电<sup>〔1〕</sup>悉，建议甚好。对皖北会门暴动，区党委已予严重注意，望令徐州警备旅抽出一个团以上兵力协助皖北清剿。皖北区党委即应派人至徐州联络。在清剿中，徐州派出之部队统归皖北军区指挥，对所有参加清剿的部队，务必讲明对会门的政策。

总前委

辰哿

注　释

　　〔1〕巧电，指一九四九年五月十八日，山东军区给中共中央华东局并报中共中央军委的电报。

---

　　* 这是邓小平为总前委起草的给山东军区等的电报。

# 关于迅速夺取青岛、
# 福建和入川的部署<sup>*</sup>

（一九四九年五月二十九日）

上海之战结果甚好，不但上海工业基本上未受破坏，而且消灭了国民党守军达十四万左右。我们的看法是，国民党军队消灭得愈彻底，帝国主义军事干涉的可能也愈小。如果在三五个月时间我们能够控制青岛、福州、泉州乃至厦门，四野能进入两广，则更能免除这种危险性。今后最大的困难，恐将是帝国主义从经济方面所施的压力，意在迫我在政治上就范，或取得我们更多的让步。今后美英试探性的进攻行为可能接踵而至，中央对此作有备无患的谨慎处置是完全必要的。我们在执行中，拟作如下处置：

（一）对帝国主义，拟在群众中不疲倦地进行宣传和教育，但严防提出不策略、不现实的反帝的具体行动口号，在

---

　*　这是邓小平为中共中央华东局、总前委起草的给中共中央军委的复电。一九四九年五月二十八日，毛泽东为中央军委起草关于预防帝国主义武装干涉的部署问题致彭德怀、贺龙，刘伯承、邓小平，陈毅、饶漱石、粟裕，林彪、罗荣桓的电报。六月二日，毛泽东为中央军委起草复华东局、总前委并告刘伯承、张际春、李达电：同意二野入川，积极准备，在情况许可下，争取八月初出动。邓小平须准备去四川。同意以叶飞三个军入闽，行动时间如能提早至本月下旬更好。攻青岛之一个军及一部炮兵可于六月十日左右出动。

报纸上多从国际问题和中国的历史（着重美国援蒋），求得暴露帝国主义，非必要时不轻易涉及现实问题。

（二）军事方面，拟以八兵团一个军附炮兵一个团开青岛，但须略事休息，计时约在六月上旬才能开动。叶飞第十兵团三个军拟休整一个月，于七月初开动，以便迅速夺取福建全省，控制福州、泉州、厦门沿海。三野握有十一个军，以四个军位浙江，五个军位上海地区，两个军位南京、镇江地区，同时加紧整理沿海防务，足可应付意外事件。

（三）二野除陈赓兵团外，均整训待机。二野入川势在必行，且宜早行（乘敌破碎早点解决西南问题实属必要），估计两个月后三野部署当已调整妥善，英美动态亦趋明显，故二野必须积极准备于八月初出动，否则，临事仓卒陷于被动。目前最大的问题是干部问题，二野手中无一地方干部，我们拟于三四个月后，从华东抽出一部分干部随二野入川，估计数目有限（可以动员一批学生入川），中央有无此项准备，请告。

（四）二野入川，刘伯承[1]、宋任穷[2]二人势必要去，南京市长、市委书记在考虑中。邓小平是否需要入川，须请早示，以便考虑华东局的组织问题。

## 注　释

　　〔1〕刘伯承，当时任中共南京市委书记、南京市市长、南京市军事管制委员会主任。

　　〔2〕宋任穷，当时任中共南京市委副书记、南京市军事管制委员会副主任。

# 关于人民币兑换情况 *

（一九四九年五月）

谭震林并中央：

（一）我此次进入芜湖，规定人民币三百二十元合银元一元，人民币一元合伪金圆券一万元。在当时是将人民币购买力定得高了，故引起自四月二十六日至五月二日芜湖人民币物价涨了百分之五十至百分之二百不等。这证明规定人民币比值过高了，不能使物价平稳，对自己人民币的影响是不利的。

（二）镇江为照顾贫民小贩，收兑伪券，只兑了一天，兑出人民币百余万元，即无人来兑。南京在二日内也只兑出人民币七百余万元，第三日来兑者即大为减少。这说明蒋区人民害怕伪币跌，特藏伪券量极少。另外，据说南京市商人一面因我兑换限制高，每人只准兑二百元人民币；一面因闻上海即将可能和平解放，已将大批伪币封包运到上海外围城镇，准备上海一解放，即设法在上海抛出。南京、镇江兑换者少，与此亦有关系。

以上两点特介绍，以供参考。

---

* 这是邓小平给谭震林并报中共中央的电报。

# 工作上政策上争取主动 *

（一九四九年七月十九日）

## 第一部分

毛主席及中央各同志对京沪杭特别是上海的困难非常重视，决定从全国范围内予以帮助，并决定由陈云[1]同志协同华东局就此次财经会议[2]之便，与华中、华北、西北、东北各区财经负责同志共同商定具体方案，报告中央批准。

中央及毛主席对我们有下列指示：

一、帝国主义的各种花样直到封锁，其目的在于迫我就范，我们的斗争也在于迫使帝国主义就范。我们绝不会就帝国主义之范，而一个多月的经验看出，帝国主义就我之范亦非易事。这一时期双方斗争实际上都是试探的性质，直到英美摊出封锁的牌。封锁，在目前说来，虽增加我们不少困难，但对我仍属有利，即使不封锁，我们许多困难也是不能解决的。但封锁太久了，对我则是极不利的。打破封锁之道，毛主席强调从军事上迅速占领两广云贵川康[3]青宁诸省，尽量求得早日占领沿海各岛及台湾。同时我们提出的外

---

　＊　这是邓小平在北平同毛泽东等中央领导同志谈话后，写给中共中央华东局负责同志关于谈话情况的通报。

交政策的一面倒[4]，愈早表现于行动则对我愈有利（毛主席说，这样是主动的倒，免得将来被动的倒）；内部政策强调认真的从自力更生打算，不但叫，而且认真着手做（毛主席说，更主要的从长远的新民主主义建设着眼来提出这个问题），毛主席说这两条很好，与中央精神一致。我们这样做，即占领全国、一面倒和自力更生，不但可以立于坚固的基础之上，而且才有可能迫使帝国主义就我之范。

二、城乡问题，中央同意我们的意见。华中局的意见是经中央批准的，东北过去就是这样做的，目前华北、西北也应如此做，要求在华东迅速执行，认真地动员和做出调动干部的计划。

三、关于我们提出的解决问题的四条措施。

1. 政治上有理，强调反封锁，强调支援全国解放，造成浓厚的空气，以助城市的疏散。毛主席特别强调这些问题绝对不能由共产党来决定，必须与工人阶级、小资产阶级和资产阶级共同决定，同时必须迅速建立各界人民代表会，运用代表会来讨论与决定问题。

2. 城市疏散，工厂、学校内迁，工业就原料加强大陆交通，华北天津等城市也须这样做。疏散难民应立即做。疏散旧人员是必要的，但应谨慎做，给以生活之道，做到仁至义尽，例如京沪等地区，转至苏北盐垦区即应为出路之一。

工厂内迁是完全必须的，但不是从解决上海当前困难提出，而应从新民主主义经济建设的长远计划来提出。工厂内迁确非易事，应在此次陈云同志指导的会议上作出初步的计划，分别先后、公私予以实施。对私人工厂，必须与各阶层共同讨论决定，大家负责；必须自愿不可强制，但应宣传动员；凡自愿迁移者给以真正的帮助，无论公私工厂都应求其内迁后有出路；不愿内迁者必有不少无法维持，只能使其关门。

学校内迁可以先迁一部分国立学校等，但计划要周密才行。国民党中央各种机构亦订出计划，安置各地。

3. 决心把农村工作做好，上面已谈到是具体做的问题。

4. 精兵简政[5]，节衣缩食，克服困难，应立即付诸实施。曾山[6]同志报告，现有军队数目太大，是绝对无法养活的，必须适当减少。比如分驻乡村，可减少城市压力，又可加强农村工作。减少地方武装，部队同志必须坚决执行。

在精简中注意安置，不要送走了事，这是历史的经验。节衣缩食必须执行，但应注意以不病倒人为原则。最后毛主席说，半殖民地经济不能希望一下改掉。我们应认识这一点。陈云同志提议发公债，中央已批准，当在会议上提出讨论。

# 第二部分

毛主席对几个问题的指示：

一、工作上政策上争取主动的问题。

毛主席最近谈话中一再强调要主动，不要陷入被动，特别对团结党外人士问题，谈的最多。因为最近党内有一种倾向，就是不大愿意和民主人士接近，怕麻烦，对我们招待民主人士比较好看不惯。党内有一种舆论叫做"早革命不如迟革命，迟革命不如不革命"。毛主席说，一定还会加上一句"不革命不如反革命"。将来中央政府成立了，可能有一半甚至一半以上的部长席位要让给非党人士。这是全党的思想问题，应引起注意。在进步学生、青年中也有一种不满情绪，必须反复地主动解释清楚，从理论上说明有其必须的道理，使同志们了解团结争取党外民主人士，甚至把傅作义、张治中、程潜[7]等等都争取过来，给他们住北京饭店，"坐椅子"、吃好饭，虽有小麻烦但就可以少打仗、少做政治斗争，减少大麻烦。内战时期我们工农处于孤立地位，屡遭挫败的原因是应该记得的，我们可能让傅作义做绥远军政委员会主席，部队改编仍叫他的人当军长，我们派人作副职，也可能找出别的人当甘青或其他地方的军政委员会主席。这样做可以解决许多问题，减少许多麻烦，对人民对革命非常有利。不这样做就要多麻烦，多走弯路，就比较不利。所以，要学会算大账，不要看到革命多少年赶不上一个不革命甚至反革命就吃醋，要善于学习资产阶级才能改造资产阶级。日本人到上海接收一家银行，先原封不动只派一个人坐在对面管签字，学了半年就全套学会了。我们也要虚心学习，只要有用之人都拿来用，要有这种气魄。因为我们不同于过去，我们有了力量，所以能够这样，不怕他们造反。对于大学、中学的处理要非常慎重，大校的校长不要轻易撤换，我们马上换人不一定比人家办得好。北平各大学未并入华北人民革命大学是对的。对资产阶级学者，要慢慢改造他们。总之不要轻易动，轻易动就会陷于被动，即使要动也要在条件成熟时才动。在学术上，必须采取老实态度，不懂就是不懂，如怕失面子而硬充，结果必然失大面子反陷于被动。

对党外人士，毛主席专谈过关问题。资本家说封锁一关难过，毛主席说要过三关：第一关是封锁，大约要三个月以上；第二关是土地改革，要二三年工夫；第三关是社会主义——工商业国有化，时间很难提（譬如说二十年左右）。资产阶级也知道社会主义必然要来，但仍希望多争取点时间，有个数，他们就放心了。

二、同党外合作的办法。

毛主席举了几个形式。第一是人民代表会，这是最好的形式，实际上是小的政协会议。太原及西安等地很快见到成效，大体上接收了二三个月后就可以召开。基础好的，如上海还可以提前，这叫做争取主动。把共产党的话变成大家的话，有成就，大家有功。即使出岔子，大家都有责任，也就不会埋怨。第二是开各党派各界人士的干部会议。共产党及各党派各界干部都参加，可一个月左右召开一次，除了党的秘密之外，一般政策问题，应尽量采取这种形式来普遍传达。这种会议，我们出席的班子要配的好，人家才重视。如果人家是头等干部出场，我们派二等角色去就不好。这种方式的好处是减少党外人士顾虑，武装左的分子，帮助中间分子，孤立右的分子。共产党员也不能说假话，不懂的也不能充懂。有问题一定要讲，一讲就争取了主动。第三是军政委员会形式。第四是顾问团形式。另外，毛主席对执行政策或对工作的谈话中，谈到争取主动的问题很多。

三、工作方法与领导方法问题。

领导机关对必要会见的人应该会见，必要的会应该开，但不宜太多太长，否则要陷于被动。领导机关要学会节约时间，集中力量解决重要问题。平时主要应利用通报、电报、社论来实现领导，对下面要定章程，出安民布告，经常给予任务，传达经验，定期检查，表扬成绩，批评错误，使领导经常处于主动。

四、国际主义教育问题。

党外很多人对一面倒有意见，我们就要多讲，使中间分子明了，进步分子有武器去和右派作斗争。党内对一面倒也不一定没有问题，因此要加强教育。现在联共党对中国党很热心帮助，如何同苏联朋友处理好关系，是很重要的事。要在党内讲清楚，对他们表示热情、关心、友好的态度，对来往的苏侨采取护送制度，不同的习惯要向他们解释，对缺点也可以由相关的负责人向他们正面讲。

对英美等帝国主义国家在华的侨民，愿意走的，尽速帮助他们走，多走一些对我们并无害处，当然方法上还要讲究一些。

## 注　释

〔1〕陈云，当时任中国人民革命军事委员会财政经济委员会主任。

〔2〕财经会议，指中共中央委托陈云于一九四九年七月二十七日至八月十五日在上海主持召开的财政经济会议。会议确定了全力支持解放战争彻底胜利和维持新解放区首先是大城市人民生活的方针，并就统一财政经济、控制市场物价提出了具体措施和步骤。

〔3〕康，指西康省，辖今四川西部地区和西藏东部地区，一九五五年撤销。

〔4〕一九四九年六月三十日，毛泽东依据历史经验和当时的形势，在《论人民民主专政》一文中阐述了"一边倒"的外交方针，这就是倒向社会主义国家。这里的外交政策一面倒，即外交政策一边倒。

〔5〕一九四一年十二月，中共中央发出"精兵简政"的指示，要求切实整顿党、政、军各级组织机构，精简机关，充实连队，加强基层，提高效能，节约人力物力。这是在根据地日益缩小的情况下，克服财政经济严重困难和休养生息民力的一项极其重要的政策。

〔6〕曾山，当时任中共中央华东局财政经济委员会书记、上海市副市长。

〔7〕傅作义，原任国民党军华北"剿匪"总司令部总司令。一九四九年一月率部接受中国人民解放军的和平改编，对北平和绥远的和平解放作出了贡献。张治中，原任国民党军西北军政长官公署长官。一九四九年一月任国民党政府代表团首席代表，率代表团到北平和中共代表团进行谈判。四月十五日，双方拟定《国内和平协定（最后修正案）》。四月二十日，国民党政府拒绝在协定上签字，之后，张治中决定脱离国民党政府，留在北平。程潜，国民党元老，当时任国民党军长沙绥靖公署主任、国民党湖南省政府主席。一九四九年八月率部在长沙起义。

# 关于知识分子的改造问题 *

（一九四九年七月）

## 一、什么叫知识分子。

凡从事脑力劳动者，叫知识分子，如科学家、艺术家、医生、教授、学生。他们因为有一种特殊知识，依靠这种特殊知识，从事一种特殊的劳动。他们与体力劳动者不同，他们用脑力劳动，他们的活动只属于精神的，他们的产品是精神的产物。体力劳动者是用体力来劳动的，他们生产物质的产品。比如艺术家画一幅画，音乐家作一首曲子，科学家发明一样东西，他们的产品是属于精神方面的，是和体力劳动者的产物不同的，所以他们就被称为知识分子。学生们正在准备获得一种知识，依靠这种知识，他们大多数将从事一种脑力劳动，因此学生也是知识分子。

依上面所说，我们已知什么是知识分子。不过，知识分子的构成是复杂的，知识分子只能称作一个阶层，而不能是一个阶级，为什么知识分子的构成是复杂的呢？第一，以他们的阶级出身来说，有的是资产阶级，有的是工农，有的是地主出身，他们来自各阶级，构成一个特殊的社会阶层。第二，从知识分子为谁服务的问题来说，有的为地主服务，有

---

＊　这是邓小平在南京为西南服务团学员所作报告的主要内容。

的为无产阶级服务，他们各有为一定阶级服务的立场。封建地主的知识分子歌颂本阶级，而轻视其他阶级的人；资产阶级知识分子是为资产阶级服务，他们歌颂资本主义的好处。也有为无产阶级服务的知识分子。在资本主义社会中，有为资产阶级服务的知识分子，也有为无产阶级服务的知识分子。一个知识分子，如不为资产阶级服务，就必为无产阶级服务，所以知识分子是有阶级性的。知识分子本身由于出身复杂，由于为谁服务复杂，故不成阶级，不成为一个独立的政治力量。正因为如此，它必须依靠一个阶级，它只能有一个立场，不可能有两个立场，也不能超出阶级的立场。所以，在知识分子的道路上面，在它的立场的选择上面，必须有一个明确的决定，要想超出阶级而独立是绝不可能的。

二、**知识分子的特点**。

一般来说，知识分子有下面几个特点：

1. 个人主义，尤其是个人英雄主义。

这个特点的表现是在于自高自大、自以为是、爱面子、受不起批评。有些知识分子要是受了批评，就觉得伤了自尊心而不快。相反，他们也受不得奖励，受了后，就得意忘形，结果使他的英雄主义更形高涨。这些知识分子，他们爱名誉、要地位、出风头、好大喜功，同时他们也轻视劳动。这种表现的基本原因，完全是因为他们从个人的观点出发，把自己当作世界的中心，把自己看作英雄，以为自己是能够创造历史的。为什么如此？这有历史的、社会的原因。第一个原因：中国的历史上，一向是把知识分子看作最高的，"劳心者治人、劳力者治于人"，"士农工商"，"天子重英豪、文章教尔曹，万般皆下品、惟有读书高"，这种几千年来的历史，都把知识分子放在第一位，所以就造成了有些知识分子看不起劳动人民。第二个原因：大部分知识分子出身于剥削阶级，所以他们在家庭中、在社会上，都有着特殊的地位，他们就看不起工农。第三个原因：大部分知识分子家庭都希望他们的子弟能够得到功名富贵，扬名显亲，提倡他们的子弟成为英雄豪杰，所以在过去大部分知识分子都成了统治阶级。现在，在我们的革命队伍里，我们却是提倡无产阶级的集体英雄主义，有本质上的不同。我们无产阶级的英雄，不顾自己一切，以人民最高利益为前提。就以毛主席来说，他自己并不要做英雄，但人民尊爱他，把他当作英雄。这就是我们所提倡的。

2. 好清谈、好幻想。

知识分子的知识，是书本上得来的，这种知识当然有一定用处，但它往往与现实、实践、劳动脱离，学用分离。他们有人口头上说得非常漂亮，而教他去做时就不会做，即使做，也做不好。同时，有的知识分子时常脱离实际，把一切都理想化，并加以幻想点缀。比如，有的知识分子把共产党理想化，以为它十全十美，后来，当他发现共产党也有缺点时，他就觉得失望、灰心。

3. 排外性、宗派主义。

因他的知识是从书本得来的，他认识他自己的小圈子，所以对于别的圈子里的人，便加以轻视，加以排挤。所谓"文人相轻"，就是小圈子生活的结果。

4. 两面性——革命性与动摇性、落后性。

中国的知识分子还有第四特点。一般说来，革命性较大。因为中国知识分子受帝国主义、封建主义压迫，再加上国民党官僚资本压迫，这三重压迫教育他们，激起高度觉悟性与反抗。但是，他们同时也有动摇性、落后性。如在五四运动后，大部分知识分子加入了革命队伍。但当受到反动派压迫摧残时，有一部分就经不起这样的考验，有的变为消极，有的投降了。不过一般说来，革命性大于动摇性与落后性。大多数知识分子走向革命，走向反革命的为极少数。

今天，我们的知识分子，认清自己的缺点，然后才能改造自己，否则是极困难的。只有克服缺点、发扬优点，才能成为坚强的革命者。

**三、知识分子在革命中的作用。**

大多数知识分子走向革命。在历史上，每次革命前总有文化革命、思想革命起先导作用，但它不能是领导革命的主力，因为必须依靠无产阶级。革命需要理论，它须经过知识分子得来，而工农是运动的主力。中国共产党的领袖虽多为知识分子，但他们是已改造了的知识分子，已与工农结合，无知识分子缺点了。现在，革命必须由工人阶级领导，联合农民，团结小资产阶级和民族资产阶级，革命才能彻底胜利。一般知识分子都把自己估计太高，把工人阶级估计过低，这不对。必须依靠工人阶级。不是革命，就是反革命，第三条路是没有的。知识分子必须选择自己的道路。

**四、中国共产党对知识分子的政策。**

有人造谣说："中共是无产阶级政党，它是看中工农，而轻视知识分子的，它对知识分子要加迫害。"事实并非如此。中国共产党认为，中国革命没有知识分子是不能成功的。我们党对知识分子不但重视，而且重用；不是排挤，而是争取、教育、改造。为什么？是怕反动派夺取、利用，使其变成反革命。但在我们争取了之后，必须认清他们的缺点，要教育、改造他们。人民需要革命的知识分子，因此我们党有争取、教育、改造的责任。如教育后仍不成，就该自己负责了。现在各革命团体，如西南服务团[1]、革大[2]，就是为了改造知识分子。知识分子的出路只有跟着共产党走，保障革命胜利果实，为人民服务，建设新中国。

**五、知识分子的改造。**

1. 确立为人民、为工农兵服务的观点。

在革命队伍中，有的人在口头上说愿意为人民服务，实际上却是为个人打算，想在革命中得到地位。但是，为人民服务的观点是必须由行动来保证的，而不只是口头上说说的。必须处处为人民打算，以人民的最高最大利益为前提，思想与行动结合，才是真正的为人民服务的观点。清算自己，克服一切小资产阶级弱点，这是艰苦的，当然可以得到外助，但主要还是靠自己。

2. 与工农结合，改变劳动观念。

我们的知识，由书本得来，是"半知识"。书本知识是前人经验的总结，但不一定完全有用。工农大众虽无书本知识，但他们在实践中，得到实际生产知识和社会斗争知识，所以必须和他们相结合，向他们学习实际知识，这样，我们才能得到理论和实际统一的真知识。要向工农学习，就必须和他们打成一片，改变过去轻视劳动的观念。我们必须把劳动视为神圣，劳动创造一切。劳动是生活中的第一需要，生活才会坚实。毛主席说"丢下臭架子"，是改造的第一步。

3. 深入实际，参加各种实际斗争。

在实际斗争中，有各种有用的实际知识，我们必须参加各种实际斗争才能得到，然后把这些经验总结起来，提高到原则，这才是难能可贵的，不然就是空虚幻想。

上面几点必须完全做到了，我们才能成为坚实的革命战士。这个过程是长期而艰苦的。

## 注　释

〔1〕上海解放后，中共中央华东局在南京、上海等地招收青年知识分子、青年职工和工程技术人员，并从华东局和北方各解放区抽调干部，组成中国人民解放军西南服务团，于一九四九年十月随作战部队挺进西南，投入接管、建设工作。

〔2〕革大，即华东人民革命大学。

# 为《淮海战役中双堆集歼灭战初步总结》题词 <sup>*</sup>

（一九四九年八月一日）

双堆集胜利仅仅是全国千百次重要胜利的一个。一如坚持大别山的意义一样，只能把它的宝贵经验提取出来，作为我们继续进步的基础，而不能把它变成障碍自己前进的政治包袱！

邓小平敬题
一九四九年八月一日

---

\* 《淮海战役中双堆集歼灭战初步总结》是第二野战军司令部编辑出版的一本书。

# 从渡江到占领上海及今后的工作<sup>*</sup>

（一九四九年八月四日）


各位先生各位同志：

这次从上海到北平，应该向各位作一个工作报告。这个报告是要讲我们人民解放军第二野战军、第三野战军从渡江到占领上海以及到上海后的情况和工作。

渡江作战是从四月二十日夜里发起的。因为反动的南京政府拒绝了人民的八项和平条件[1]，人民解放军一部，即由刘伯承同志领导的第二野战军和由陈毅同志领导的第三野战军，奉命渡江作战。在漫长的一千多里的战线上，所有部队都无例外地顺利地完成了渡江任务。我们发动战斗以前，曾经给过反动的南京国民党政府最后考虑的时间。当他们不愿接受人民的极其宽大的和平条件的时候，我们只有给他们再一次的教训和打击。我们发起渡江作战后遇到的抵抗可以说很小。在一千多里的战线上，国民党军队摆在湖口至上海段的有四十五万人（包括宜昌至湖口段的共有七十万人）。四十五万人不能阻挡人民解放军渡江。我们在任何地方都没有遭遇到大的抵抗。我们采取宽正面的渡江方法，分了几十

---

* 这是邓小平在北平六国饭店向新政治协商会议筹备会代表所作的报告。

个点渡江，绝大部分都没有遭遇到强大的抵抗。假若有人问，你们渡江花了多少时间？我们肯定地回答，先头船只最快的一刻钟。我们从四月二十日夜里开始，二十四小时内大体上三十万人全部过了江。队伍一过江，敌人就混乱了，他们的想法只有一个，就是如何逃出我们的包围。他们一齐向南溃退，人民解放军立即实行宽正面的追击。在这过程中，南京在四月二十三日占领。到五月初，半个月的时间完成了追击。从渡江到追击最远的地方，即福建的北部、江西的东北部，前进一千五百里。在这么短的时间要走这么多里路，并且还遇到小的战斗和下雨，能有这种惊人成绩，是靠指战员奋不顾身的英勇精神，这种英勇精神过去表现在战场上，这次主要表现在脚上。敌人在这样的追击下，没有可能整理队伍。甚至我们的第一梯队已过去五六百里，第二第三梯队还要消灭被第一梯队甩在后面的敌人。五月初完成追击，占领杭州、温州、蒋介石的故乡奉化、宁波，一直到闽北、赣东北这条线。此后，部队就准备进攻上海。上海有二十万敌人，并且由蒋介石亲自指挥。经过一个星期的战斗，我们在五月二十七日占领了上海。这次作战中央命名为"京沪杭战役"。从渡江到占领上海，总计用了一个月零七天，消灭敌人四十余万。我方伤亡二万五千人，其中在占领上海时伤亡一万七千人，在渡江时遭敌机轰炸等共伤亡八千人。我们曾有一个兵团俘虏了敌人六万，自己损失一千一百人，比较起来我们的代价花得很少。

我们为什么能突破长江，迅速完成京沪杭作战任务，并把我们预计的时间缩短一半呢？原因是，除了中国人民革命军事委员会及毛泽东主席领导正确外，第一，我们军事准备充分，指战员英勇。在渡江前，蒋介石集团以为我们给他们宽大是表示人民的软弱，以为长江天险不可突破，他们就押这个宝。但是，人民解放军已经有了必胜信心。这信心不单是建立在政治的信念上，而且是建立在实际的准备上。举一个例子说，我们渡江需要船，原有的船被国民党全部拉到江南去了，我们的船停靠在长江以北的内湖和内河里（每船可载八至十二人，大者五十人，最大者一百人），但是内河的出口当时被敌人封锁了，因此船不能从内河入江。对这样的困难，有些所谓军事家认为不可克服，然而我们克服了。渡江的时候，敌人不明白我们的船是从什么地方来的。其实，我们的船不是从水路出去的，而是从旱路出去的。我们的办法叫做掘渠。我们是把船拖出去的。有时为疏通一条渠道使船出去，要掘几十里（最长的有六十里）的小河沟。为了掘渠翻坝，曾使用了两千一百万个人工。这样巨大的工程是在一个半月的准备时间中完成的，是我们几十万士兵、指挥员包括师长、团长亲自参加这个劳作，以及几十万民工劳作才完成的。渡江使用的船有一万只左右，所以我百万大军能够渡过长江。再就是我们的人是北方人，北方人怕水。曹操[2]吃亏就在这个地方。为了在水中不发晕，为了能应付各种情况，我们在巢湖北部做了多方面的准备，白天夜晚进行演习。在水中习惯了，有把握了，又考虑到船在江心中弹怎么办？许多战士想出了用草圈作救生圈的办法。草圈比橡皮圈好，橡皮圈一打就破了，草圈不怕打。虽然实际过江时没有用着，这准备是"浪费"了。最后我们在内河演习。我们认为长江并不比黄河厉害。这些信心都是建筑在实际的军事准备上，更不用谈我们的政治信念了。从实际体验中，我们知道了渡江并不困难。

第二，群众支援，地下党和游击队之配合。有的游击区我们过去有过工作，有些地方过去没有过，但人民都一致支援我们。掘渠翻坝有一半是人民的劳作。在渡江准备的过程里，我们集结主要兵力在芜湖至安庆这个地方，所需粮食一亿五千万斤，其中百分之八十是沿江的人民拿出来的。他们把家里的粮食尽量拿出来，并且表示只要渡江，饿着肚子也不要紧。为解决烧柴困难，人民甚至无怨言地拆房子给我们当柴烧。其他的战勤工作都很繁重，如修路，运粮，找船工。船工一半来自民间，一半是临时训练的战士。江南地下党、游击队配合了渡江作战。我们曾开过江去一支部队，埋伏了十天，敌人还不知道。

第三，敌人的脆弱。我们对敌人估计太高，实际上敌人的抵抗是脆弱的。这从渡江后的追击上可以知道。我们能迅速渡江完成京沪杭作战的任务，原因就在这里。

渡江作战无疑是一个伟大的胜利，这胜利表示了敌人在长江以南的一支最大的最有组织的力量的覆灭。经过了东北的辽沈战役[3]、华东的淮海战役、华北的平津战役[4]，国民党反动派剩下的最大的军队就是放在长江以南这一战线上，他们再没有比这更大的有组织的军队了。渡江歼灭了敌人四十多万，就表示国民党再没有有力的抵抗了。这胜利在政治上表示了反动的南京政府的灭亡。人民解放军在军事上将再不会遭遇到更严重的抵抗了，肃清残余敌人的时间不远了，最后解放全国的时间也不远了。

军事占领后，各城市均先后进行了接管工作。从渡江作战到我离开上海，约三个月的时间，接收工作大体告一段落。一般说来工作做得还好。所以顺利的原因：第一，中共中央有一套明确的政策，使各城市接收人员有所遵循，并有先解放地区的经验，如长春、沈阳、北平、天津、济南、潍坊、石家庄、郑州、开封、徐州等的经验教训，对解放江南有很大的帮助，使我们少走了许多弯路。第二，各界人民支持。渡江后我们看到，人民对国民党反动统治十分厌恶，对共产党各种政策表示热烈欢迎，尤其是工人、学生表现了高度的革命的积极性。如果没有工人、学生高度的热心和积极性，我们会遇到许多困难。不仅是工人、学生，还有工商界、文化界、科学界都采取了与我们合作的态度。如南京的工商界、文化界、科学界，自愿帮助接收上海，参加部队等。第三，大势所趋，谁都看到国民党反动统治再也扶不起来了，即便对国民党曾有幻想的人，都觉得要重新考虑自己的事情了。谁都觉得人民的胜利是肯定的了。尽管还有台湾及蒋介石所吹嘘的二万万人口，但国民党四十多万军队瓦解了，军事组织混乱了。这是大势所趋。许多人都必须重新考虑自己的态度，这表现在国民党的旧机构的工作人员绝大部分不走。因为他们不走，把机关、学院、科学研究机构保护得较好，甚至在渡江以前许多人就为保护机构做出了很多事情，使接收工作减少了很多困难。这种情形，各城市大致相同。帝国主义、反动派由于大势所趋，人民拥护我们，反对他们，在强大的人民力量面前不得不低下头来。司徒雷登也只能如此，不敢以对国民党之态度来对人民政府，不敢以在国民党统治时期对人民的态度来对我解放区的人民。即便其态度是含有阴谋的，但在形式上还是把表面的凶焰收起来了。第四，主观方面的努力工作。如前面所说，我们在主观上为渡江接收事先做了准备工作，包括政治的组织的准备。我们从华东调来的两万多干部都或多或少地经过了政策的教育。进入一个地区后，遵循了毛主席"四面八方"的政策[5]，与各方联系，开了许多会议。虽不完全周到，特别是上海情况复杂，但是主观上是遵循着这个方向来与各界人士通力合作的。在上海，陈毅[6]同志几乎每天参加一个会，甚至两个会，来说明我们的态度和政策，要求通力合作。像这样的态度，这样的工作，更增加了各方面的支持。这是接管工作做得好的原因之一。

但是接好并不等于管好。接收进来会很顺利，因为有了新经验，但管比较复杂，不是一个月两个月、一年两年可以管好的，特别是上海，需要更多的办法与更多的时间，才能管好。管是刚进入管，不能说有多大成绩，有些部门得到经验和成绩，但复杂的部门不是短期可以管好的。

接收也不是一帆风顺，遇到好多困难，有的从内部，有的从外部；有的已经克服，有的正在克服；有的需要时间。不管时间的长久，我们相信可以克服。克服的办法，对内靠不断地说服教育。只有用说服教育的方法，才能使他们达到克服困难的目的。

所谓内部，包括中国共产党、民主势力，遇到些什么复杂情况呢？共产党内部的困难是，接收之初，因为接收上海以前解放南京的干部，有的只经过一个星期的训练，准备不够，接管开始有无政府无纪律状态，多少有些岔子。干部素质不同，水平不一，数量大，乱子多少要出一点。准备多的乱子少，准备少的乱子多。在南京，关于无政府无纪律在外交方面出了些乱子：如司徒雷登住宅，有一次一个连的连长和指导员看见人家房子漂亮，进去看了一下。指导员发现这是外交官的房子，就说："这是外交官的房子，我们走吧。"虽然这件事情没有什么，从内部准备问题看，我们上级领导有错误。作为有计划地对付帝国主义的态度来说，发生这类事件是我们的准备工作不够的表现。作为政策水准来说，是无政府无纪律的表现。我们教育我们的士兵不怕帝国主义，教育他们打击帝国主义，但是需要有方法、步骤、策略，从这方面看我们是有教训的。事先教育得好，便不会犯错误了。南京外交事件得到解决了。无锡纱厂工资之规定，工资八升是经过劳资双方协定的，从实际需要说，工人是需要的，但在现在条件下，则是过分的了。后来发现了这个问题，饶漱石同志亲自去和工人讲道理，工人和厂方双方开会协议，解决了这问题。这个问题事前不请示，事后不报告，都是无政府无纪律状态。这类错误一发现就即时纠正，或负责同志亲自去，或以书面，或以电报来联系，并将事件处理结果和经验公告全体。在工作上我们弱点不少，这些弱点正在引起一些责难与批评，因为有弱点，就应当有批评。但在工作弱点中，有的确实可以避免，而未做到，或干部事先考虑得不周到，有的是不可避免的。从批评方面说，大多是善意的，是来自人民的；有些来自敌人方面的，恶意中伤，像合众社、美联社、路透社等。对于善意的批评，我们都告诉所有同志虚心接受。不管人家的看法如何，我们的工作中一定有问题，或者可以纠正，或者可以解释。如果从敌人方面来的，我们正可以对敌人调查研究，不管好坏都应当好好听，作为改进工作的根据。批评比较多的方面是农村，这点我们首先要告诉大家：我们先带去的干部主要着重城市，农村干部次一些，所以对农村工作不得不放松。最近经华东局指出这个问题，在城市接收后，工作应放在农村，现在从华东调来很多干部，调往农村去。所以，农村工作不好完全是事实，农村搞不好，城市也不可能活下去。但这样提问题，农村也至少要两年才能搞好。这两三年之内一定有许多错误，干部到了以后仍须经过一段时间才能搞好。当我们进行土地改革时，责难与批评恐怕还更多。苏州有位田先生说："征粮、借粮、摊派，凭旧保甲去决定，中小农负担沉重，大地主土豪隐蔽藏瞒。"但我们有紧急需要，上海、杭州、南京，因为有几百万人要吃饭，所以不能不征粮，自己去不可能，所以不能不利用旧保甲。这些负担都加于中小农，即"中小农负担沉重"，这些事我们知道是知道，但不能马上解决，须经过半年才能把旧保甲替换。农村是分散的，需要的人很多，但有人说"抽调太多"则不是事实。苏州是产米地区，在这个地区，我们征了一亿一千万，这与芜湖、安庆沿江人民比起来少得多，他们交了一亿五千万。只是方法不好，工作上需要改善，但要经过一个过程。华东局决议还只有半年，但是总需要两年、三年才能搞好。可以搞好，就是慢。

从内部说，上海有人责难我们上层好，中层少。上层是按中央决议做，无疑是好。中层，陈毅、我个人都属中层，也少也弱，我们下面的更少更弱，有些需要大家帮助他们，特别上海方面，中层忙，中层能多解决些问题。下层负担小，有很大很复杂的问题，需要请示中央，下层也请示中层，所以比较慢。但慢也比犯错误好，错就会有大乱子了，中层不容易解决问题的原因就在此。乱子大小与经验有关，有经验、有把握，则乱子少。我们时常告诉同志，不混担当，所以有些地方不够及时，这是要请各方面原谅的，另外，除上层好，中层少之外，还有下层坏，这点我们不很同意。假如说下层弱，我们可以承认，说下层坏，我们不能承认，有些是认识不够，错了，但是不能说坏。假设说坏，首先要由上层负责，主要因为上层教育不够。不能设想下层坏能把事情搞好。如人民解放军将领才一二百，士兵四百万是下层，真正做事是下层，他们是英雄，没有他们什么事也做不成。下层做事多，上面发号施令，这里包括教育。我们有错误，我们得承认，下面确有若干共产党员干部有缺点，或个别有本质上的不好，但真正的工作是下层做的。假如军队最前方实战员是士兵，那么我们下层工作人员是实际工作者。他们处理很多的事，几千件，但好的都不说了，内部方面有困难，有的水准很低。人们估计共产党的水准是很高的，但我们确有很多程度不够，所以这是一个教育经验积累的过程，需要时间。

工人和学生做了很多的事，上海复厂、复校过程中，他们组织了自卫队，不仅保护了自己的工厂和学校，还有别的房屋。人民解放军进入了以后，由他们手上接收了很多，并且他们很热心，没有他们，各重要工厂之保护是不可能的。但是，他们也有意见，他们认为人民解放军、共产党的政策太宽大了。学生认为对学校之特务学生、打手的不逮捕是宽大，工人对没逮捕工厂中的特务和国民党御用工会也有怨言，说"共产党来了生活过坏了"。这些怨言是对的，应该办而不能立即办，是我们的错误。但是，我们得到的经验是，工人、学生一经解释就谅解，他们有一个共同的信念，就是"毛泽东和共产党的决定不会是错的"。前面有人民解放军，后面就一定有工人、学生，我们的反特斗争，没有他们就办不好，他们能够被说服，说服不通时，他们还是先去做。关于工厂劳资的争执，那里有共产党员工作，一定可以说服。尤其最近报载的物价波动，工人自动减低工资，他们是吃不饱的，工资比战前差得远，但这方面还是能忍受。曾经发生过罢工、怠工，一般说这些地方没有共产党的工作，即使有也很弱。有人说"共产党过左"，其实国民党特务才是过左。国民党特务鼓动工人罢工怠工，他们的口号很左。"左"的口号有些是工人喊的，他们对问题不太了解，所以有人说"工人阶级提出了过高的要求"。我们要做的工作，就是要公平合理地解决他们的问题，这就对了，只要求工人忍受不行。

工商业界一般采取了合作的态度。一些进步的民主人士在这方面做了许多工作。未过江以前，工商界怀疑很多，但经过了无锡的劳资问题的解决，以及譬如棉花进口免税，可能范围内采取国营私营调剂，允许自由工商业产品的输出换取外汇，换回原料，收税很轻，等等，这些步骤解除了他们许多顾虑。但有些人遇到满意很赞成，遇到困难就埋怨。一遇到涨价就说共产党无办法。这是帝国主义及国民党特务在作乱，是他们来鼓动这些有埋怨的人。过去为了生产，有工商业者以对付国民党之办法来对付我们人民民主政府。物价高涨，人民、商人，人人叫苦，这批苦闷的资产阶级的人马上推波助澜，使空气更为恶化。许多怀着梦想的人有"人心思反"的现象，他们在思想上有一套对国民党的方法，拿来对我们，这是有他的习惯性的，但重要的是他们缺乏渡过困难的经验。困难确实很大，但能克服，在困难中找出办法来便可以克服，有了克服困难的经验就好了。这点需要我们大家来做更多的工作，这也是属于内部的，也要用说服教育的方法。遇到困难而动摇，也要用说服的教育的方法。各界市民有人认为共产党搞不好，要背包袱，这点我们承认，但当我们克服了，他们又认为"共产党还有些办法"。有人认为投机的事情解决不了，但我们把证券大楼封了，这时候是大快人心，真正打中要害。他们这种观点就有所改变。大新公司楼上特务散发传单说："蒋大总统八月来"，于是他们又说共产党没有办法。但经特务大本营的破获，六千多人自动放鞭炮，庆祝人民自己真正解放。最近，敌人封锁、物价大涨之下，又有人造出"物价涨了，共产党又没有办法了"。这些事情都属于说服教育的工作，"蒋总统"八月是回不来的。

从外部说，我们渡江前就有些准备。帝国主义走狗和人民当中有些人，对美国的美援、民主有些看重，对它有幻想。所以，我们渡江后，在对外斗争上有中央指示我们看清了美国是什么东西，但在外交上，有许多问题我们采取比北平、天津更宽大的政策，允许他们新闻出版，电报发电。我们采取这样的办法一是看一看，二是等待对帝国主义有幻想的人有所觉悟。只有帝国主义面目暴露出来，他们才能觉悟。毛主席在《论人民民主专政》中说："刺激也是那样，不刺激也是那样"[7]。事实上帝国主义对中国的要求简单得很，就是要求殖民地化、半殖民地化中国，即使在中国人民伟大胜利下，也永远不会自动放弃他们殖民地化、半殖民地化中国的企图。事实上，我们要等待帝国主义自己教育抱幻想的人。过江时英国军舰以保护侨民为由，侵害中国内河航权，这就是明显的帝国主义手法。对司徒雷登住宅的小事，他们大肆宣传。我们进入上海，《大美晚报》觉得我们要封它，准备先停刊，写一本书在美国好赚钱宣传。但是我们没有封，它的阴谋失败了。美国领事冲过游行队伍，并且当时态度强硬，最后弄了一个四条道歉[8]。这些阴谋都没有达到，所以就来了个说要封锁，甚至说将来不封锁，今天封明天不封，想弄得我们神魂颠倒，神经失常。用这些手法为什么呢？就是要探我们的情况。不管你人民民主专政也好，苏维埃也好，只要殖民地半殖民地就好。总之是在实践经验上，我们松他紧，我们紧他松，我们前进一步他逼一步，我们退一步他进一步，手法多得很，逼我们就范。他们还有另外一套手法，就是可爱的阴谋，便于麻痹我们，分化我们，给我们幻想，实际上目的就是要求殖民地半殖民地化中国。国民党反动派各方面进行破坏，有成功的，有不成功的。他们在城市搞爆破，在农村组织残余武装进行游击战、破坏交通，有意捅些乱子，把罪加之于人民政府头上，甚至企图打入共产党及民主党派内活动，这是要警惕的。要想帝国主义反动派放弃侵略、殖民地化中国，是不可能的；我们要想建立一个国家而又在帝国主义下讨生意，也是不可能的。如果中国人民表现自己的力量教训他们，他们就用各种花样的手法来对付我们。例如上海的大封锁，只有苏联及新民主主义国家及世界人民民主的势力，才能有真正的友谊。所以要看清真正的敌人和友谊。毛主席在《论人民民主专政》中说："欲达到胜利和巩固胜利，必须一边倒。"[9]何为一边倒呢？上海这些经验，相信那些对美国有些幻想的人也会懂得。但是，如果长期封锁，不向帝国主义屈服，上海问题怎样解决？上海物价上涨的原因是：（一）帝国主义及反动派的封锁。（二）农村工作不解决影响粮食原料供应，交通条件之困难影响煤粮供应，况且今年大水影响交通。现在要想办法加强运输。（三）城市收入不够，开支大。上海一个月才收二十五亿，南京收七千万，帝国主义封锁后海关没有收入，还要拿出钱来养这许多人。单是国民党旧机构留用人员，沪、杭、南京三市每月需一百亿。养一个旧职员，等于养五个指战员，这是包袱，这是应该背的，是要找出路的。钱是主要从农村来的，从工商业来的很少，上海四个月收入，才能养二十万职员一个月。这部分人，有一部分确实有用，要留用，但要处理得当。这些问题正在研究。

克服困难的办法是在自力更生的基础上的，要进行下面三项根本性质的工作：（一）消灭封建使农民得到土地。（二）实行精兵简政，节省国家开支。（三）在上面的基础上初步恢复和发展一切有益的工业和农业生产。上海要加上疏散人口这一条。上海五十万难民也需要疏散，上海是国防的前线，一旦有变故，一定有牺牲。不能设想将来带有半殖民地性质的上海，没有煤、粮，原料靠外国，产品靠外国，就能维持这样大的城市。帝国主义封锁给我们一个教训，就是叫我们考虑一个新办法，如何找出路，我们迟早要找的，现在是一个畸形发展的现象。这些问题，华东局党的组织和各方面正商量办法，以加强农村，使城市不孤立，得到原料。不能设想在半封建的农村下发展工业，加强农民的购买力，但这并不是我们不重视城市。精兵简政的方面，为了整个需要，实行简政，对各机构人员要减去一些，要他们到乡下去，动员到荒山去垦殖，到淮海地区去。比较难解决的是旧职员，但做到完全周到也很难。票子发行面大，但流通的范围面窄，有些旧职员到乡村去是有困难，但尽可能要顾及周到。难民的疏散问题，各界都在想办法募捐、募款。国立的学校正在考虑迁移，上海有五十几个专科以上的学校。中国地域很大，为什么要集中在上海呢？当然，迁校后设备要差，但我们要告诉他们迁校原因，工业比学校更困难，厂房、原料等都是问题。到其他都市都很好，但还有愿不愿的问题。迁的道路大家一致认为是该走的道路，但怎样迁呢？大家都在想。三年、两年，让他们把办法想好，绝不采取强制办法，这是解决的办法及步骤。有些问题解决了一部分，有些在考虑。困难总是暂时的，但不是几年的时间能解决的。今日国家之经济，工业被迫后迁，这是困难，是敌人给我们的，我们能够克服。我们经过一个时期，三年、五年，农村工作好了，工厂即使有退后的区域，东北、华中的工业是可以有发展的。等到我们的局势好了，那时中国人民就可明白毛主席说的"中国人民不但可以不要向帝国主义者讨乞也能活下去，而且还将活得比帝国主义国家要好些"[10]。帝国主义者及反动派将会比今天还要痛切地检讨他们自己的所作所为。他们的一切阴谋诡计都将变成对他们自身的致命的打击。他们刺激我们自力更生，让我们抛弃任何幻想站起来，清醒起来。我们要在自力更生的基础上，在苏联及新民主主义国家帮助之下，建立人民民主专政的国家。

## 注　释

〔1〕一九四九年一月一日，南京国民党政府在发动内战遭到失败的形势下，向中国共产党提议举行和平谈判。一月十四日，毛泽东以中共中央主席的名义发表关于时局的声明，同意谈判，并提出八项条件作为双方谈判的基础。这八项条件是：一、惩办战争罪犯；二、废除伪宪法；三、废除伪法统；四、依据民主原则改编一切反动军队；五、没收官僚资本；六、改革土地制度；七、废除卖国条约；八、召开没有反动分子参加的政治协商会议，成立民主联合政府，接收南京国民党反动政府及其所属各级政府的一切权力。四月，中国共产党代表团和南京国民党政府代表团经过谈判，以八项条件为基础，拟定了《国内和平协定（最后修正案）》。协定全文共八条二十四款，四月二十日被南京国民党政府拒绝。

〔2〕曹操，东汉末年政治家、军事家、文学家。

〔3〕辽沈战役，是一九四八年九月十二日至十一月二日中国人民解放军东北野战军在辽宁西部和沈阳、长春地区同国民党军进行的一次具有决定意义的战役。这次战役共歼灭国民党军四十七万余人，解放了东北全境。这一胜利，连同当时其他战场上的胜利，使全国的军事形势出现了根本的变化。人民解放军对国民党军不但在质量上早已占有优势，而且在数量上也取得优势。

〔4〕平津战役，是一九四八年十一月二十九日至一九四九年一月三十一日中国人民解放军东北野战军和华北军区两个兵团及地方武装一部，在西起张家口，东至塘沽、唐山，包括北平、天津在内的地区，同国民党军进行的一次具有决定意义的战役。人民解放军先后歼灭了驻守新保安、张家口、天津的国民党军；由于中国共产党的努力争取，经过谈判，国民党军华北"剿匪"总司令部总司令傅作义率部接受人民解放军改编，北平和平解放。这次战役共歼灭和改编国民党军五十二万余人，基本上解放了华北地区。

〔5〕"四面八方"的政策，是毛泽东提出的"公私兼顾、劳资两利、城乡互助、内外交流"的经济政策。这个政策照顾到四对矛盾的八个方面，所以有这个称呼。

〔6〕陈毅，当时任中共上海市委副书记、上海市市长。

〔7〕见毛泽东《论人民民主专政》（《毛泽东选集》第四卷，人民出版社

1991 年版，第 1473 页）。

〔8〕一九四九年七月六日，上海举行中国人民解放军入城仪式，庆祝上海解放和纪念七七抗日战争爆发十二周年，数十万上海市民、工人、学生走上街头游行。原美国驻上海总领事馆副总领事威廉姆·欧立夫驾驶吉普车阻挡游行队伍，被公安人员拘捕。欧立夫写下了有四条内容的悔过书，关押三天后被释放。

〔9〕见毛泽东《论人民民主专政》（《毛泽东选集》第四卷，人民出版社 1991 年版，第 1473 页）。

〔10〕见毛泽东《在中国共产党第七届中央委员会第二次全体会议上的报告》（《毛泽东选集》第四卷，人民出版社 1991 年版，第 1439 页）。

# 坚持政治攻势与
# 军事打击相结合 *

（一九四九年八月八日）

军委，华东局、华东军区，各兵团、各军：

我第十军二十八师并指挥安庆独立团，自六月二十二日至七月二十二日对皖西之六安、潜山与岳西地区十个乡，约六百余土匪，连续清剿、成绩颇好，毙、伤、俘匪营级六人、连级二十七人及以下共四百六十余人。其主要经验乃由于动员深入，行动积极，政策纪律较好。兹分述如下：

（一）从调查具体情况上，分别进行解释说明。我过去政策"左"，加之匪特造谣威胁，故当我初去时，群众纷纷逃至山中，一个都不见面。为此，我们必须首先安定群众情绪，争取其回家。对匪特人员，宣传立功受赏、胁从不问、首要必办的政策，减租及对社会各阶层的政策，经群众会、匪属会、房东会等，广泛进行调查与宣传解释工作，把过去政策执行中的正确部分与错误偏差部分分开，把地富不满与群众不满分开，大力宣扬我之胜利形势，同时以实际行动，如帮助群众挑水、打麦、推磨、开荒、打柴、输粪、锄草、

---

\* 这是邓小平和刘伯承、张际春、李达关于第二野战军第十军第二十八师剿匪经验给中共中央军委并华东局、华东军区和各兵团、各军的电报。

种地等相结合，群众大受感动，纷纷相随归来，争着给菜、给黄烟，并为战士洗衣服，有的从谈心中报告匪情，叫子弟回家，这样争取了群众，建立了政权。

（二）在群众纪律与军事纪律方面，颁发了十大守则，如不准无故放枪和威胁打骂群众，站稳立场、不受各种引诱，不怕扑空，不怕下雨，不怕吃苦等，并规定部队入匪中心区必须自带粮食，不吃匪区一粒粮食。

（三）争取匪的上层，利用匪首投降作为示范，开群众大会，宣传我之宽大政策，令其坦白后释放。如迎水乡开会点名，七个土匪都到，并影响了附近八十余匪，经一星期工作全部回来，其他各乡都开坦白会，土匪纷纷报告投降。

（四）政治攻势与军事打击相结合。军事打击越积极，政治攻势愈易收效。战术上系采取了有重点的昼夜连续反复搜剿、奔袭、追剿等手段，并结合了小部队的广泛无规律的活动，强调以分散对分散，以隐蔽对隐蔽，以山头对山头的办法。由于分别依据山林剿匪，重点应在山地，有时甚至驻剿，强调大部队与小部行动中了解情况，军事政治的进攻与经济封锁相结合，使匪无法存在，纷纷投降。我各级干部确实体验到，正确政策的执行与军事围剿相结合，力量是很大的。

（五）面向群众、组织群众。组织了剿匪、防匪、生产等各种小组，以此为基础，逐渐扩大为群众组织（农会性质），成为政权的基础。

刘邓张李

齐

# 迅速争取全国胜利是打破封锁、克服困难的出路<sup>*</sup>

（一九四九年八月十七日）

中央完全批准了华东局及上海市委从渡江后到京沪杭三角地区，以上海为代表的各项接管工作的政策与步骤。

从渡江后到占领上海，以及占领上海后的接收过程中，我们的工作都很顺利。原因是什么？党中央和毛主席规定了一套正确完整的政策与路线，是顺利渡江、顺利作战、顺利接收的第一个原因。由于党的政策的胜利，加深了敌人内部的矛盾和动摇，敌人的士气更形消沉了。我们不否认我们军队英勇善战，但是如果没有正确政策的领导，就要多打很多仗。京沪杭地区的二十几万旧人员，目前大多能积极地参加工作，保护了器材物资，这表明了国民党阵营内的分崩离析。如果不是党的政策好，这二十几万人就不会来或许来的只是其中的一少部分。在接管过程中，我们的工作就不可能如此完整、顺利，麻烦也就会更多，在建设的路程上也要多走好几年的弯路。同样，没有正确政策的领导，我们在蒋管区的群众工作、地下工作也做不好。因此，正确的政策与路

---

\* 这是邓小平在第二野战军和第三野战军团以上干部扩大会议上讲话的要点。

线是一切胜利的出发点和根基。没有正确的政策，就不能够设想胜利。

因此，我们在估计工作成绩时要谦虚。除了上述原因外，还有一些重要的因素。首先是各先进地区，如北平、天津、沈阳、济南、郑州、开封等地接收工作的一套经验和办法。虽然我们不一定完全适用，但只需部分加以修改，即可应用，这对我们的接收等工作帮助极大。其次，京沪杭地区的群众，特别是上海的广大工人、学生、群众的真诚地热烈拥护，它证实了党二十多年来联系群众的工作是有成绩的。这就是我们对从渡江到接管这一时期所获得的胜利应有的基本认识。

现在，摆在我们面前的问题还很多很大，胜利后的困难还很艰巨。在胜利的形势下，我们如果不认识困难，就会被解除武装。尽管我们的困难是发展过程中的困难，也必须承认，克服困难是不容易的。以上海的物价来说，有一个时期米价涨到了人民币九万元一担，这不但引起了上海的物价波动，同时还波及到了平津和全国各地。发生这种严重的问题是什么原因呢？是不是我们的工作犯了错误？没有。是不是工作步骤上有了毛病？也不是。中央认为我们的工作步骤还好，已经批准了。那么，得罪了老百姓没有？也没有，军队的纪律比渡江前更好。为什么会发生这种严重的问题呢？这涉及到许多问题，如帝国主义的封锁，城乡关系以及国民党遗留下的烂摊子的改造等问题。这些问题存在的原因，主要是客观的，主观因素很少。

分别来看，在城乡关系的问题上，在接收城市阶段，由于城市是反动统治的集中点，所以我们必须迅速地将一切主要力量，包括领导的重心、大批较强的干部放在城市，这是完全正确和必要的。但是接着就带来了问题。谭震林[1]同志到杭州半个月，陈丕显[2]同志进无锡不久就向华东局报告，提出没有乡村支援的城市是孤立的，是不行的。华东局在渡江后半个月就意识到这个问题。这是个长期存在着的城乡关系问题。从敌人遗留下的烂摊子来看，一个殖民地式的上海，尽管它有六百万的中国人口，但严格地说来，它还不是一个完全意义上的中国城市，无论在原料供给、产品推销，甚至粮食供应上都要依靠帝国主义。这样一个畸形发展的城市，即使帝国主义不封锁，它也不能维持下去。同时，它又在国防第一线上，整天处在敌人轰炸、骚扰的目标范围之内。再从生产状况和各项问题来看，上海最主要的工业是纺织工业，有二百几十万纱锭，对于这样的生产能力，供应棉花就成问题。即使棉花有了，外国人不收购我们的纱布，产品推销又是问题。又如在旧人员的问题上，京沪杭地区的二十四五万旧人员将来从事建设固然是好，可是目前维持他们一个月生活的开支，即等于二野、三野的全部预算，养活一个旧人员等于四个多解放军官兵的开支。目前经济虽然困难些，但是这笔钱还是需要花的，过去有过"八条二十四款"[3]，开了"支票"，现在就必须兑现，这样才有大利益，否则，就要犯错误。通货膨胀的主要原因：第一是由于军费开支；第二是旧人员薪俸的支出；第三是发工资。开支浩大，票子多，物资少，钞票又很少回笼，势必造成物价上涨。以上就是我们的困难情况和原因。

困难存在，就要找出路。解决困难的出路是什么？最主要和最根本的是打破帝国主义的封锁。我们要认识这个封锁，从形式上来看，它是以国民党面目出现的，而实际上是以美国为首的帝国主义者的封锁。的确，这是不难设想的，像蒋介石、李宗仁、白崇禧、阎锡山[4]之流，没有帝国主义者的支持，能封锁吗？让我们给这个封锁下一个定义，这就是帝国主义者的封锁，帝国主义者驱使其走狗国民党的封锁。打破这个封锁的道路是什么？毛主席告诉我们就是迅速争取全国解放，包括华南、西南、西北及隔海的台湾、舟山群岛、海南岛等地。如果我们在军事上取得了包括台湾在内的全国解放，封锁就基本上打破了。或者其他地区都解放了，即使台湾尚未解放，但由于中国的口岸很多，海岸线很长，封锁的程度也会被打破一部或大部。正因为这个封锁是以国民党形式出现的，所以我们占领了全国，就打破了封锁。因为国民党在中国失去了地盘，帝国主义供给它的军舰就失去了码头，它就不能来封锁我们。飞机失去了基地，就不能在中国的领空骚扰和破坏。若是帝国主义者在我们解放全国之后（台湾在内），还要弄什么飞机、军舰之类到中国来吵闹，封锁的形式就改变了，这是帝国主义直接的侵略，那势必激起全世界爱好和平民主人民的愤怒，而引起世界战争。世界战争的爆发，既没有如此简单，更没有这般容易。因此，全国要迅速走上新民主主义建设的道路，首先就是要打破和粉碎敌人的封锁。要打破封锁，摆在我们前面的第一个任务就是继续进军，尽快尽可能地占领全国的一切地方。目前局势发展得很快，江西、湖南等省已接近全部解放，二中全会提出"一年九省"的任务早已超过。"军事上迅速争取全国解放"这个道路也是帝国主义启示我们的。没有帝国主义的封锁，形势的发展或许还会慢一点，帝国主义的封锁，就逼得我们不得不加快脚步。军事上占领全国，首先是迅速完全地占领陆地。从战略上讲，现在已没有什么像样子的仗可打了，当然在具体战术上粗心和轻敌是不可以的。这不是单纯的占领问题，更重要的是如何有效地控制所占领的地区，这是个政治、军事、经济多管齐下的问题。

目前，我们正在进行军事和政治的大进军，照新华社的社论说，这是一个历史空前的大进军。的确，渡江战役的战线延展了一千七百里，最远达到闽北。这一次敌人的力量更弱了，而我们战线最远的地方是六千里。进军困难从客观形势来讲是不多，困难主要是在内部，也就是在这三千里、四千里、六千里的问题上。例如，目前无论是军队干部或地方干部都有些怕走路思想。另外，某些干部不大想离开城市，好像对全国胜利的兴趣不高。他们或许想全国胜利是应该的，但是进军的事请你去，我不去。这也是腐朽蜕化思想的表现。某些同志觉得留在这里可以少走路、少麻烦。自然，留守沿海的部队，路是可以少走些，但是处在最前线，时时刻刻受到敌人飞机、军舰的骚扰、挑拨，恐怕许多年不见得清静，麻烦多得很。同时部分沿海部队还要南进。若是我们的进军是从需要不需要走路来衡量的话，我们进军西南的部队，不但要走得远，还要深入到不毛之地。这些地方重要不重要呢？很重要。既然很重要，我们要不要呢？我们当然要。但要是不容易的，要走很多路，不过这总比革命失败后"留洋"容易得多。二野某些同志有不安心自身岗位的思想，认为二野总是命苦。实在说来，去不去西南都是党的任务，这是比不得的，一切不安心于自身岗位的思想都是不对的。某些同志觉得离家远了，从北方到南方渡过长江，思想上有些不通。到京沪杭地区觉得还好，离家比较近些，到西南去，离家这么远，这真了不得。其实，将来交通方便了不过多走了二三天或四五天的路程罢了。进军西南的部队在战斗任务完成后，第一件事就是要修筑铁路，便利交通。再从工作位置上来看，无论是沿海、内地都是重要的。沿海是国防前线，西南是国防后方，你能够说只要前线不要后方吗？我们必须认识去西南是革命的光荣任务，不去也是革命的光荣任务，去有去的工作与需要，不去有不去的工作与需要。去西南是要多走一点路，苦一点，可这是党指定的光荣任务，为了取得全国胜利也得去，没有任何的犹疑，若是有的话，这就表明我们的思想还不正确，还有点右倾。当然，党决定你不去西南，你偏要去，这同样也是不对的。

"军事上迅速争取全国胜利"，这就是毛主席指示我们打破封锁、克服困难的第一个方针。

关于搞好城乡关系的问题。我们不但要接管城市，改造城市，建设城市，而且要迅速地将工作重点转向乡村。在这个工作步骤上有三个阶段：第一步首先是占领、接管城市。这是第一个时期内的工作重点。第二步是在接管工作告一段落后，迅速地将工作重点转入乡村建设。城市中除了留下适当与必要的干部外，大批的干部要到农村去发动群众，废除封建剥削制度，完成土改。这个时期大约要两年到三年。这样做，并不是抛弃城市或轻视城市，相反是为了更好地发展城市。第三步是经过三年或四年以后，土地改革已经完成，再将工作与建设重点真正转入到城市。最近，华东局要抽调一批干部下乡去，许多人不愿意去，在思想上这也是一个难关。从乡村来的干部会说乡村住得太久了，现在需要留在城市学习学习城市政策，使得工作更全面化。在城市用惯了抽水马桶的人，下乡确实感到不舒服。但是，我们必须到乡村去，即使长期在城市工作的同志也必须去锻炼锻炼，哪怕是与农民谈谈天、吃吃饭，革命意识也会增加一点。今后，我们必须将城市与乡村配合起来，很快地解决城乡关系问题。

　　关于实行精兵简政、节衣缩食、减少开支的问题。从精兵简政上来说，我们军队的数量已经不少了，而且不久的将来，即将解放的地区，还有大批俘虏要收容，提出建军五百万的任务，在数量上说已差不多了。目前严重的是担负军队费用的经济问题，所以各地区要根据该地区的情况，提出负担数额及能够维持军队的数目。各个部队也要按照任务、性质的不同，制定编制。像二野入川前，人数要增加，入川以后，情况就不同了，就要按照该地的负担量来决定编制。照过去经验，如四川的负担额最高是六十万人，若有一百万军队势必要减去四十万人，否则，老百姓就无法负担，因此要精兵。在我们党政机构中，机关繁复，人员众多，必须要裁减与适当调整，并提高工作效率。在节衣缩食方面，我们一定要降低生活水平，否则经济就不能维持。有些同志会反映旧人员的薪水照发，我们革命多年，生活本来就苦，还要挖一点。我们应该了解，正因为我们是革命多年，觉悟较高，所以才要挖一点。我们过去已经苦了很长的一段时期，今天接近全国胜利了，为什么就不能再苦一些？为了争取旧人员以及更多的人，我们不但对他们要适当地安置，照顾他们的生活，还要做到仁至义尽。这就是我们的政策。根据以上原则，华东局已订出了各种具体的方案，如精兵简政、疏散城市人口，在准备充分、动员充分的条件下，实行可能而必要的内迁等。

总括起来说，军事上的全面胜利，搞好城乡关系，精兵简政，节衣缩食，有计划地疏散人口及工厂、学校的内迁，这些方针的执行，都必须在符合新民主主义的经济建设与长远利益的大前提下稳步进行，单纯为了解决目前困难的措施和办法是不对的。这就是华东地区解决困难的方针和原则，依据了这些方针和原则，不但可以解决目前的困难，同时对其他地区克服困难也是有启示的，而且对将来也有很大益处。

## 注　释

〔1〕谭震林，当时任中共中央华东局委员、浙江省委书记、第三野战军第一副政治委员。

〔2〕陈丕显，当时任中共中央华东局委员、苏南区委书记、苏南军区政治委员。

〔3〕"八条二十四款"，指中国共产党代表团和国民党政府代表团拟定的《国内和平协定（最后修正案）》，见本卷第314页注〔1〕。

〔4〕李宗仁，当时任国民党政府代总统。白崇禧，当时任国民党军华中军政长官公署长官。阎锡山，当时任国民党政府行政院院长。

# 向川黔进军的基本命令 *

（一九四九年八月十九日）

谨将我们拟定的川黔进军作战的基本命令呈报军委，请核夺。

甲、敌情，如野司关于西南敌人的综合通报。

乙、本野战军主力（除四兵团）之任务，在于攻略贵阳及川东南，以大迂回之动作，先进击宜宾、泸县、江津地带之敌，并控制上述地带以北地区，以使宋希濂、孙震[1]及重庆等地之敌，完全孤立于川东地区，尔后即聚歼这些敌人，或运用政治方法解决之，以便协同川北我军逐次解决全川问题。

丙、各部队之行动部署。

（一）五兵团并附特纵之炮四团及一个工兵营，应于十月十日以前到达武冈、邵阳、湘潭之线，争取以十天时间补齐棉衣，于十一月二十日以前攻占贵阳、黔西。尔后以一个军（十七军）留置贵阳地区捕剿散敌，维护交通。兵团主力则应于十二月十日以前，经毕节进击宜宾至纳溪地带之敌，协同三兵团作战。

---

\* 这是邓小平和刘伯承、张际春、李达给中共中央军委及华东局的电报。一九四九年八月二十日，中央军委复电："同意你们未皓向川黔进军的基本命令。"

（二）三兵团并附特纵之炮九团及一个工兵营，应于十月十日以前到达常德、江陵之线，争取以十天到半个月时间补齐棉衣，于十一月二十日以前攻占遵义、彭水、黔江。尔后除以一个军控制咸丰、黔江、彭水，监视与牵制涪陵至万县[2]等地之敌待机作战外，兵团主力则应于十二月十日以前进击泸县至江津地带之敌，协同五兵团作战。

（三）完成渡江攻占宜宾至江津地带后，应顺势攻占富顺至璧山之线，并调整队势，切实侦察，掌握各方情况，准备下一步之行动。

（四）以沅陵、思南、遵义、泸县、荣昌为两兵团之分界线，线上属三兵团。

（五）三、五兵团应准上述方针，根据实际状况作更具体的部署并报告本部备查。

（六）特纵除配属各兵团之三个炮团和一个工兵团外，其余于八月二十三日以前集结花园地区待命。

丁、本部拟于十月移武汉附近，尔后位置临时确定。

## 注　释

〔1〕宋希濂，当时任国民党军川湘鄂边区绥靖公署主任。孙震，当时任国民党军西南军政长官公署副长官兼川鄂边区绥靖公署主任。

〔2〕万县，今重庆万州区。

# 召开党的代表会议
# 发扬党内民主*

（一九四九年九月四日）

这个会开得很好。在二野说来，开党代表会议这还是第一次。本来按照党章及中央的规定，这样的会是要经常开的。过去没有开，是因为不了解党的代表会议的好处。

这次会议证明，每一个角落都存在着违反国家整体观念的本位主义、个人主义的现象。但是当我们开始严肃地在原则上这样提出问题时，有些同志却不舒服，认为难道我们没有办好事或不努力吗？有的同志说，这样提问题是否会妨碍下面同志的积极性。我以为积极性有两种：一种是执行毛泽东思想，认真执行中央各项方针政策的积极性。具有这种积极性就会把工作做好，把革命事业向前推进。损害这样的积极性就要犯错误，官僚主义者就是要妨碍这种积极性。讨论中有的单位检讨了浪费自来水现象之后，马上挖井，制止了浪费。在这里，前一段浪费自来水的"积极性"是错误的，而后一段挖井的积极性就对了。离开了毛泽东思想，违反党的方针政策的"积极性"，就

---

* 这是邓小平在第二野战军直属部队党代表会议上的讲话，发表在第二野战军政治部一九四九年九月编印的《军政往来》。

不应该表扬。这样的"积极性"要损害党，搞坏事情，妨碍革命事业的发展。这种把事情搞坏的"积极性"是应该反对的，否则就是没有原则。毛主席在二中全会的报告中说："我们不但善于破坏一个旧世界，我们还将善于建设一个新世界。"[1] 我们能建设新的世界，就看能否破坏旧的世界。检查错误的思想，才能建立正确的思想。不破坏像今天大家所批判的那些个人主义、本位主义和农业社会主义的东西，就不可能树立人民国家观念、整体观念，就不可能建设新中国。

　　前委[2]从原则上严肃地把问题提出来了，有的人感觉费力不讨好，冤枉了，以后不敢干了。这就是说前委和下面的思想不一致了。用什么方法来解决？过去我们习惯用的方法有三个：一是由负责同志或由党委集体找犯错误的同志谈话，予以批评和帮助。这种方法是好的有效的，但这不是解决党内带普遍性的思想和工作问题的办法。二是由领导机关写决议、作指示的办法。这种办法是好的有效的，是我们主要领导方法之一，但是这种办法有时能获得良好的结果，有时则不能获得更好的结果。要克服党内的不正确倾向，单靠由党委发指示的自上而下的办法是非常不够的。三是我们历来用得最多的方法，就是开干部大会的方法。这个方法的好处是简便易行。但这也是一个自上而下的方法。总之，过去我们一般习惯用的方法，其共同的缺点是缺乏党内的民主。因此，不可能大大地发挥党内的下级组织和党员的积极性，不可能把领导与群众更好地结合起来，在贯彻党的方针和克服不正确倾向时，总是表现得软弱无力，乃至上下隔离。由于缺乏党内的民主，结果就不可避免地滋长了党的领导机关和领导同志的官僚主义。

有什么方法来补救这种缺点，克服缺乏民主、下上脱节和官僚主义的现象呢？毛主席和党中央曾多次告诫我们，注意运用代表大会或代表会议的办法，党章上也有明确的规定。我们多年没有执行是非常错误的。这次前委决定召开直属队党的代表会议，在二野来说还是第一次，也可以说是我们二野纠正这一错误的开始。

党的代表会议有四个好处。

第一，它是把领导与群众结合起来的最好的形式。任何好的领导，如果不与群众相结合，不能启发下级党委和党员的自觉性和积极性，并经过他们去认真地实行，就会变成死的东西，不会产生任何力量。事实教育了我们，克服直属队在南京接管中所表现出的那些本位主义、个人主义、不爱护国家财产和无政府无纪律状态的错误，如果照老办法，谈谈话，写个决议，或者开个干部会作个报告，是得不到什么结果的。但是，只开了几个钟头的直属队党代表会，解决了这个问题。大家讨论和审查了张际春同志代表前委所作的报告，揭发了许多事实，证明前委这样提出问题是正确的、必要的。过去对这些严重的错误现象满不在乎的人，也认识到了问题的严重性，过去心里不舒服的人也觉得不是受冤屈了。于是领导与群众一致了，这就产生了力量，这就获得了克服错误倾向的保障。

第二，它能够发扬党内的民主，发挥下级党员的积极性。过去发决议、指示，开干部会作报告，只表示了党的生活的集中的一面，而缺乏民主的一面，党员很少有发表自己意见的机会，党的代表会议就可以补救这个缺点。参加会议的代表，都负有责任来审查党委的工作，审查党委所提的方针是否正确。由于问题经过了大家的考虑，就会弄得更清楚，就会减少由领导机关少数人决定问题时所容易犯的片面性，同时由于在代表会议中经过认真讨论乃至争论，可以使代表弄清楚问题，再经过代表传达到所有组织和所有党员中去，执行起来就快得多和容易得多了，执行中的偏差也就少得多了。总之，少数人着急没有多数人着急好，少数人明白不及多数人明白好，少数人负责不及多数人负责好。这就是党的代表会议的好处，这就是发扬民主的好处。这次会议展开了充分的自我批评，这是很好的，但是对于领导机关或领导同志，对于别的部分或别人，没有展开必要的批评，这是党的生活不健康的表现，是党内长期缺乏民主的结果。例如南京接管中的错误，我们前委要负责任，可是在会议上没有一个人说到前委的责任，这就减弱了代表会议的应有作用，这就损害了党的原则性和严肃性。党章规定，在党的会议上，批评党的任何工作人员，向党的任何机关直至中央提出建议和声明是每个党员的权利。今后党员必须充分行使这种权利。党的代表会议能否开好，是否会变成形式，就决定于能否展开批评和自我批评。

第三，如果在党内发扬了民主，开展了批评和自我批评，就可以达到克服官僚主义的目的。我们二野的党组织，从前委起直到团的领导机关和领导同志，一般都缺乏民主习惯和民主作风，有的甚至害怕民主，这就不可避免地或多或少地犯有官僚主义。这个毛病是很重的，需要认真地医治，最好的药方就是党的代表大会和党的代表会议。

第四，党的代表会议还有一个好处是简便易行。会议召集很容易，到会代表不是由全体党员选举，而是由各级党委（包括支部委员会）推派。不要把什么问题都提到代表会议上去解决，只是解决比较重大的思想问题和工作问题。一次会议只需要半天、一天最多两天的时间，解决一个或两个问题。不要分散注意力，要集中认真地讨论和解决一两个问题，一定可以收到良好的效果。要避免作冗长的报告，报告的内容也只是说明会议应该解决的问题，而把主要的时间放在讨论上面。在讨论之后，尽可能地通过一个简明扼要的文字决议，以免在传达和执行中发生偏差。只要召集会议的领导机关做了较好的准备，明白地提出问题，预先通知下面做准备，尽可能事先写好一个简明的报告，在会议中又能善于诱导大家敢于提出各种不同的意见，展开充分的批评和争论，这个会议就一定能开得很好。

当然，党的代表大会比党的代表会议更完备，各级党委一有可能也应该准备召开党的代表大会，但是代表大会需要更充分的准备，不可能经常地开。而党的代表会议，因为简便易行，就可以经常地开，隔一两个月就开一次，在行军作战间隙中也应该开。我们二野团以上的党委和领导干部都要学会运用党的代表会议来贯彻党的方针，发扬党的民主，发挥下级组织和党员的积极性，克服上下脱节的现象和领导机关以及领导同志的官僚主义。

## 注　释

〔１〕见毛泽东《在中国共产党第七届中央委员会第二次全体会议上的报告》

（《毛泽东选集》第四卷，人民出版社1991年版，第1439页）。

　　〔2〕前委，指第二野战军前委，邓小平为前委书记。

# 帝国主义和原子弹并不可怕*

（一九四九年九月十二日）

　　一个青年参加革命后，要过的关是很多的。有三个大关，即反对帝国主义，反对封建主义，进入社会主义。先讲第一关，反对帝国主义。我们怕不怕帝国主义？在座的同学中有不少参加过反对帝国主义的斗争，是不是就没有怕帝国主义的地方呢？怕不怕首先要从思想上解决。例如，对原子弹怕不怕呢？对原子弹作什么估计？对第三次世界大战怕不怕？现在有人天天在说帝国主义除了援助国民党的飞机、坦克、大炮、机关枪、美元以外，还要出兵中国。对于这个问题又怎样认识？怕不怕呢？这在我们革命多年的共产党员里面都不能说没有问题，在中国社会里问题就更多了。当然各个阶级各个阶层的表现不同。有些学过一些科学知识的人，觉得一个原子弹丢下来，就会天翻地覆，认为原子弹能够解决问题，打败日本就是因为美国的两颗原子弹[1]，或者这两颗原子弹是打败日本的主要因素。这种看法是谁宣传出来的呢？是美国帝国主义、中国的反动派宣传出来的。我们有些人听了这种宣传，认为原子弹对于战争、对于解决世界问

***

* 这是邓小平在第二野战军军政大学全体干部学员大会上报告的第一部分要点。

题有决定性的意义，有决定性的威力，中国人民一百多年来反对帝国主义的斗争，中国人民在共产党领导下二十多年奋斗的结果，在全国胜利就要到来的时候，如果美国丢下两颗原子弹，即把我们的胜利化为泡影。怕原子弹的人，必然在内心里是怕美帝国主义的。这个逻辑并不武断。在共产党里面，对这个问题还没有完全弄清楚，是思想斗争中的一个很重要的内容。但是中国出了一个真正代表人民利益、合乎人民要求的思想，就是毛泽东思想。毛主席说，美帝国主义是一个纸老虎。帝国主义不可怕，一定要打倒。我们同国民党反动派打仗，也就是同美帝国主义打仗。把国民党反动派打倒了，也就把帝国主义在中国的势力推翻了。

　　原子弹的出现是在第二次世界大战末期，美国对日本确是丢了两颗原子弹，也确实死伤了许多人。但要分析一下，日本何以要投降呢？是因为两颗原子弹吗？还是由于其他原因决定的呢？这个问题必须闹清楚，不然许多问题就不能解决。

　　首先，我们要搞清楚日本为什么要投降？就是因为它孤立了。日本投降是在德国、意大利投降之后。当时法西斯营垒里面，就是德意日三个帝国主义，最强的一个就是希特勒[2]德国。德国、意大利都被打垮了，只剩下日本一个帝国主义国家就没有不垮的道理。打败德国、意大利的是谁呢？是苏联。如果欧洲战争的功绩拿一百来说，那么，苏联的功绩至少应占百分之八十。苏联在同德国作战时，英美开始是"坐山观虎斗"的政策，看苏德消耗。战争打了很久，它们并没有参加，从而使德国百分之七八十的兵力用在东线上。苏联把德国的兵力削弱得很厉害。这时英美才一起杀过来，来了个诺曼底登陆[3]，这就很容易了。从这点看来，在第二次世界大战中起转折作用的究竟是美国、英国还是苏联？我们说是苏联。大家可以翻开历史看。同时，苏联实行了它的诺言，在对德战争结束不到三个月，就对日本发动进攻了。我们再看一看美国对日本的进攻是不是有进展呢？是有进展的，它花的代价也不小，而且是逐岛的前进。原子弹的作用也有一点。美国在打败日本上是比打希特勒德国多出了一些力，这是要承认的事实。但是苏联出兵很快就把日本主力关东军歼灭了，日本不投降就没有别的道路了。所以，打败日本起重要作用的因素还是苏联。中国抗战八年，难道还不如两颗原子弹吗？如果说两颗原子弹就能够解决问题，那么，中国抗战八年又何必呢？干脆等美国原子弹出世后再解决中国问题吧。中国人民要看到，就是希特勒也是世界人民的力量打败的，而不是以美国为首的帝国主义力量打败的。

其次，我们要弄清楚原子弹究竟厉害到什么程度。原子弹比现有的飞机、坦克、大炮、榴弹炮都要厉害一点，这是真的。但是不是这个武器一来就什么问题都解决了呢？那不一定。原子弹是个厉害的武器，比别的武器杀伤的人要多些，但它决不是像有些人说得那样厉害，并不能解决所有的问题。我们再看原子弹是不是只有美国有呢？近两年来，美国对原子弹的宣传已不像以前那样厉害了，什么道理呢？因为，现在原子弹已不是什么秘密了。美国有原子弹是事实，但现在世界民主阵营里面也已掌握了这个武器，对付这个东西的办法也多了，这个东西更不可怕了。对于原子弹，你们怕不怕？敢不敢同帝国主义斗争？帝国主义有朝一日投下两颗原子弹，你们投降不投降呢？国家投降不投降呢？对个人来说，原子弹来了敢不敢上火线？敢不敢同原子弹斗争？这是个思想问题。我们要像毛主席说的，要在战略上藐视帝国主义，但在具体斗争中，要小心谨慎。

现在我们有不少人，甚至一些共产党员也怕第三次世界大战。一看到帝国主义张牙舞爪、乱吼一通的时候，或苏联和英国、美国外交关系闹僵的时候，就有人怕第三次世界大战打起来。出现这个问题有两方面原因，一是对帝国主义力量估计很大；二是认为第三次世界大战一来，必然要与帝国主义作战，那是不得了的。毛主席老早就判断第三次世界大战是不可能打起来的，就是有可能也是在遥远的将来。从历史上看，在第二次世界大战以后，帝国主义要发动第三次世界大战不是那么容易的。毛主席说，第二次世界大战之后，世界上发生了很大的变化，帝国主义营垒被大大地削弱了。在第二次世界大战以前，帝国主义有六大强国，德国、意大利、日本、英国、美国、法国。第二次世界大战就打垮了六个强国之中的三个，德国、意大利和日本。另外还削弱了一个法国。法国是真正地被削弱了，强不到哪儿了。这样六大强国中去掉了四个。可以说，英国也削弱了，现在的英国已不是从前的英国了。这样，还剩下一个帝国主义强国，就是美国。可见，经过第二次世界大战，帝国主义阵营的力量比以前弱得多了。我们有许多人只看到美国，特别是看到美国张牙舞爪地宣传它如何厉害、如何了不起，其实这正是表示了它外强中干。中干就不得不表示一下外强，衬托一下架子罢了。中国革命所以能这样快或说比较快地取得胜利，这也是第二次世界大战的结果。这次大战使帝国主义阵营的力量大大削弱了；但另一方面，世界上以苏联为首的人民革命力量却大大增强了。正是在这样的国际条件下，使得中国革命很快地取得了胜利。

第二次世界大战后，世界上有着两个营垒，一个是以美国为首的帝国主义营垒，一个是以苏联为首的人民民主营垒。人民的力量增强了，帝国主义的力量削弱了。第二次大战以前，世界上有六大帝国主义强国，在那样的情况下，发动反苏联战争都没有实现。现在只剩下美国一个帝国主义强国了，就是再把英国加上，也不是那么容易能爆发第三次世界大战的。

我们退一步来讲，第三次世界大战即使爆发，胜利又会属于谁呢？可以肯定地说，胜利不会属于美国和英国，也不会属于帝国主义营垒，而会属于人民的国家。这并不是说我们愿意第三次世界大战爆发，而是说爆发的结果一定是这样的。

我们再退一步来讲，如果说现在帝国主义还有力量，世界人民力量比以美国为首的帝国主义营垒的力量要弱。当然，事实并不是这样。如果是这样，我们怕不怕帝国主义的进攻呢？日本侵略中国，当时中国也有很多人动摇，蒋介石名义上抗战，实际上动摇。“八一三”淞沪抗战[4]时，蒋介石还通过德国大使陶德曼同日本讲条件，妄想以承认卢沟桥事件[5]以前日本所占的地方，换取保持偏安的局面。蒋介石主要地是想要保住南方的土地。但是中国共产党和中国人民的领袖毛主席站了出来，说要坚决抵抗日本的侵略，而且有办法一定取得胜利。毛主席在《论持久战》中对这些问题作了回答。那个时候，世界帝国主义营垒和人民民主营垒的力量哪个强呢？当然是帝国主义的力量强。当德苏战争[6]爆发时，德国的力量比苏联强，但斯大林和苏联人民的回答是坚决进行斗争，一定能够取得胜利。抗日战争初期，日本帝国主义的力量比中国人民的力量强，中国人民在毛主席的领导下也是说坚决斗争，一定能够取得胜利。那时帝国主义的力量比现在要强大得多，我们还有这样的信心和决心。事实证明，帝国主义营垒失败了，希特勒失败了，日本天皇也失败了，苏联人民和中国人民胜利了。如果第三次世界大战爆发，我们还有什么可怕的呢？

国民党希望现在打第三次世界大战。蒋介石、白崇禧、李宗仁、阎锡山想保存实力，等待时机，就是想等到第三次世界大战到来，挽救他们的危亡。但是第三次世界大战在短时期内是不可能爆发的，就是要打也是在遥远的将来。美国是纸老虎，它现在还不敢这样干，就是这样干，我们也不怕。美国没有什么了不起的。现在美国以飞机、大炮、坦克及美元援助国民党。因此，反对国民党的战争，也就是反对美国的战争，反对帝国主义的战争。这就是说，打败国民党，也就是打败美帝国主义。美国现在要亲自出兵吗？它得先考虑一下，现在打第三次世界大战准备好了没有？艾奇逊[7]在白皮书[8]上说：美国曾经为中国的战争考虑了三个方案，其中一个是自己出兵帮助蒋介石来打共产党，这太冒险了，这是不能够采取的道路，这也是艾奇逊替我们做的答案。所以白皮书对于我们是很好的教材，我们要好好地去读白皮书，这样就会把许多思想问题弄清楚。美国是世界上惟一强大的帝国主义国家，它也只能用武器、美元援助蒋介石，还不敢自己出兵中国。从前，我们的力量很弱，在美国帮助下的国民党的力量很强，美国还不敢出兵。现在全国胜利在望，在这种情况下，美国还敢不敢出兵呢？美国现在根本不考虑出兵不出兵的问题。当然有时也宣传一下，说什么陈纳德[9]的飞虎队几百架飞机要大批来轰炸中国，那是吓人的。美国过去在中国就有一千架飞机，经常有五百架保持在前线，这五百架飞机是老早就有了。在人民解放战争中，敌人的飞机哪一天不是有几十架几百架，最多的时候在淮海战场一天就来了一百多架飞机，究竟解决了问题没有？依然是解决不了问题，同样，原子弹也只能吓唬一下神经衰弱的人。

现在吴铁城[10]到日本去了一趟，和麦克阿瑟[11]见了一面，有人便说日本兵要来了。他们不晓得日本人是我们手下的败将。在抗战期间，我们在太行山、吕梁山、泰山，在那样的几个山头上都不怕日本人。当时日本的武士道精神确实很厉害。在抗战初期，我们捉一个日本人是很难的，后来也容易捉到了。我们曾将捉到的日本人办了一个日本人的工农学校[12]，以前在工农学校训练的日本人，现在已在日本参加了革命。

我们不怕帝国主义援助蒋介石，即使是陈纳德的飞虎队我们也不怕，日本人要来参战，即使来五万十万人我们也不怕。中国人民在毛泽东领导下站起来了，八年抗日战争对付日本帝国主义，三年解放战争对付国民党，也就是对付帝国主义，我们越打越强，越打越大。

当上海解放以后，出现了帝国主义的封锁。美英帝国主义以为中国共产党得不到美国、英国的帮助，就活不了；认为中国共产党打仗有本事，对于城市经济就搞不好了；共产党搞农村工作是可以的，搞城市及银行工作就没有办法了，但是一看上海，共产党还是有办法的。这样，帝国主义就慌了，于是便对我们来一个封锁。英国、美国的封锁用的是国民党的名义，实际上是依靠美国的封锁。帝国主义的封锁确实给我们造成了很大的困难，但是，这些困难还是可以克服的，我们没有屈服。我们告诉大家，共产党是被封锁惯了的，对付封锁的经验也很多。在过去的土地革命时，我们也是被封锁过的，那时把我们的咸盐断绝，那样的生活也过来了。抗日战争时，日本封锁了所有的抗日根据地，我们也从来没有屈服过，而是自力更生想办法。现在我们有了上海还怕封锁吗？有了全国的胜利还怕封锁吗？封锁好，封锁能促使我们许多人的觉悟，使我们早一点丢掉对帝国主义的幻想，这一点我们要谢谢帝国主义。当帝国主义封锁时，很多人的思想动摇起来，动摇的程度还不小。好多人问：是不是共产党把英国、美国逼得太厉害了。提出这个问题，实际上是说我们是不是需要向英国、美国让步。经过一番很痛苦的斗争，现在无论上海也好，南京也好，都站起来了。上海的问题不是在目前才有的，帝国主义早就想要中国人民屈服，想要永远保持中国为殖民地半殖民地的国家，我们不愿意，所以才反对帝国主义。假如说没有共产党站出来打破封锁、反对封锁，大家想想看，帝国主义又会是怎样的猖獗。许多的事实证明，我们越怕帝国主义，帝国主义就越高兴。我们不怕，帝国主义就没有办法了。问题的关键是，看我们反对帝国主义是真的还是假的，是坚决的还是不坚决的，看我们能不能过这一关。这是人人都要过的关，但不是人人都能过得了的关。在这个具体问题上过了关，在另一个具体问题上还要看过得了过不了关。这种斗争是长期而复杂的，帝国主义不但用神经战，而且用各种方法和我们斗争，这就要看我们在各个具体问题上是不是能够站住脚，能不能过反对帝国主义这一关。过好这一关，我们就不会中帝国主义任何的圈套，不管帝国主义的神经战也好，威力战也好，我们都不怕。

## 注　释

〔１〕指一九四五年八月六日和九日美国分别在日本的广岛和长崎投下的两颗原子弹。

〔２〕希特勒，德国法西斯首领，纳粹党党魁。一九三三年在德国垄断资产阶级支持下出任总理，次年总统兴登堡死后，自称国家元首，实行法西斯统治，积极扩军备战。一九三九年九月派德军入侵波兰，挑起第二次世界大战；一九四一年六月大举进攻苏联。一九四五年四月三十日在苏军攻入柏林时自杀。

〔３〕诺曼底登陆，指第二次世界大战中，美国、英国、加拿大等同盟国军队于一九四四年六至七月在法国西北部诺曼底地区进行的战略性登陆作战，是盟军进军欧洲的“霸王”行动的重要组成部分，目的是夺取集团军登陆场，开辟欧洲第二战场，为发展对西欧的进攻并配合苏军最后击败纳粹德国创造条件。

〔４〕“八一三”淞沪抗战，又称八一三事变。一九三七年七月日本侵略军侵占北平、天津后，于八月十三日对上海发动进攻，中国守军进行了英勇抵抗。

〔５〕卢沟桥事件，即卢沟桥事变。一九三七年七月七日，日本侵略者为了达到以武力吞并全中国的野心，悍然炮轰宛平城，攻击卢沟桥，当地中国驻军奋起抵抗。卢沟桥事件标志着中国全民族抗日战争的爆发。

〔６〕德苏战争，也称苏德战争，指第二次世界大战期间苏联人民反击法西斯德国及其盟国侵略苏联的战争。一九四一年六月二十二日，德国对苏联发动突然袭击。苏联人民在斯大林为首的苏联共产党和政府的领导下，开始了英勇的卫国战争。苏德战场成为第二次世界大战的欧洲主战场。一九四四年苏军发起总反攻，一九四五年五月二日攻克柏林，八日德国无条件投降，历时四年的

德苏战争最后结束。

〔7〕艾奇逊，当时任美国国务卿。

〔8〕白皮书，指一九四九年八月五日美国国务院发表的题为《美国与中国的关系》的白皮书。白皮书正文分八章，叙述了一八四四年美国强迫中国签订《望厦条约》以来，直到一九四九年中国人民革命在全国范围内取得基本胜利时为止的中美关系。白皮书特别详细叙述了抗日战争末期至一九四九年的五年中间，美国实施扶蒋反共政策，千方百计地反对中国人民，结果遭到失败的经过。

〔9〕陈纳德，美国人。抗日战争时期，曾任国民党政府空军顾问，并组织美国援华志愿航空队（又称"飞虎队"，后改编为美国陆军第十四航空队），支持中国抗战。日本投降后，他率领美国第十四航空队一部分人员组织空运队，帮助国民党进行内战。

〔10〕吴铁城，当时任国民党政府行政院副院长兼外交部部长。

〔11〕麦克阿瑟，当时任盟国驻日占领军总司令。

〔12〕指在中国共产党的帮助下成立的训练日本反战战士的学校。一九四〇年十月于延安成立，一九四一年五月十五日正式开学，学员最多时达到二百五十余人。抗日战争胜利后该学校结束。

# 进军西南的思想准备工作 *

（一九四九年九月十三日）

二野七八两月的活动，主要是休整，做进军西南的准备工作。兹综合摘报如下：

一、进军西南的政治动员工作基本上已经完成。在动员中遇到的一般是畏难怕苦思想和保守思想。他们认为西南偏僻、山多、路远、地瘠民贫，太苦，怕回不了家。除少数的（主要是渡江以后补充的新成分，其次是江北的）在这种思想之下已发生一些逃跑，还有一些可能逃跑外，极大多数的已经认识进军西南的重要意义，并感到将迅速完成最后进军及解放全中国而表示愉快和荣誉。一般对于二野有了个落脚点感到兴趣。因此，目前部队的政治情绪是较好的，对进军西南已经造成跃跃欲试的状态。在今后进军中如果继续深入教育，进军中的物资保证及预防疾病与治疗疾病的工作（最近疟疾与痢疾很严重）三个问题又能有更好的注意，当不致发生更大的问题。

二、二野在渡江前后，干部中甚至个别高级干部中，滋长着一种认为"二野特别苦和特别出了力"，要求过高待遇的错误思想。由于这一思想包袱的存在，便产生着二野一般

---

* 这是邓小平和张际春给毛泽东的电报。

干部中人民国家观念、革命的整体观念缺乏，无政府、无纪律倾向不能得到迅速的克服。因此，发生在南京接管工作中，好些部门公私不分，并不打算请示与报告就自由处理和补充物资；好几个师级干部在乘坐火车中可以不遵守铁路规章，横蛮要求车站予以特殊照顾；以及军运中多报人数与物资需用量，企图虚靡国家运输力；对上埋怨，对友邻怀疑；骄傲自大，叫苦，要求条件不许可的补充等不良倾向。我们认为这种倾向和思想，对于执行进军和建设西南的任务，对于二野本身的进步，都有极大妨害。前委曾经召集专门会议加以研究，并决定在进军动员的同时，立即在二野全党全军中开展一个加强人民祖国的国家观念，爱护人民祖国财产，反对本位主义，反对叫苦和功臣骄傲思想，反对农业社会主义破坏思想的教育和斗争，号召放下包袱，开动机器，并为此发出了一个专门指示（已报中央）。对于参加南京接管工作中无政府、无纪律的思想进行了严格检查，督促各部门造具所有接管物资的详细清册，送交军管会和华东局接收，坚决反对本位主义、自私自利的思想行为。这一斗争已在直属队收到初步效果。最近一个月来，爱护人民祖国财产，实行节约、反对贪污浪费的观念都有很大的提高。在各兵团正在开展中。

三、在上述思想包袱之下，部队中军阀主义、官僚主义的倾向，官兵间对立现象，在渡江以后一个时期中亦随着在发展。因此，部队中打骂现象，对战士的消极强制，以及战士中的自杀事件等都在增长。领导上与群众隔离，下情常常不能及时上达。我们为了解决这一问题，除了在部队中普遍号召坚决反对军阀主义、官僚主义倾向，爱护战士以外，曾经利用直属队检查南京接管工作，加强人民祖国的国家观念，反对本位主义的斗争的机会，在直属队试行召集了一次直属队的党的代表会议，会议只开了两个半天，共计开了七个半钟头。其中作报告一小时，讨论五个小时，结论及上级负责人讲话一个半小时。会议内容只一个，即克服无政府、无纪律、本位主义、功臣骄傲思想，加强人民国家的观念与整体观念。这较之过去开一个干部会，作一次冗长的报告效果要好，发扬了大家的积极性。会议中十几个同志发表了意见，一面检讨，一面提出建议，一般都很好，事后执行起来亦较好。这在二野还是第一次。我们认为党的代表会议较之代表大会，在部队中可以更多地举行，时间并不要多，只要有一半天时间即可举行。在一个师或团的范围内则更容易举行，一两个月可以举行一次，它的好处是简便，便于与下层群众联系，及时反映情况与及时下达上情，便于克服官僚主义、军阀主义、上下脱节现象。

四、我们这次带去西南的地方工作干部，约计县委委员以上八百人，区村干部四千余人。此外，还有在京沪招收的学生约一万人，各战略区在困难条件下派出这些干部是尽了很大力量的。但从西南工作需要说来则是很困难的，尤以财经干部为甚，这只有从工作中去逐渐地予以克服。

# 论忠诚与老实[*]

（一九四九年九月十七日）

市委要我作一次报告，我想今天来讲这么一个问题，就叫"忠诚与老实"，或者就叫"共产党员"也可以。题目出了，可能引起同志们的失望，同志们一定觉得，我已经是支书或排以上的干部，当共产党员多年，还有怎样叫"共产党员"这个问题存在吗？还有什么"忠诚与老实"的问题存在吗？我想讲下去再说，先这样提出问题。

我们党有二十八年多历史了，这二十八年轰轰烈烈、艰苦奋斗，到今天算是革命的第一个目标快要完全实现了。就是说，以无产阶级的代表共产党为领导的人民民主专政共和国快要出现了。最近，在人民政治协商会议召开后就要出现人民民主专政共和国，成立中央人民政府，也就是说，第一个革命——推翻帝国主义在中国的统治、推翻封建主义、推翻官僚资本主义的这个革命，在全国范围内就要成功了。我们的党和以前的党不同了，变成了全国的、当政的、领导的党。虽不是一党存在，但我们党是领袖党，因此，这个党在今后比过去二十八年要担负起更大、更繁重的任务。

---

[*] 这是邓小平在中共南京市委召开的支部书记及排以上干部党员大会上的报告。

　　这个任务是什么？就是巩固我们的胜利，巩固人民民主专政共和国。巩固还不够，还要建立一个崭新的共和国，要把落后的国家变成先进的国家，要把农业国变成工业国，用我们的建设走向社会主义。这就是说，我们不仅要完成新民主主义阶段，还要走向社会主义，走向共产主义。所以，我们的任务比以前更繁重，接触问题的面更广、更复杂了。毛主席说，过去熟悉的那一套很多用不着了，不熟悉的一套迫使我们解决。我们打仗打得很好，人民解放军从一九二七年到现在二十二年，有了很大的发展，军队从几百人变成了几百万人，指战员很英勇。军事问题解决得好不好？很好。虽然全国胜利后要巩固国防，军事上还要提高，但是过去摆在第一位的任务，在全国胜利、建设时期改变了，以后最前面的任务是"经济建设"。这个任务我们必须学会，而且要继续提高。同志们做过别的事情，老解放区的事情我们会，新的东西也要学会。因此我们的任务就更大、更繁重、更复杂。

　　这就告诉我们，没有任何理由使得我们骄傲。胜利的党最容易骄傲，胜利的党员也最容易骄傲。党中央和毛主席再三告诫我们不能骄傲，骄傲就会翻筋斗，全国胜利以后也可能再失败，帝国主义、封建主义、官僚资本主义可能又跑到我们头上来，压迫、奴役我们。越胜利越不能骄傲，因为今天敌人还存在，帝国主义还强大。不能小看帝国主义，就是封建主义、官僚资本主义，推翻了还有残余，企图死灰复燃，想翻身。有敌人存在，有新的任务，所以我们不能骄傲。

　　我们党在胜利后是否能比过去松懈？党组织的严密性是

否能放松一些呢？不能！正因为还有敌人、残敌尚待肃清，新任务迫待解决，不管是帝国主义、封建主义或者是官僚资本主义的思想，天天还在逼迫我们、腐蚀我们，胜利骄傲最容易使我们丧失战斗意志。所以，今天不是削弱党的组织、纪律，而是要比二十八年以来更加加强我们党的组织和纪律。没有比过去更严格的党，就不能担负比过去更繁重的任务：巩固政权、发展工农业、走上社会主义。是不是胜利后的党其党员责任就轻呢？不是，而是更重。觉悟水准现在要求更高，对于一个党员的工作能力也是要求百倍提高。过去党领导的范围小，一万万几千万人口，现在是四万万几千万人口的第一大国，所以对党的组织要求是更严密、更有纪律性、更提高政治觉悟、更加强工作能力，这就是新形势下对党的组织所提出的新任务。

现在要问一问："我们今天中国党约有四百万党员、四百万军队，这四百万人的党能不能担负起这个任务——巩固国家政权、巩固胜利，走向社会主义呢？"我们的回答是："又能够又不能够"，也就是说，党在实现这一任务时，本领又够又不够。能够走向胜利，其原因首先在于我们党有了真正马列主义的领袖毛主席，有了以毛主席为首的党中央领导。这个领导真正是把马列主义普遍原理与中国革命实践相结合，是经过考验的，已经领导我们取得中国革命第一步的胜利，我想这一点全体党员、全中国人民是不会怀疑的，是有信心的。其次是我们党有了一批相当数量的骨干，这批骨干或者在地方做群众工作，或者做政权工作，或者在军队中工作，或者做党务工作。党在工作中有了这批经过考验的骨干，证明我们党能够保证或基本上保证以毛主席为首的党中央路线、方针的执行。这是党很宝贵的财产。能够保证的原因还有没有？有。四百万党员一般说来是斗争英雄，对革命事业忠诚，能经得起考验，所以我们能够有保证担负这一任务。但是为什么又说"不能够"呢？其原因在于，我们说党的领导很强，这是从党中央、毛主席以及党的整体来说的，分开来讲，个别地方领导则不强或不够强，再从一个个的党员来说，水准就不够或者很不够。首先从党员的水准来看，在党员中，多少年忙于实际斗争，对马列主义和毛泽东思想的学习非常不够，理论缺乏，基础知识不够。从成分来说，我们党多年脱离城市的工人阶级，小资产阶级在党内占很高的比重，这一特点再加上我们差不多有二百几十万党员是在党的七大以后发展的，新成分很多。不能否认，这些新同志无论在斗争经验、理论水平、觉悟程度上都不及老党员。当然这不是拿一个个的新党员来说的，而是按照新党员总的情况来说的。

为了实现巩固政权，巩固胜利，建设新民主主义国家，比较快地走向社会主义这个伟大的任务，我们今天所谈的"能不能够"问题是从什么出发呢？是从不够这一方面出发的，够的方面自然可以高兴，这是实现任务很好的保证。但由于我们的任务大，而我们还存在着弱点，因此如何来克服弱点，使全党的情况符合于新的形势、新的任务，只有把我们党的组织、党员情况不符合的、不够的能逐渐使之符合，使之够，逐渐使之克服弱点，就可以放心了。因为这样，则任凭敌人怎样想翻身也翻不了，怎样想诱惑我们也诱惑不了，我们就获得了彻底胜利走向社会主义的完全保证。今天我们主要讲的不是我们够的方面，而是不够的方面，党要我们正视弱点，只有看清弱点，才懂得如何去克服弱点，我们要这样提出问题。

我们的党是一个大党，有四百万党员，如以整个南京来说，南京的党员近万，至少也有七八千，党的组织大不大呢？大。但是组织情况够不够严密呢？我们一定要回答不够严密。党的纪律性好不好呢？自从毛主席提出加强纪律性后是好一些，但无政府无纪律现象还是严重的。党员的情况如何呢？党员都在进步，但存在的问题很多，理论水平、政治觉悟、工作能力从许多方面看来都很不够。

譬如说，作为一个共产党员，有些什么标准？我们党员合不合于这些标准呢？今天我们来念念党章[1]，值得大家思考。在座的都是党员，而且是排以上、支书以上干部，负有一定程度的责任。在我们这四千人中，人人必须自问一下，我合不合于党员标准？拿党章一条条来念，比比看够不够？谁这样做了谁就得进步。在党章关于党员这一章，首先讲到"凡承认本党纲领和党章、参加党的一个组织并在其中工作、服从党的决议、并缴纳党费者，均得为本党党员"。什么条件下才算是党员呢？党章规定了四条义务及四条权利，这是判断党员的起码条件。权利是人人在党内获得的，义务是人人在党内要尽的。

那么，党员的起码条件是什么呢？首先是四条义务，第一条是"努力地提高自己的觉悟程度和领会马克思列宁主义、毛泽东思想的基础"。如果把这一条简单化，就叫"努力学习"。第二条是"严格地遵守党纪，积极参加党内的政治生活和国内的革命运动，实际执行党的政策和党的组织的决议，和党内党外一切损害党的利益的现象进行斗争"。这一条就更加复杂了，如果简单化，就叫"遵守决议"。这其中包括了：党的路线、方针的执行，同党内党外一切损害党的利益的现象作斗争。第三条是"为人民群众服务，巩固党与人民群众的联系，了解并及时反映人民群众的需要，向人民群众解释党的政策"。如果这一条也要简单化，就叫作"联系群众"。第四条是"模范地遵守革命政府和革命组织的纪律，精通自己的业务，在各种革命事业中起模范作用"。把它简单化，就叫作"模范作用"。这四条是每一共产党员必须具备的条件，如果自己不够就使自己够，自己不符合或不够符合就要使自己完全符合，这就叫作"共产党员"。

　　我再念一下党员的权利，党员只能享受这四条权利，不能享受特种权利。权利只有四条，这四条一条也不能少，如果少了，这个党的组织也该受处分，因为它剥夺了党员的权利。第一条是"在党的会议或党的刊物上，参加关于党的政策的实施问题之自由的切实的讨论"。就是说党员有权利参加讨论党的政策的实施，这是党员的民主权利。第二条是"党内的选举权和被选举权"，只要是正式党员就有选举权与被选举权。第三条是"向党的任何机关直至中央提出建议和声明"，党内不满意、有意见的同志可向毛主席、党中央，向省委、市委任何人越级控告、发表声明（注意是在党的组织内），这是党员应该与必须享受的权利。第四条是"在党的会议上批评党的任何工作人员"。党员在党内的各级会议上，批评党内任何负责同志包括毛主席在内都可以。人人要考虑一下这四条权利享受了没有？党的组织给了你没有？党的组织也要考虑一下，是不是压制或者剥夺了党员的权利？我们要让党员享受这种权利对党才有好处。每个党员又要考虑一下党章规定的四条权利，我们要求了五条、六条没有？对照一下，反省自己。

党章规定的四条权利和四条义务要变成我们党员的镜子，毛主席说要照镜子，看我们合不合党员的标准和起码条件？我建议在座的同志要天天以党章来反省，来照镜子，看自己做到了多少？哪些还没有做到？如何使自己进步？如何做一个合格的党员？党章规定的权利享受了没有？是不是想多享受一点？这样照一照有很大的好处。这样做，可能发现党内不少党员不合格，或很不合格，或多多少少在哪一点上不合格。镜子一照就认清自己是什么面貌了，认识清楚才能努力克服弱点，这就有了前进的基础。有些同志就是不懂得自己的面貌、优点特别是弱点，所以就不能进步。我们党在抗战时期经过整风，对全党的提高起了极大的作用。我们党能够飞跃式地进步，就是因为整风。整风的方法就是照镜子，人人洗脸，人人扫地，把自己的肮脏东西扫除一下。当时毛主席提出整风时，党的成分比现在大发展的情况纯洁得多，那样的情况下整风整党还属必要，还提出了洗脸、照镜子、扫地。可见，如果要提高党的水平及党员的政治觉悟就必须要洗脸、照镜子、扫地。洗脸、扫地是把脏东西扫清除，照镜子是认识自己，也就是说，看看命名为无产阶级先锋队、最有组织、最有纪律、最有觉悟的队员合不合标准。

延安整风时，毛主席告诉我们，为什么要整风？由于过去我们的党员入党后，党内缺乏教育，党员觉悟程度不能提高，特别是存在着成分不纯、作风不纯的问题，所以必须要整风、整党，把党的组织弄得严密才能提高战斗力。不做这一步，党内庞杂的、各式各样的思想动机会引起各种作用，党就不能统一，就没有战斗力或战斗力表现不强，容易出乱子。

毛主席说，我们一定要承认党内存在着三种人，即三种成分，一种叫一条心，一种叫"半条心"，一种叫"二条心"。什么叫一条心呢？这种人是政治觉悟高的，一心一意不是半心半意或三心二意而是叫一心一意为党的事业、为人民服务，这就是我们建党的基础、骨干，我们党所以有今天这样的成就，就是由于有了这样的为人民服务的骨干。另外是"半条心"，这是什么情况呢？组织入党，思想没有入党，这叫作"半条心"。加入马列主义、无产阶级的队伍，思想上不是马列主义、无产阶级的思想、毛泽东思想。是什么？是资产阶级思想或者是小资产阶级的思想。我们的党出身在一个复杂的旧社会中，无产阶级的队伍在中国比重很小，党的成员中小资产阶级占很大的成分，入党动机是多样的。自然，我们一定要承认，他们起码是对旧社会不满来找出路，行动上加入无产阶级，这是好的，但是思想上还想要保持小资产阶级或资产阶级的意识甚至于封建意识，这却是不好的了。有些党员入党的动机不纯，有的很简单是来找出路；有的看共产党势力大了来赶热闹；有的是在农村中闹宗派斗争，这一派反对那一派，这一派为了打倒那一派而加入的；有的甚至想来看一看，为了共产党新鲜、赶时髦来的。真是多种多样、形形色色，这就叫"组织入党，思想上未入党"。特别是在革命高潮时期比在困难时要求应更严格，这原因就在于现在共产党员好当了，不像困难的时期有杀头的危险，因此必须要照镜子，看动机。一条心是组织上是无产阶级的队伍，思想上也是无产阶级的思想，是组织入党、思想入党。"半条心"就叫作"组织入党，思想不入党"。如果党员要求第五条权利就是思想上未入党，就不是一条心。如入党后要求做官，要求负责岗位，这就叫"第五条"；要党管我的生活，这就叫"第五条"；要保持我言论、行动的自由，这就叫"第五条"；在党的会议上党员有发言的自由叫民主，但小广播、在外面传播反党言论，这就叫"第五条"；某团级干部到地方来，警卫员取消了，就认为降格了，要求恢复，好像党照例要给他警卫员，这就叫"第五条"；或者当地委级干部，不考虑到工作情况，特别是工作需要，当了县级干部就不满意，认为党对不起他，这也叫"第五条"；过去地下党同志有一个口号叫作"保管好工厂，就当厂长"，这也叫"第五条"，这样说，你保管好了"总统府"，将来岂不是要请你当总统吗？不管是一野也好，二野也好，有的同志革命多年还有"第五条"。

　　党对要"第五条"即"半条心"的党员是有办法的，这办法就叫"教育"。党有责任教育他，把"第五条"变成四条，把"半条心"变成一条心，使组织入党、思想上未入党的不合格党员变成合格党员。所以，毛主席在整风时就提出"惩前毖后，治病救人"。只有充分进行教育方能使得这些党员进步，否则"半条心"总要出毛病的。在军队干部中有一句话叫作"大错误不犯，小错误不断"，这就是"半条心"作怪，有的甚至是大错误也犯，小错误也犯。这里并不是只指新党员，参加过整党、整风的干部也在内，像刚才说的某团级干部不也是老干部吗？老而不进步也是一样，你二十年党龄也是一样。所以，不管新老党员都要考虑一下，照照镜子，看看是一条心还是"半条心"？如果发现是"半条心"，就赶快洗脸、扫地，把污垢扫除。我们需要做这一工作，做了面貌就好看些。在整风后，整个党前进了一步，战斗力加强了一步，所以任何共产党员都要天天洗脸，南京的共产党员洗一下更有好处。如果不把这个道理告诉我们的同志们，将来同志们会埋怨我们说，华东局、市委负责同志不指出这条路来，不管我们，陷我们于落伍，对我们不教育，会很不满意。

根据以往整风的经验，"半条心"的党员确不在少数，整风以后也有很多"半条心"变成一条心的，这经验值得好好介绍。洗过脸的同志不妨再照照，看过去洗得好不好？没洗过脸的同志要赶快洗，这是很必要的。

"二条心"是什么呢？就是关云长[2]的"身在曹营心在汉"。这种人有没有呢？有，不多，但是一两个对党的损害就不得了。他们钻入党的心脏来破坏，危害性更大，人人要有此警觉性。

"二条心"与"半条心"是不同的，"半条心"至少不会反对毛泽东，最多只会考虑毛泽东做得对不对？难道这也可以解释成幼稚和无知吗？我想没有人会作这样的解释吧？还有一件事，听说永利铔厂，在人民解放军没有来以前，有人鼓励厂长搬运机械，搬运不及，鼓励毁坏，人民解放军一来，他却一变而成工人领袖，混进党团里来。这些事情说明有反革命分子混进党内。淮海战役后的大量发展党员，是很容易发生这种毛病的。所以，党章规定不准敲锣打鼓地集体发展党员，只准个别发展，介绍人对党是要负责的。"半条心"入党是难免的，每个党员一开始总不是完全能合乎标准要求的，这不怕，这正要求党去教育他们。但是对"二条心"，必须严格，越是胜利或接近全国胜利，党的组织越要严密，越要谨慎发展党员，就是这个道理。在南京党内，"二条心"是有的，谁要是不承认这一点，谁就要使自己解除武装，丧失警觉。

"半条心"要不要紧呢？"半条心"对"二条心"容易起掩护作用，虽然常是不自觉的。对"半条心"，觉得发几句牢骚、讲几句话不奇怪，还要同情。"半条心"主观上想，"谁想掩护反革命呢？"事实上就给了反革命以市场。如果党的组织不严密，思想作风不纯，漏洞很多，就给"二条心"以掩护，人家就可以钻进来。我们在座的同志，一定有很多人听了不舒服，那么，让他不舒服好了，将来等到他变成真正的共产党员就舒服了。有的同志不舒服、不满意，认为我很热情地加入党，总没有错吧？你还要说我什么掩护反革命啊？还说我是"半条心"？这些同志也不必着急，这些事都是真的，像刚才所讲的那位团级干部要警卫员是"半条心"是一样的情形。我们马列主义者并不爱夸大其词或吓唬人，这是党员的起码常识，是建党的原则，如果不这样教育，老党员也一样不合格；党的组织如果不加以这样的教育，就没有尽领导的责任。

我们对南京的党组织开始不能讲。由于当时彼此情况不明，还有隔阂，那时讲是不对的，是妨碍工作的，现在再不讲就错误了，讲了不舒服还要讲，这在全中国的党组织都是一样，非南京党组织所专有，老解放区的党组织也是一样，不过程度不同，我们不能否认程度不同这一点。以军队来说，军队的党组织是比较严密的，但同样一日也不能离开自我批评。二野进南京后有本位主义，行动上拿了什么东西没有呢？没有。不过思想上是有的，开了一次检讨大会斗了一下，有些同志还不服气，现在好了，精简节约等都有进步。不管是党员也好、党的组织也好，照一次镜子、洗一次脸，就要进步一次。如果有人说，四条义务太多，四条权利太少，我办不到，那么要问你，你当共产党员是真当还是假当？如果现在你还做不到，不要紧，只要你去做，今天做到百分之五十，明天做到百分之六十，就好了，并不要求你入党数月就全部改尽，因为旧社会的影响是根深蒂固的，只要你愿意进步，愿意改造就成。如果一看到进步、改造就怕，那么你有自由，那就是"退党自由"。若是你不愿意改造、不愿意进步，党的组织也有自由，那叫"开除党籍"的自由。只要我们愿意改造，就有了进步的基础，只要我们愿意革命，愿意成为一个真正合格的共产党员，就有了革命的基础，如果除了四条权利外，你再多要一条，请你到别处去要。名誉和地位只能是别人给的，不能自己要求，只能自问，我为人民做了多少事？我为人民的事业、党的事业贡献得够不够？你真的做得够，党的组织是会看到的。

在党的七大时，毛主席把批评与自我批评作为我们党的作风之一。我党的作风一是理论与实践结合，二是联系群众，三是批评与自我批评。作为一个党员，这三点很重要，作为一个党的组织更重要。在批评与自我批评中，更特别着重自我批评，这就是党员的条件，党员一般的、起码的条件。所以这三条要引起我们的注意，人人要照镜子，看我们够不够条件。老党员要告诉年轻党员，每一个同志都要经常注意，那么，我们今天不合格，明天就合格了，现在比较有经验的老同志一开始也是不成熟的，只要我们愿意这样做，

"半条心"的、不合格的慢慢就会进步了，合格了。

怎样才合乎共产党员的条件呢？不合格如何使他合格？不够如何使他够？一般同志入党后都要经过改造这个不可避免的阶段。而且改造还要苦一点，像这样四千人的大会听报告就不容易，在秘密环境，连一个小的讨论会都很难开，纵然今天有人在开会时不舒服，但还有一个不舒服的机会，这就是很不容易了，过去连要求这么一个不舒服的机会，还要求不到呢。所以现在是更容易缩短改造的过程，更容易造就一个真正的共产党员。一个加入党十年、八年的老同志不一定合格，新的党员更是如此。老党员虽然在党内马列主义教育受得不够，但到底开过一段时期的会，与党接触过一段时期。不过，新党员也不要紧。我们只是说，只要你诚意地愿意革命、当好共产党员就可以。

怎么算"愿意进步"？是不是说"我'愿意'可以赌咒，如果'不愿意'则让我绝子灭孙"就可以呢？不是。拿列宁的话来说，就是表现在行动上的言行一致和理论与实践上的一致。"言行一致"的标准又是什么呢？就是"忠诚与老实"。这是一个共产党员、布尔什维克必须具有的品质。有了这样的品质，就很容易成为真正的、合格的共产党员。即便目前经验不够，但也很容易进步，很容易提高。

什么叫忠诚呢？党章有这么一段话："中国共产党人必须具有全心全意为中国人民服务的精神，必须与工人群众、农民群众及其他革命人民建立广泛的联系，并经常注意巩固与扩大这种联系。每一个党员都必须理解党的利益与人民利益的一致性，对党负责与对人民负责的一致性。每一个党员都必须用心倾听人民群众的呼声和了解他们的迫切需要，并帮助他们组织起来，为实现他们的需要而斗争。""中国共产党是按民主的集中制组织起来的，是以自觉的、一切党员都要履行的纪律联结起来的统一的战斗组织。中国共产党的力量，在于自己的坚强团结，意志统一，行动一致。在党内不容许有离开党的纲领和党章的行为，不能容许有破坏党纪、向党闹独立性、小组织活动及阳奉阴违的两面行为。中国共产党必须经常注意清除自己队伍中破坏党的纲领和党章、党纪而不能改正的人出党。"这是党的总纲上的建党学说。

　　归纳一下，"忠诚"就是将全部真情率直而老实地向党坦白出来，就是要忠实于党的事业，忠实于人民的事业。凡是有利于党的事业、人民的事业就办；不利于党的事业、人民的事业就反对，就斗争。每个共产党员从入党的第一天起就必须抱着这样的信念、这样的决心。入党的动机应该是抱着很高的热诚，抛弃一切，为革命、为共产主义而奋斗，为人民办好事。但是，并非人人都有这种思想，动机是有不同的。党所以要加强教育、严格纪律，就是这个道理，否则就不能使党和党员进步。党如果没有严格的纪律，势必造成一盘散沙，毫无战斗力，党就不可能统一起来。那么，在党内闹独立性、小集团、小组织、阳奉阴违、山头主义、自由主义等都来了。我们党是一个战斗的组织，如果我们想不损害党的战斗力，就必须严格纪律、加强教育。

　　一个党员必须使自己的行动符合于党的要求和利益。既然是个党员，就要按党要求的这样办。如果说这一点办不到，或者说别的都可以，就是"自由"这一点我还要，那可以不必入党。当然，有时候有志愿也不一定能做到，但要有决心，改造本不是一天的事，像中央局这一级的干部有时也难免不犯错误。但是，我们必须有这样的品质，勇于承认错误，这次办不好，下一次就办好它，这就叫"忠诚"。我们要遵守党章规定的四条义务、四条权利，这不是约束、不是痛苦而是愉快，为人民做事是愉快，为党为人民做事而降低自己的职位也是愉快，这就叫"忠诚"。这样做了，立场就稳了，就有了当共产党员的基础。有利于党、人民的事业就干；不利于党、人民的事业就不干，就斗争。在党内外，我们就是要进行这样的斗争。

　　另外，还要"老实"。唯物主义本身就叫"老老实实"，马列主义、唯物主义的执行人更必须老老实实。我们党内不少同志态度不老实，自以为不老实占便宜了。他们与党斗争的方式就叫不老实。事实证明，不老实总是倒霉的。不老实只能蒙混一时，当党的组织、上级、同级或下级没有发觉时确实可以占一些小便宜，但是一经发觉就完了，就吃亏了。在旧社会还有可能蒙蔽，在新社会，尤其是在党内一定要被戳穿的，因为看你的是多少双眼睛，有些虽然现在未看清楚，将来终究是要看清楚的。相反地，越老实越能得到党与同志的信任，老实的人才真正吃得开。若是你工作能力强，政治水准高，为党为人民能做更多的事情，上级提拔你是应该的，否则是爬得越高跌得越痛。由于党内还或多或少存在着官僚主义及各种条件的限制，党内是有同志受委屈的，有很多很好的同志未提升，可是总有一天党会发觉的，将来总会提升的。

　　军队中某些本位主义者，似乎不吃亏，还占了几天便宜，可是最后得出一条结论叫"本位主义"。忠诚就是将全部真情率直而老实地向党坦白出来，以列宁的话来讲就是

"言行一致"。列宁说，当一个人言行不一致时，这就完全糟了，这就会倒向伪善。自然，当说到以忠诚的精神来教育干部的时候，这就不仅是指这个字在普通意义上的忠实，而且也是指善于在每一件事情上，即令最小的事情上，从整个国家的利益，从党的利益出发，而不是从地方的尤其不是从纯粹个人的利益出发。不从党而从地方、小集团尤其是从个人利益出发，这即是既不忠诚又不老实。所谓"忠诚与老实"，就是对党、对人民忠诚、老实，看对于新民主主义国家，社会主义国家，对于党和人民的利益，是否老老实实地办事，这就是标准。在学习上也是一样，老老实实地学，不懂就不懂，不要装懂；不行就不行，不要装行，纸老虎是一定要被戳穿的。我们从入党的第一天起就要检查自己合不合乎一个共产党员的标准。如果不合乎，就要痛切反省，赶快改造。这并不只是指新党员，老党员也是一样的。要看看是为党的、国家的利益打算，还是为小集团打算？是把党的利益，还是小集团的利益看得高于一切？这一点我们的思想界限必须划清。对同志要以这样的标准去衡量，首先看他是否"忠诚与老实"。对同志犯的错误也要这样去看。一种是由于品质不好而犯错误，一种是由于经验不够而犯错误，这两种错误要善于鉴别。当然，都是需要教育、说服与改造的，不过这其中有原则性的区别。毛主席在延安整风时，要我们的鼻子懂得嗅、善于嗅。拿这样的标准来教育党，党就会进步；来教育同志，同志也会进步。这就是我所讲的党员的"忠诚与老实"。

## 注　释

〔1〕党章，指一九四五年六月十一日中国共产党第七次全国代表大会通过的《中国共产党党章》。

〔2〕关云长，即关羽，东汉末年名将。

# 克服西南困难要
# 掌握好三个法宝*

（一九四九年九月二十日）

二野及地方工作的同志，将要去解放大西南，建设大西南，这是一个很大的任务，也是一个很艰难的任务。部队与地方工作的同志对于去西南的思想波动，在大体上已获解决，这是很好的。现在应该开步走，准备来一个小长征了。

我们去西南，不是白手起家，而是具有充分的有利的建设条件。西南人口七千万，是全国战略的大后方，建设条件也很好，是将来的大工业区之一。但是，要实现这个伟大的建设任务，困难很多，需要我们逐步地去克服。

在经济方面，抗战八年，国民党把重庆建为陪都，沿海的工厂内迁，打下了西南工业的基础。但国民党在西南做了更多的坏事。残酷的剥削，反动的统治，造成了大批失业人员、无业游民、破产农民及抽鸦片者，经济又都遭受到相当的破坏，一时不易恢复。

在政治上来说，民国以来四川从未统一过，抗战期间只是形式上的统一。多年的封建军阀割据，封建势力根深蒂

---

\* 这是邓小平在第二野战军及赴西南做地方工作的区、营级以上干部会议上的讲话节录。

固，更甚于河北、山东。封建阶级武装数量很多。封建势力、军阀、土匪三者结合，加上流氓势力，将是我们工作中的强大敌人。我们在思想上要准备面对这样一个强大的封建敌人，应估计到国民党在那里利用封建势力进行的法西斯统治。同时亦应看到，这些封建势力的内部矛盾是很大的，如能善用其矛盾，事情就好办。我们必须懂得这一条，在策略的运用上切忌树敌过多。同时，由于这个强大的封建敌人，对人民的压迫剥削空前残酷，人民要求土地、要求解放的情绪很高，火容易点起来。所谓"天下未乱，蜀先乱，天下已定，蜀未定"，就说明了四川容易闹革命，但也说明了群众运动缺乏持久性。所以，我们必须懂得去到那里只有发动群众，打垮封建势力才有办法。而组织群众力量，一步步提高群众觉悟，把运动由浅到深、由低级推向高级更为重要。

我们去西南，头一个遇到的困难是部队的供应问题，是吃饭问题。我们要维持原有的工业基础，工人要吃饭，这等于二十万部队的开支，还要准备接收官僚机构中的二十万旧人员，等于六十万部队的开支，再加上国民党四十万军队。因此，除我们部队及工作同志之供应外，还要养活一百二十万人口。这样，如毛主席所说，三个人的饭要给五个人吃，我们要以负责的态度，自觉地背起这个沉重的包袱，尽力维持下来。否则，财政开支必然浩大，而收入则很少。这样一来，将增加我们很大的麻烦。所以，必须拟定一个财政计划，大家要坚决实行。大家的眼睛不要先看上级，看银行，要自己多多想办法。

在西南，除帝国主义的封锁之外，其他新区所有的困难在西南都会遇到。西南是最后一块待解放的地区，许多问题的解决更是不容易。所以，毛主席说，不要把胜利宣传得太多，要多想想困难，认识困难，面对困难，并且想种种办法来克服困难。这是客观情况。

再谈谈主观力量。这次去西南，主观力量从上到下都不够强，数十万军队除外，各地集中的县级以上干部约一千二百人，区村干部约五千人，共六千二百人，比一千二百万人口的江西省配备的干部多不了多少。还有一万名须经锻炼才能发挥大作用的学生，以及四川、贵州的九千名地下党员，云南的九千名地下党员，二万人游击队的重要力量。因此，工作不可避免地要依靠主力部队。几十万军队不但是战斗队，也是工作队。这样主观力量在数量上是够了，七十万人做七千万人的工作，应该能做好。过去，我们不到五万人，散布在华北一万万人口中，也做出了成绩。但是在西南，我们准备有五个区党委、两个省委及中央直属机构。四川四个区党委分别以重庆、成都、顺庆[1]、泸州或自贡为中心。还有云南、贵州两省，以及相当一个区党委干部配备的西康省。所以平均起来，七个单位只能各配一百多名县以上干部，其中还包括了一些重要的大城市。这是主观力量实际不够的一方面。以这样的主观力量去执行这样繁重的任务，第一关吃饭问题就很不容易过，搞得不好，也会影响全国。华中局今后工作的三个步骤：（一）接管城市；（二）城市大体接管后将主要力量放在农村，三年到五年完成土改；（三）放手发展工业。西南工作也要按此步骤去做。

总之，情况复杂，任务繁重，主观力量在短期内不够，摆在面前的困难很多，但我们干部数量大，群众易于发动，城乡经济虽然有破坏，但本身不穷，有发展前途。所以，只要我们大家努力，困难一定可以克服。

有困难就一定要正视，一定要认识，一定要克服。把下面三条办好了，克服困难就有了基础。第一，内部要团结得好，"会师"要会好。第二，要依靠西南人民。第三，统一战线要搞好。对敌人能分化的分化，能争取的争取，能中立的中立。树敌越少越好。剥皮要一层层地剥，先打击最主要的敌人，再打击一般主要的敌人，然后再做到消灭阶级的敌人。

第一，内部团结问题。去西南工作的干部有军队干部和地方干部之分，有外来干部和本地干部之分，而外来干部来自四面八方，带来了全国各大解放区的不同经验与作风。要结合各种不同情况，不仅求得思想上的一致、工作方法的一致，而且要在生活上打成一片是不容易的。每个同志都应自觉地注意这个问题，有意识地去解决。否则，力量本来就不够，内部还团结不好，力量就要抵消，就要花很多精力来解决这个问题。要做到在思想上"会师"，就要尊重别人的经验，不要自以为是。遇到别人有不对时，应在党组织会上诚恳地说明道理，求得解决。即使大多数人的决定错了时，亦应按照决定去执行，但自己的正确意见仍可坚持。此外，同志们还应主动地想到工作岗位的问题。由于各方面抽调的干部现在才会齐，相互了解不够，将来分配工作时考虑不够周到，将是不可避免的。党分配工作是从总的需要出发，并尽量求其适当。去西南，我们的原则是先把下面工作搞好，上面的机构要短小精干。因此，下面的干部可能拥挤一点，不一定人人都有满意的岗位，而且我们的财经工作干部最缺乏，同志们在思想上要准备改行来弥补这一点，这对个人也许不适当，但却是党的需要，应该服从组织分配。一个区党委级的干部派到一个三四千人的工厂中去，不要以为是降级了。此外，在部队与地方、外来与本地干部的"会师"中，可能发生不如意的事，大家应抱着把事情搞好的态度去工作，不应计较地位。同时也应了解，一件事光靠自己一个人是办不好的，必须汇合各方面的力量。

凡是根据党的需要，符合党的利益的工作，即使个人受委屈，也应乐意去干，这是共产党员的品质。在开始时，工作只是大体上分一分，将来看谁是英雄，谁对革命工作最有贡献，再采取逐步地个别调整的方针。所谓德、才、智，第一是德，看他是否忠实于人民，忠实于党的事业。第二是才，是指工作的能力。第三是智，看他能否联系群众。资格并不能决定一切。同时，还应注意不可闹山头情绪。在"会师"中，部队与地方、外来干部与本地干部，双方都要看自己的缺点，把批评与自我批评结合起来就全面了。所以，无论是部队干部还是地方干部，总的是按工作需要，服从党的分配，加上适当的照顾。老实人有好结果，总可以得到党的信任。"会师"会不好，外来干部应负主要责任。各地区"会师"不好，主要负责人应负主要责任。总之，团结搞好了，工作也就好搞，这一条非常重要。

第二，依靠西南人民问题。这次去西南，干部少困难多，更将迫使我们走这条道路。因为班子整齐，往往用命令主义来勉强完成任务，这样对如何走群众路线，如何依靠当地人民，如何培养本地干部、发现积极分子，如何团结当地人民的大多数等问题就可能会注意得差些。班子不整齐，一定要依靠群众才能完成任务。当然，这样做工作不容易很快见效，但对长远工作很有利。在农村要以小学教员、贫苦知识分子为桥梁组织农会，把保甲长的罪恶在群众中宣布，让群众去监督他们。老区干部常会有命令主义作风，在新区最怕脱离群众，以统治者自居。这一点，大家应特别注意，尤其是部队干部，我们应抱着为人民服务的态度去工作，西南人民的彻底解放，只有依靠他们自己的力量。

第三，搞好统一战线问题。主要是与民族资产阶级的统战工作。中国的民族资产阶级曾经一度跟着蒋介石走，解放战争中很多倒向我们这边来了。今天，有无产阶级的领导，不怕他们造反，而且作为一个阶级来说，民族资产阶级是我们的朋友，与他们的合作是长久的。他们是新民主主义经济建设中不可少的一部分，要很好地与他们团结，鼓励他们开工厂，发展生产。除与工人、农民、小资产阶级和民族资产阶级团结好外，不可多树敌人。去西南，一定会有不少的人倒向我们这边来。无论是蒋介石之嫡系或地方势力，我们都不应拒绝。这是对敌人的分化，便于我们去消灭敌人。在北平，每次见到毛主席，都谈这个问题。到西南后也可能有他们做主席我们做副主席的事情，我们在思想上要准备好。四川的袍哥[2]问题很复杂，可以进行分化，但主要是置之不理，不要让他们以为我们看重它，只以地方人士的身份与之接触。总之，在消灭敌人的大原则下，提高策略思想，利用矛盾，少树敌人，团结朋友。我们可以用各界人民代表会议[3]的形式来联系群众，进行统战工作。凡使用这一方法的地方，都收到了很大的效果。两万人口以上的大中城市，无例外地要召开各界人民代表会议，并应注意代表们的代表性，即使有一二个反动派参加也不要紧，正可以提高我们的警惕。就是各个小县城、区政府亦可召开各届人民代表会议，以宣传我们的主张，提出问题，大家讨论，求得解决。除此之外，当然还有很多其他方式，如统战部可视为党外的组织部，把党外人士组织起来，团结起来。

以上三个法宝掌握得好，可以减少困难。总之，去西南，面对困难，面对一切不如意的事，我们在思想上要做好吃苦的准备。最后，还要加上一个好好学习。向西南的人民，向周围的同志，向毛主席、党中央好好学习。

## 注　释

〔1〕顺庆，今四川南充。

〔2〕袍哥，指旧时西南地区民间帮会哥老会的成员，也指哥老会组织。

〔3〕各界人民代表会议，是新中国成立前后人民参政的一种形式。其代表由推选、邀请、商定及选举等方式产生。在地方各级人民代表大会召开之前，它先是地方各级人民政府传达政策、联系群众的协议机关，后曾代行地方各级人民代表大会的职权。在各界人民代表会议休会期间，设各界人民代表会议协商委员会，协助人民政府实行各界人民代表会议的决议，以及负责筹备下届各界人民代表会议。

# 青年是我们的未来<sup>*</sup>

（一九四九年九月二十一日、二十二日）

　　毛主席说实事求是。一个革命者是不是忠于党，忠于人民，就看他是不是老实，是不是实事求是。你们到西南去以后，马上要工作了，在工作中可能发生与党的关系问题，与人民群众的关系问题。

　　作为青年来说，我们党是这样看的：青年是我们的未来，革命要靠年轻的一代去完成那未完成的事业。因此，我们党一批批地增加进青年来，没有青年进来，就好像人缺乏新鲜血液一样。所以，无论对国家，对一个革命的政党来说，青年是重要的。因此，我们重视青年。

　　我们党是无产阶级的先锋队，代表着全人类的利益，代表着全中国人民的利益，代表着将来。我们国家能否走向社会主义，能否进步，就看我们党怎样。没有好的党，我们劳动人民，我们青年能不能解放？如果没有党，我们从思想上也不能解放。在半封建半殖民地的社会中，青年的思想受到束缚，只有无产阶级的政党用革命的思想去武装青年，才使青年从思想上获得解放。因此，觉悟的中国青年对中国共产党是爱护的，党与青年的关系是离不开的。中国青年始终站

---

　　* 这是邓小平在南京大学广场给西南服务团全体人员所作报告的节选。

在中国共产党的旗帜下共同奋斗，甚至流血牺牲，也在所不惜。这也是为什么中国的青年会"吃大米反饥饿，吃小米扭秧歌"的原因。这两句话的意思是，在国民党统治区，青年吃的是大米饭却反对国民党，开展反饥饿、反迫害的斗争；而在解放区，青年吃的是小米，却非常高兴，经常扭秧歌。这说明中国青年和中国共产党是一家人。中国青年只有在中国共产党的领导下才能解放。这就是中国青年同党的关系。

　　我们党是依靠劳动人民，替劳动人民谋幸福的。中国青年是解放劳动人民不可少的一部分力量。虽然革命的胜利必须组织起劳动人民，但领导的责任是教育青年。毛主席是非常看重青年的，党对青年看重，最主要的是教育青年，这是我们党对青年应负的责任。青年对党也有他的责任，就是接受共产党的领导。没有毛泽东的队伍，中国革命不可能胜利。小资产阶级觉得接受别人的领导是耻辱，现在改了，认为是光荣的。我们党作为一个无产阶级政党，这一点不能谦虚，不能把这个领导青年的责任让给别人。不然，我们会失败的。中国人民，尤其是中国青年应该巩固中国共产党的领导，这就是辨别革命与不革命的界限。因此，我们要真心诚意地接受党的领导，这就是青年的责任。

　　你们马上就要接触到党了。有的同志一经接触到党，对党及党员，对人民解放军就寄以很高的希望，比如在太行山，青年学生神化了我们，把我们每一个同志估计过高，但是以后慢慢地看到有的党员犯纪律的，于是相反地，他们就来了个失望。又如，我们到上海，一般说来纪律是好的，同国民党的军队截然不同。但是很快就发现有破坏纪律的，群众就写信来了。我们说人民解放军也是来自四面八方的，有的是刚刚解放过来不久的，我们不能脱离实际，不能把共产党看成超人。在南京，有人担心我们党，这是善意的。许多问题可能发生，但是要看我们党的态度，是让其发展，或是消灭。党员的思想、能力、工作经验、斗争历史、出身成分，各有不同，所以进到我们党内还要不断教育。党是在不断地反对自身的弱点而成长起来的，党员也是在党的组织生活和批评与自我批评中成长的。自高自大，自认为神仙，是落后的党。青年们是会遇到这些问题的，如果不能正确对待，就会满腔热情、一瓢冷水。有的领导确实不好，或不够好，这都是会遇到的。所以，青年首先要认识到共产党是由社会中成长的，我们不要脱离实际地认为都是完人。但是，我们党作为一个组织来说，是坚强的，由中央至地方委员会，这是党的组织，有请示报告制度，好的会传播，坏的会批评的。朱总司令说过，拿我们的某些战士、指挥员同国民党军人比，可能比不上，但是，如果从人民解放军整体来看，那就比国民党的军队高得多。我们要认识到这一点，不要只看到某一个人的弱点，就灰心失望。

不论哪一个机关都存在着党与非党同志的关系问题。作为一个党是坚强的，但是作为一个机构和个人来讲，有强有弱。大多数的领导干部是想团结好的，但也有个别的领导是会处理不当的。你们要在思想上有所准备，不然又会感到一瓢冷水。如果某些党员或领导干部有错误，怎么办？我们党有共同遵守的正确路线，有党中央的正确领导，大毛病不会出，小毛病会不断纠正。因为，上级党不断检查他们，而他们也要不断报告，你们也要准备着从不断碰钉子中得到经验。发生了这种事，你们有权利、有责任用老实的态度提意见。假如领导不接受而遭到打击，你们可以向上级党委提意见，上级有责任答复。如果得不到很快答复，而需要长期调查，你们也不要性急。党员都是在不断的思想斗争中成长的。但要注意两点：一是诚诚恳恳地客观地提出意见，不要主观，不要意气用事，而是为了解决问题；二是你们的意见也不一定正确或不一定完全正确。因为，你们的经验更少一些，你们要相信他们，尊重他们。他们是经过实际工作锻炼的，他们的水平可能不高，但是实际工作能力比你们强。不看到这一点，你们就很可能轻视他们，而在相互关系上隔上一道墙。老解放区来的干部，都是在多灾多难中生长起来的，这一点，你们要承认。他们能长期地坚持斗争，这是本质上的优点。你们自愿参加革命，这也是你们的优点。他们也要承认你们的这种优点，尊重你们。但是，你们要首先承认他们比自己强，这样才会团结一致。

图书在版编目（CIP）数据

邓小平文集. 一九二五——一九四九年. 下卷 ／ 邓小平
著. -- 北京 ： 人民出版社，2024. 8. -- ISBN 978 - 7 - 01
- 026801 - 9

Ⅰ. A491

中国国家版本馆 CIP 数据核字第 20248PW697 号

# 邓 小 平 文 集
## DENG XIAOPING WENJI
（一九二五——一九四九年）
### 下 卷

邓小平 著

人民出版社 出版发行
（100706 北京市东城区隆福寺街 99 号）

北京新华印刷有限公司印刷 新华书店经销

2024 年 8 月第 1 版 2024 年 8 月北京第 1 次印刷
开本:680 毫米×960 毫米 1/16 印张:24
字数:272 千字 印数:00,001—20,000 册

ISBN 978 - 7 - 01 - 026801 - 9 定价:70.00 元

邮购地址 100706 北京市东城区隆福寺街 99 号
人民东方图书销售中心 电话 (010)65250042 65289539